Werner Peters

EXCEL 3.0
Eine umfassende Einführung

Werner Peters

EXCEL 3.0 Eine umfassende Einführung

Die Deutsche Bibliothek - CIP-Einheitsaufnahme

Peters, Werner:
Excel 3.0: eine umfassende Einführung /
Werner Peters. - Braunschweig: Vieweg, 1991
ISBN 978-3-528-05118-1 ISBN 978-3-322-90105-7 (eBook)
DOI 10.1007/978-3-322-90105-7

Für Tina, auch Mausi Banausi genannt

Dieses Buch ist keine Original-Dokumentation zur Software der Microsoft GmbH.
Sollte Ihnen dieses Buch dennoch anstelle der Original-Dokumentation zusammen mit Disketten verkauft worden sein, welche die entsprechende Microsoft-Software enthalten, so handelt es sich wahrscheinlich um eine Raubkopie der Software.
Benachrichtigen Sie in diesem Fall umgehend Microsoft GmbH, Edisonstr. 1, 8044 Unterschleißheim - auch die Benutzung einer Raubkopie kann strafbar sein.

Verlag Vieweg und Microsoft GmbH

Ursprünglich erschienen bei Friedr. Vieweg & Sohn Verlagsgesellschaft mbH, Braunschweig / Wiesbaden 1991
Softcover reprint of the hardcover 1st edition 1991

Umschlaggestaltung: Schrimpf & Partner, Wiesbaden

ISBN 978-3-528-05118-1

VORWORT

Was ist EXCEL ?

EXCEL für WINDOWS zählt zu den leistungsstärksten Tabellenkalkulationsprogrammen, die gegenwärtig auf dem Markt angeboten werden. Ob betrieblicher Soll-Ist-Vergleich, Finanzplanung oder lineare Optimierung auf kommerziellem Gebiet, ob statistische Auswertung von Labordaten oder Trendberechnungen im technisch-wissenschaftlichen Bereich, EXCEL als Standard-Software läßt sich den jeweiligen Aufgabenstellungen anpassen. Karge Zahlenwerke können durch die Gestaltungsmöglichkeiten von Excel nunmehr der Vergangenheit angehören.

Im Zusammenspiel mit dem integrierten Grafikprogramm optimiert EXCEL die Präsentation, sei es für Berichte oder für Folien. 3-D-Diagramme gehören ebenso zum Standard wie freie Anordnung und Formatierung von Beschriftungen.

Die Möglichkeiten der Datenverwaltung wie Sortieren, Pflege und einfache statistische Auswertungen von Datensätzen ersetzen kein Datenbankprogramm. Als nützlicher Zusatz und Möglichkeit, Daten aus anderen Datenbankprogrammen wie dBASE einzulesen und zu verarbeiten, ist es eine sinnvolle Ergänzung.

Durch die Einbindung unter WINDOWS übernimmt EXCEL alle Vorteile, die mit einer grafischen Oberfläche verbunden sind. Bildschirmgestaltung und "Maus"-Bedienung unterstützen intuitives Lernen bei gleichzeitig hoher Effizienz. Die Präsentation von Tabellen und Grafiken sowie der Datentransfer zwischen verschiedenen Anwenderprogrammen sind optimal gelöst und einfach zu handhaben.

An wen richtet sich das Buch ?

Das vorliegende Buch richtet sich an alle, die in Ausbildung oder Beruf damit zu tun haben, Daten tabellarisch zu erfassen und zu präsentieren, Berechnungen und Auswertungen durchzuführen, Datenbestände zu verwalten und grafische Präsentationen aufzubereiten. Lehrpersonal findet in Aufbau und Ablauf des Buches eine fundierte Unterstützung zur Durchführung von Seminaren.

Die im Buch verwendeten Beispiele stammen zum großen Teil aus dem kommerziellen Bereich. Die beschriebenen Techniken und Methoden, Vorschläge und Ideen sind dennoch eher als "Startpunkte" zu verstehen, die sich den speziellen Aufgaben auch auf nicht-kommerziellem Gebiet anpassen lassen.

Angesprochen sind primär EXCEL-Einsteiger. Vorkenntnisse über WINDOWS wären von Vorteil, werden aber nicht unbedingt vorausgesetzt.

Wie ist das Buch aufgebaut ?

Das Buch gliedert sich in zwei große Teile, denen eine unterschiedliche Systematik zugrunde liegt. Teil I des Buches ist vorgangsorientiert, d.h. anhand von Fallbeispielen werden die wichtigsten Befehle in ihrem Anwendungszusammenhang entwickelt. Teil II beinhaltet zum einen eine Übersicht über die Menübefehle. Zum anderen bietet Ihnen dieser Teil Übungsbeispiele an, die - wenn Sie sie nachvollziehen - helfen, Ihre erworbenen Kenntnisse zu vertiefen und zu stabilisieren.

Teil I:

Kapitel 1 beginnt mit einer Einführung in EXCEL im Zusammenhang mit WINDOWS und beschreibt die Bedienung durch Maus und Tastatur. Es werden Basistechniken vermittelt, um die Arbeit mit EXCEL beginnen zu können.

Das 2. und 3. Kapitel führen in die Tabellenkalkulation ein. Anhand einer Kosten- und Erlösrechnung sowie einer Break-Even-Analyse wird gezeigt, wie Formeln und Funktionen erstellt und kopiert werden. Das 3. Kapitel enthält darüber hinaus einige spezielle Techniken der Was-Wäre-Wenn-Analyse.

Das 4. Kapitel behandelt das Speichern und Öffnen von Dateien. Eine leichte, aber wichtige Angelegenheit, wenn Sie nicht um die Früchte Ihrer Arbeit kommen wollen.

Um die Präsentation und den Druck von Tabellen geht es im 5. Kapitel. Dieser Bereich gehört mit zu den Stärken von EXCEL. Die Vielzahl der möglichen Schriftarten und -größen sowie der Farben, die Variationen von Rahmen und Mustern, der Einsatz und die Kombination von Objekten und Zeichnungen erinnern in nichts mehr an eine schlichte Tabellenkalkulation.

Das 6. Kapitel beschreibt, wie Diagramme erstellt, präsentiert und gedruckt werden - im Zusammenspiel mit Tabellen und Objekten ein optimales Gestaltungsangebot.

Im 7. Kapitel werden anhand einer Umsatzstatistik die Datenverwaltung und statistische Auswertung mit EXCEL behandelt.

Abschluß des ersten Teils bildet das Kapitel 8, das den Datenaustausch zum Inhalt hat. Es behandelt sowohl den Datenaustausch zwischen EXCEL-Dateien als auch zwischen Dateien aus verschiedenen WINDOWS-Anwendungen und Fremdprogrammen.

Teil II

Kapitel 9 enthält eine Kurzbeschreibung der wichtigsten Befehle der Tabellen- und Diagramm-Menüs. Die Reihenfolge der Beschreibungen folgt der Menüstruktur von EXCEL.

In Kapitel 10 finden Sie Aufgaben mit Musterlösungen, um Ihre Kenntnisse zu überprüfen und zu üben.

Die Makroprogrammierung bleibt einem anderen Buch für fortgeschrittene EXCEL-Anwender vorbehalten.

Hinweise zur Arbeit mit dem Buch

Ohne eigene Übungen wird sich der Lernerfolg nicht einstellen. Insbesondere in bezug auf Computer-Anwenderprogramme bestätigt sich diese Erfahrung immer wieder. Das vorliegende Buch kommt Ihnen in dieser Hinsicht besonders entgegen:

- Das Vorgehen zur Lösung der vorgestellten Fallbeispiele in Teil I ist so beschrieben, daß es unmittelbar am Computer nachzuvollziehen ist. *Musterlösungen* für alle entscheidenden Lernschritte finden Sie auf der beigefügten Übungsdiskette.

- Zum Nachschlagen und um weitere Möglichkeiten des Einsatzes von Befehlen kennenzulernen, steht Ihnen der systematische Teil II des Buches zur Verfügung. Die Stichworte am Seitenrand ermöglichen Ihnen einen direkten Zugriff.

- Darüber hinaus laden Sie in diesem zweiten Teil Aufgaben und Musterlösungen von Übungsbeispielen mit unterschiedlichem Schwierigkeitsgrad dazu ein, Ihre EXCEL-Kenntnisse zu festigen und zu prüfen.

Tastatur und Maus

EXCEL kann sowohl über die Tastatur wie über die Maus gesteuert werden. Anwenderprogramme mit grafischer Oberfläche sind primär auf die Maustechnik ausgelegt. Menübefehle über die Tastatur zu wählen, ist ausgesprochen mühsam. Sinnvoll ist eine Kombination von Tastatur und Maus, die sich bei jedem Anwender individuell entwickeln wird.

Die Vorgehensbeschreibungen im Buch basieren auf der Maussteuerung. Die Wahl von Befehlen über die Tastatur wird in Kapitel 1 erklärt. Im übrigen wird in Anmerkungen auf mögliche Alternativen und effektive Kombinationen von Tastatur und Maus aufmerksam gemacht.

Die Tastenbezeichnungen orientieren sich an der deutschen IBM-MF-Tastatur. Die Abbildung gibt Ihnen eine Übersicht über IBM-Standardtastaturen und die im Buch gewählten Tasten-Bezeichnungen.

Im Buch verwendete Tastenbezeichnungen	IBM PC	IBM-MF
<Pfeiltaste rechts>	→	→
<Pfeiltaste links>	←	←
<Pfeiltaste oben>	↑	↑
<Pfeiltaste unten>	↓	↓
<Bild oben>	PgUp	Bild↑
<Bild unten>	PgDn	Bild↓
<Pos1>	Home	Pos1
<Ende>	End	Ende
<Return>	↵	↵
<Tab>	⇤ ⇥	⇤ ⇥
<Esc>	Esc	Esc
<Leertaste>		
<Rücktaste>	←	←
<Strg>	Ctrl	Strg
<Umschalt>	⇧	⇧
<Alt>	Alt	Alt
<Entf>	Del	Entf
<Einfg>	Ins	Einfg

Übersicht: Tastenbelegung

Im Buch verwendete Symbole und Darstellungskonventionen

Sowohl bei den Vorgehensbeschreibungen wie im Nachschlagteil werden eine Reihe von Symbolen verwendet, die Ihnen die Arbeit mit dem Buch erleichtern sollen.

✎ Stichwort — Durch den Bleistift werden Stichworte, die auf einen Blick den zentralen Inhalt der nebenstehenden Absätze anzeigen, gekennzeichnet.

◀▷ (siehe Kap.1) — Diese Pfeile verweisen darauf, daß auf das behandelte Thema bereits an früherer Stelle eingegangen wurde.

◁▶ (siehe Teil II) — Mit diesen Pfeilen wird darauf hingewiesen, daß weitere Informationen in der Befehlsübersicht zu finden sind.

● Syntax — Der ausgefüllte Kreis macht darauf aufmerksam, daß nebenstehend die genaue allgemeine Schreibweise (Syntax) einer Funktion dokumentiert ist.

Das Diskettensymbol steht für den Hinweis, daß eine Datei von der beigefügten Übungsdiskette geladen werden kann.

Mit dem Tastatursymbol werden Sie darauf verwiesen, daß nebenstehend die Steuerung von Excel mittels der Tastatur abgehandelt wird.

Das Maussymbol zeigt spezielle Hinweise auf die Maussteuerung an.

Darüber hinaus sind folgende Darstellungskonventionen zu beachten:

<Befehl>

- Menübefehle und Tasten werden grundsätzlich in spitzen Klammern und kursiv gedruckt: *<Datei Öffnen>* oder *<Return>*.

<Tasten>+ Kombination>

- Eine Kombination von Tasten wird wie folgt dargestellt: *<Umschalt>+<Pfeiltaste rechts>*. Das bedeutet: die *<Umschalt>*-Taste muß gedrückt gehalten werden, während die *<Pfeiltaste rechts>* betätigt wird.

Inhaltsverzeichnis

TEIL I

1

Einführung

Das erste Kapitel

- *gibt Hinweise und Empfehlungen zu Hardware- und Softwareausstattung;*
- *erläutert EXCEL vor dem Hintergrund der WINDOWS-Technik und zeigt, wie das Programm installiert, gestartet und wieder verlassen wird;*
- *beschreibt den EXCEL-Bildschirm, das elektronische Arbeitsblatt sowie die Auswahl von Feldern und Feldbereichen;*
- *zeigt Eingabe- und Korrekturtechniken für Texte, Zahlen und Formeln mit Tastatur und Maus;*
- *erklärt das Löschen von Feldinhalten und führt dabei ein in den Umgang mit den EXCEL-Menüs, den Dialog-Boxen und Optionen;*
- *gibt an, wie HILFE-Einrichtung und Lernprogramm von EXCEL genutzt werden können.*

1.1 Vor dem Start

Geräte- und Softwareausstattung

Bevor Sie die Arbeit mit EXCEL beginnen, muß die Anwendung installiert werden, d.h. Geräte und Programm werden aufeinander abgestimmt. Bestimmte Systemvoraussetzungen sind unabdingbar, um mit EXCEL Version 3 arbeiten zu können.

Systemanforderungen:

- ein Personal Computer (IBM PC, PS/2-Modell und Macintosh) sowie alle kompatiblen Rechner mit 80286-Prozessor und höher;

- eine Festplatte und mindestens eine Speichererweiterung von 1 MB RAM;

- das Betriebssystem DOS mit grafischer Benutzeroberfläche WINDOWS 3.0 und höher, Macintosh oder OS/2;

- ein CGA, EGA, VGA oder Hercules-Grafikadapter.

Systemempfehlungen:

- Um alle Vorteile von EXCEL im Zusammenhang mit DOS/WINDOWS wahrzunehmen (z.B. Datenaustausch zwischen Programmen), empfehlen sich ein 80386-Prozessor, eine Speichererweiterung von 2 bis 3 MB und ein Grafikadapter von EGA an aufwärts.

- Die grafische Umgebung ist von vornherein auf eine Mausbedienung ausgelegt. Tastatur-Befehle sind umständlich und ineffektiv.

EXCEL unterstützt alle gängigen Drucker, einschließlich Postscript, und kann im Netzwerk betrieben werden (LAN Manager, 3COM, Novell,...).

Die Abstimmung der Geräte- und Softwareausstattung übernimmt ein Installationsprogramm.

Einiges über WINDOWS für EXCEL-Einsteiger

Der folgende Abschnitt richtet sich an Einsteiger, denen die Grundtechniken von WINDOWS noch nicht bekannt sind. WINDOWS-Anwender können direkt zur Installation von EXCEL übergehen.

Bevor mit EXCEL begonnen werden kann, muß WINDOWS lauffähig sein. Erst wird WINDOWS installiert, dann EXCEL.

Wir gehen davon aus, daß WINDOWS über das Setup-Programm erfolgreich im Unterverzeichnis C:\WINDOWS eingerichtet wurde (vgl. Intensivschulung WINDOWS 3; Kap.11 oder WINDOWS-Handbuch).

Nachdem der PC eingeschaltet wurde und das Bereitschaftszeichen von DOS (C:\>) erscheint, wird WINDOWS gestartet mit:

C:\>*win* *<Return>*

☞

> Falls Sie im Setup-Programm von WINDOWS die Option 'Ändern der Systemdateien' nicht gewählt haben, müssen Sie vor dem Programmaufruf in das Unterverzeichnis WINDOWS auf der Festplatte C: verzweigen:
> C:\>*cd* WINDOWS *<Return>*

Nach einer Wartezeit (Sanduhr) erscheint der Programm-Manager von WINDOWS, mit dem Programme - also später auch EXCEL - gestartet werden.

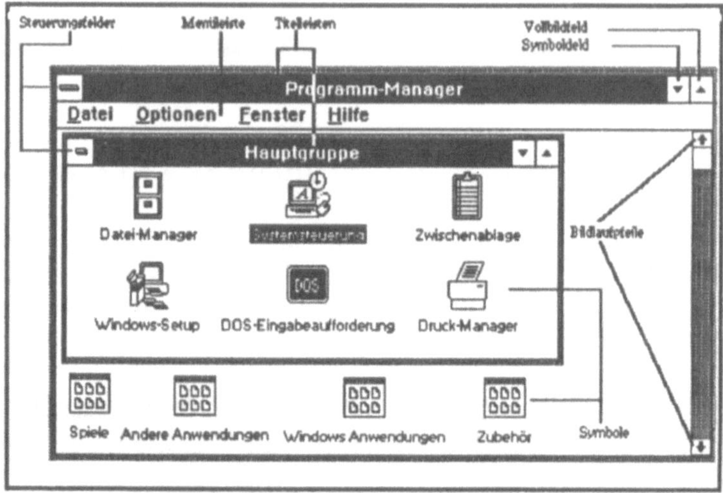

Abb.1-1: Startbildschirm von WINDOWS

Der Programm-Manager erscheint in einem Fenster, dessen Aufbau charakteristisch für alle Anwendungen unter WINDOWS ist. Die folgende Beschreibung von Fensteraufbau und -technik läßt sich vollständig auf EXCEL übertragen.

- In der Titelleiste des Anwendungsfensters wird der Name der Anwendung/des Programms angezeigt: Programm-Manager.

- Das untergeordnete Gruppenfenster wird gleichfalls mit einem Titel überschrieben: Hauptgruppe.

- Die rechteckigen Kästchen am linken Rand der Titelleisten sind Steuerungsfelder. Unter anderem können hier Befehle zur Fenstersteuerung über die Tastatur abgerufen werden.

- Die Dreiecke am rechten Rand der Titelleisten dienen der Fenstersteuerung mittels Maus. Das Fenster kann als Symbol oder als Vollbild dargestellt werden.

- Unterhalb der Titelleiste des Anwendungsfensters befindet sich die Menüleiste. Angezeigt werden die Menüs der Anwendung (*Datei,...*).

Fenster-technik

Die Symbole der Fenstersteuerung finden Sie in jedem Fenster.

Gehen wir zu einigen Aktionen der Fenstersteuerung über, die sowohl mit der Tastatur als auch mit der Maus durchgeführt werden können.

AKTION: FENSTERSTEUERUNG ÜBER TASTATUR

- Halten Sie die <*Alt*>-Taste gedrückt und betätigen Sie die <*Leertaste*>. Das Menü zur Steuerung des Anwendungsfensters wird aktiviert.

Fenstersteuerungs-Menü

- Gehen Sie mit der <*Pfeiltaste unten*> zum Befehl <*Symbol*> und bestätigen Sie die Wahl mit <*Return*>.
- Das Anwendungsfenster, hier der Programm-Manager, wird im unteren Teil des Bildschirms in Form eines Symbols dargestellt.
- Halten Sie die <*Alt*>-Taste gedrückt und betätigen Sie die <*Leertaste*>. Im Steuerungsmenü wählen Sie den Befehl <*Wiederherstellen*>. Wiederhergestellt wird die vorherige Größe des Fensters.
- Halten Sie die <*Alt*>-Taste gedrückt und betätigen Sie die <*Leertaste*>. Wählen Sie den Befehl <*Vollbild*>.

Das Fenster nimmt den gesamten Bildschirm ein.

Die gleichen Aktionen mit Mausbedienung sehen wie folgt aus.

AKTION: FENSTERSTEUERUNG MIT DER MAUS

- Klicken Sie mit der linken Maustaste auf das nach unten zeigende Dreieck am rechten Rand des Anwendungsfensters. Das Fenster wird als Symbol dargestellt.

- Klicken Sie zweimal kurz hintereinander (Doppelklick) auf das Symbol. Das Fenster wird wiederhergestellt. Sollte dieser Doppelklick auf Anhieb nicht klappen, erscheint das Steuerungsmenü, in dem Sie auf den Befehl <*Wiederherstellen*> klicken.

- Klicken Sie auf das nach oben zeigende Dreieck im Anwendungsfenster. Das Fenster wird zum Vollbild und das Symbol ändert sich in ein Doppel-Dreieck.

- Wenn Sie auf dieses Doppeldreieck klicken, stellen Sie die vorhergehende Größe des Fensters wieder her.

☞ Wenn Ihnen die Geschwindigkeit der Maus - gerade beim Doppelklick - nicht genehm ist oder Sie bequemer die rechte Maustaste bedienen, verändern Sie über WINDOWS die Einstellungen. In der Hauptgruppe befindet sich das Symbol für die <*Systemsteuerung*>. Mit einem Doppelklick rufen Sie das Programm auf. Ein weiterer Doppelklick auf das Symbol <*Maus*> führt Sie zu einer Dialog-Box, in der Sie die Maus anpassen können. Schließen Sie die Fenster über das Steuerungsmenü und den Befehl <*Schließen*>.

Bereits an dieser Stelle ist offensichtlich, daß WINDOWS und ebenso EXCEL auf die Bedienung mit der Maus ausgelegt sind. Die individuelle Veränderung der Fenstergröße und -position auf dem Bildschirm unterstreicht das.

AKTION: FENSTERGRÖßE UND -POSITION INDIVIDUELL BESTIMMEN

- Gehen Sie mit dem Mauszeiger auf eine der Fensterecken, so daß der Zeiger die Form eines Doppelpfeils annimmt.

- Halten Sie die linke Maustaste gedrückt und ziehen Sie den Fensterrand nach innen oder außen. Auf diese Art können Sie die Größe des Fensters nach Ihren Wünschen ändern.

- Setzen Sie den Mauszeiger in die Titelleiste. Mit gedrückter Maustaste bewegen Sie das Fenster zur gewünschten Stelle auf dem Bildschirm.

✎ Hierarchie der Fenster

Wichtig ist, in welchem Fenster welche Aktionen durchgeführt werden. Wird die Hauptgruppe zum Sinnbild gemacht, bleibt das Fenster des Programm-Managers geöffnet. Wird das Anwendungsfenster zum Sinnbild gemacht, bezieht sich das auf alle Unterfenster.

Wird ein Unterfenster geschlossen, betrifft diese Aktion ausschließlich das Unterfenster. Ein Anwendungsfenster zu schließen, bedeutet das Verlassen des Programms. Wenn Sie im Steuerungsmenü des Programm-Managers den Befehl <*Schließen*> wählen, beenden Sie die Arbeit mit WINDOWS und kommen zur DOS-Ebene zurück.

En passent und nicht zum Selbstzweck haben Sie jetzt einige Basistechniken und Begriffe kennengelernt, die Sie in Bezug auf EXCEL übernehmen.

(1) Tastatur versus Maus

Jeder Befehl und jede Aktion ist sowohl über die Maus wie über die Tastatur auszuführen. Die Maus ist - bis auf wenige Ausnahmen - effektiver. Auf diese Ausnahmen wird im Rahmen von EXCEL aufmerksam gemacht.

(2) Maus-Begriffe

Klicken	Kurzes Drücken der Maustaste
Doppelklick	die Maustaste wird zweimal kurz hintereinander geklickt
Ziehen	die Maustaste wird gedrückt gehalten und bewegt
Wählen	ein Menü oder Menübefehl wird angeklickt

(3) Fenstertechnik und -hierarchie

Es gibt einen einheitlichen Fensteraufbau, eine einheitliche Fenstertechnik. Je nach dem in welchem Fenster die Techniken eingesetzt werden, führen die gleichen Symbole zu unterschiedlichen Wirkungen.

Mit diesem Basiswissen beginnen Sie die Installation von EXCEL.

EXCEL installieren

Die Installation von EXCEL erfolgt von WINDOWS aus. Durch die erfolgreiche Installation von WINDOWS sind Bildschirm, Drucker, Maus und Tastatur bereits aufeinander abgestimmt.

VORGEHEN: INSTALLATION VON EXCEL

- Legen Sie die Installationsdiskette von EXCEL in das Laufwerk A:.

- Öffnen Sie mit einem Doppelklick den *<Datei-Manager>*

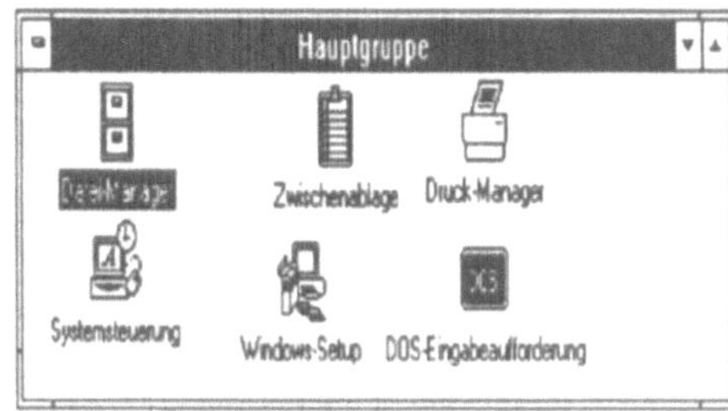

Datei-Manager-Symbol im Hauptgruppen-Fenster

- Es erscheint die Verzeichnisstruktur der Festplatte C:

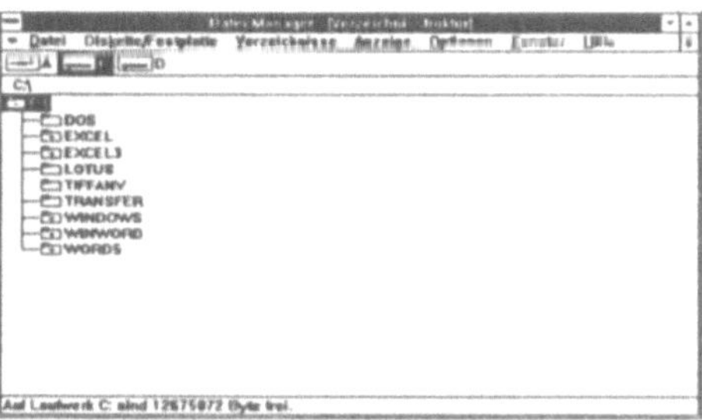

Verzeichnisstruktur im Datei-Manager

- Wechseln Sie mit einem Doppelklick auf A das Laufwerk. Es wird die Verzeichnisstruktur der Diskette im Laufwerk A: angezeigt

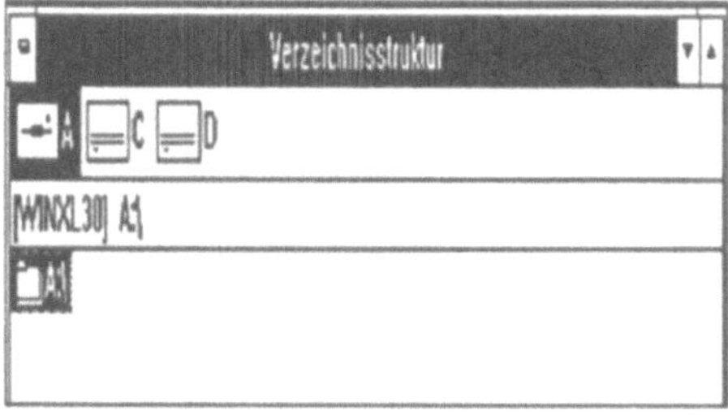

Laufwerksanzeige

- Mit einem Doppelklick auf das Ordner-Symbol (Stammverzeichnis) A:\ öffnen Sie ein Fenster, in dem die Dateien des Stammverzeichnisses angezeigt werden

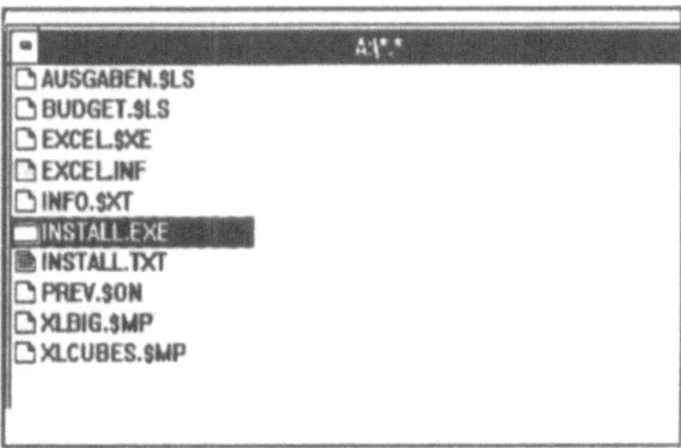

Dateien des Stammverzeichnisses A:

- Starten Sie INSTALL.EXE mit einem Doppelklick. Das Programm leitet Sie im Dialog durch die Installation.

- Ein Unterverzeichnis EXCEL auf der Festplatte C: ist der Vorschlag von EXCEL. Es kann ein anderes angegeben werden. Falls das Unterverzeichnis noch nicht eingerichtet ist, übernimmt EXCEL das.

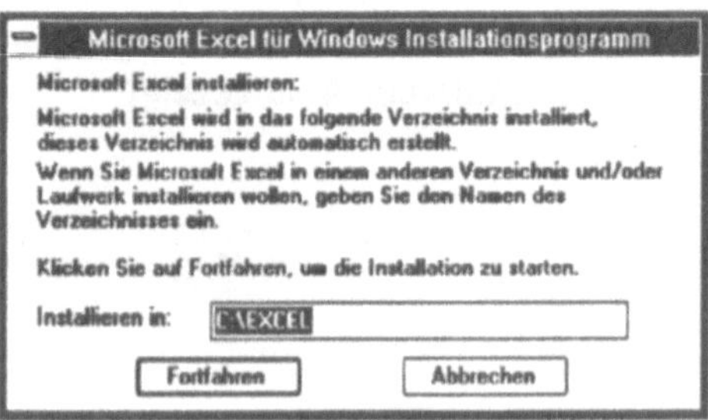

Verzeichnis-Vorschlag von EXCEL

- Ab und an braucht EXCEL Dateien von den anderen Systemdisketten. Sie erhalten eine entsprechende Aufforderung

Diskettenanforderung

- Neben dem ECXEL-Programm können eingerichtet werden:

  - ein Lernprogramm, das Ihnen eine erste Einführung in die Arbeit mit EXCEL bietet;
  - ein Dialog-Editor, mit dem Sie z.B. eigene Eingabemasken für die Datenverwaltung erstellen oder Dialog-Boxen programmieren können;
  - ein Makro-Übersetzer, der Ihnen hilft, LOTUS-Makros in EXCEL-Makros umzuschreiben;
  - ein ADD-IN "Solver" für lineare Optimierungen. Der Befehl <*Solver*> wird im <*Formel*>-Menü angehängt;
  - ein ADD-IN "Q+E" für eine Datenbankanbindung. Daten aus dBASE können gelesen und verarbeitet werden. SQL-Abfragen sind möglich;
  - Bibliotheken, in denen sich Übungsdateien befinden.

  Der jeweilige Speicherplatz, den die gewählte Installation benötigt, wird Ihnen angezeigt. Falls zu wenig Platz auf der Festplatte ist, wird die Installation abgebrochen.

Installationsoptionen, Speicherplatzanzeige

Nachdem EXCEL die erfolgreiche Installation gemeldet hat, können Sie durch den Befehl <*Schließen*> im System-Menü das Fenster des Datei-Managers schließen.

Im Progamm-Manager wurde durch die Installation im Gruppenfenster "WINDOWS-ANWENDUNGEN" ein Symbol für EXCEL eingerichtet.

✎ EXCEL starten

Mit einem Doppelklick auf das EXCEL-Symbol starten Sie das Programm.

Mit einem Doppelklick auf das Excel-Symbol wird die Anwendung gestartet

1.2 EXCEL-Bildschirm und Arbeitsblatt

Nach dem Start von EXCEL erscheinen die Standardfenster, die analog zu WINDOWS aufgebaut sind.

EXCEL beenden

Dementsprechend können Sie die Arbeit mit EXCEL beenden, indem Sie im Anwendungs-Systemmenü den Befehl <*Schließen*> wählen.

☞ Der <*Schließen*>-Befehl im Anwendungs-Systemmenü hat die gleiche Wirkung wie der Befehl <*Beenden*> im <*Datei*>-Menü.

EXCEL-Bildschirm

Auf Anhieb ist der Aufbau der WINDOWS-Fenster wiederzuerkennen: Die gleichen Symbole der Fenstersteuerung mit gleicher Wirkung; die Titel- und - Menüleiste der Anwendung EXCEL. Das untergeordnete Fenster ist hier das Datei- oder Tabellenfenster TAB1, das mit dem Start von EXCEL automatisch eingerichtet wird.

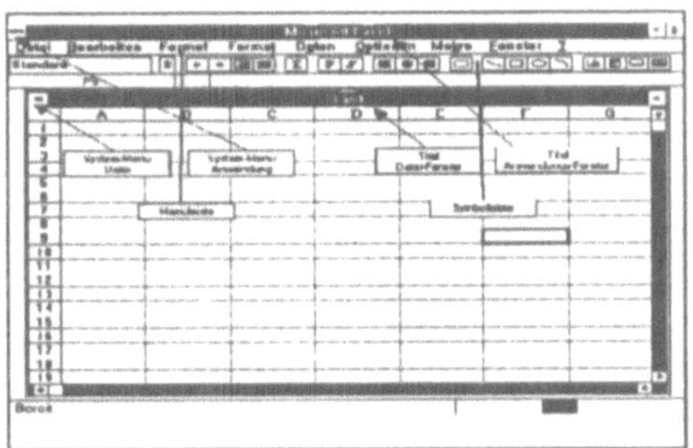

Abb.1-2: Startbildschirm von EXCEL

☞ In diesem Zusammenhang sei an die Hierarchie der Fenster erinnert. Wählen Sie den Befehl *<Schließen>* im Anwendungs-Systemmenü, beenden Sie die Arbeit mit EXCEL und das Dateifenster wird mitgeschlossen. Der gleichlautende Befehl im Datei-Systemmenü schließt das Dateifenster, während das EXCEL-Fenster erhalten bleibt.

Symbolleiste

Neu ist die Symbolleiste unterhalb der Menüleiste:

Abb. 1-3: Symbolleiste

Hinter den "buttons" stehen Befehle, die mit der "Point-and-Klick"-Technik schnellstens zu aktivieren sind.

Die nachfolgend aufgelisteten Symbole, deren Bedeutung hier nur stichwortartig zusammengefaßt wird, werden in den einzelnen Kapiteln ausführlich und im praktischen Zusammenhang behandelt.

Standard — Formatvorlagen

Gliederungssymbole

Autosum

Fett- und Kursiv-Textattribute

Ausrichtungssymbole

Symbole zum Zeichnen

Objektsymbole

Das Tabellenfenster

Standardmäßig öffnet EXCEL beim Start das Tabellenfenster mit der Datei TAB1.

Es handelt sich um den Ausschnitt eines elektronischen Arbeitsblattes. Statt "Arbeitsblatt" werden auch die Namen "WORKSHEET" oder "SPREADSHEET" verwendet, gemeint ist das gleiche. Von Ausschnitt des Arbeitsblattes ist die Rede, weil nur ein Teil des verfügbaren Raumes auf dem Bildschirm sichtbar ist. Das gesamte EXCEL-Arbeitsblatt besteht aus insgesamt 16384 Zeilen und 256 Spalten. Die Spalten sind am oberen Bildschirmrand durch Buchstaben in alphabetischer Reihenfolge gekennzeichnet (A,...,IV), die Zeilen am linken Bildschirmrand sind durchnumeriert (1,...,16384).

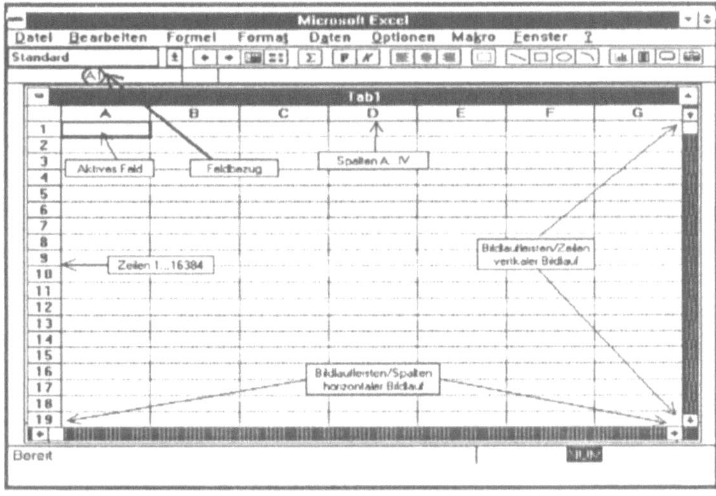

Abb. 1-4: Arbeitsblatt- oder Tabellenfenster

✎ Feld oder Zelle

Die kleinste Einheit des Arbeitsblattes wird als Feld oder Zelle bezeichnet und läßt sich durch je einen Spaltentitel und eine Zeilennummer (z.B C6) räumlich zuordnen. Man spricht in diesem Zusammenhang von Feldbezügen oder Feldadressen. Mit Hilfe dieser Feldbezüge läßt sich jedes einzelne Feld ansprechen.

✎ Aktives Feld

Das aktive Feld - das ausgewählte Feld, in dem eine Eingabe erfolgen kann - befindet sich in der obersten linken Ecke des Arbeitsblattes, kürzer: in A1. Vermerkt wird die Adresse des aktiven Feldes, im linken Teil der Bearbeitungszeile.

Um über den Bildschirmausschnitt des Arbeitsblattes hinauszukommen, können Sie im Arbeitsblatt blättern, indem Sie mit der Maus die Bildlaufleisten anklicken oder spezielle Tasten benutzen.

Bildlaufleisten

Am rechten und unteren Rand des Fensters sehen Sie die Bildlaufleisten.

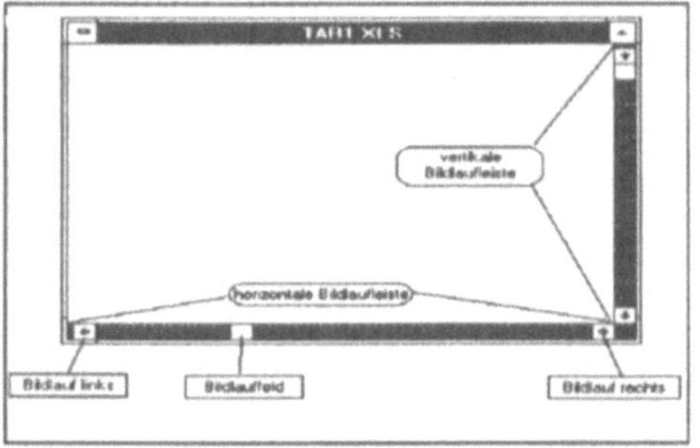

Abb.1-5: Bildlaufleisten

<u>Vertikale Bildlaufleiste:</u>

- Klick auf Pfeil nach oben: der Bildschirm rollt eine Zeile nach oben;
- Klick auf Pfeil nach unten: der Bildschirm rollt eine Zeile nach unten;
- Ziehen des Bildlauffeldes mit gedrückter Maustaste: der Bildschirm wird um mehrere Zeilen in der gewünschten Richtung verschoben. Im linken Teil der Bearbeitungszeile wird die Zeilennummer angegeben;
- Klicken auf die Bildlaufleiste: es wird um eine Bildschirmseite nach unten bzw. nach oben geblättert.

Horizontale Bildlaufleiste:

- Klick auf Pfeil nach links: eine Spalte nach links
- Klick auf Pfeil nach rechts: eine Spalte nach rechts
- Klick auf Pfeil nach unten: eine Zeile nach unten
- Ziehen des Bildlauffeldes: mehrere Spalten; im linken Teil der Bearbeitungszeile wird die Spaltennummer angegeben
- Klicken auf die Bildlaufleiste: um eine Bildschirmseite nach rechts bzw. nach links

<Bild oben>	Ausschnitt um 1 Bildschirmseite nach oben
<Bild unten>	Ausschnitt um 1 Bildschirmseite nach unten
<Strg>+<Bild oben>	Ausschnitt um 1 Bildschirmseite nach rechts
<Strg>+<Bild oben>	Ausschnitt um 1 Bildschirmseite nach links

1.3 Auswahl von Feldern und Feldbereichen

Das Arbeitsblatt wird die Grundlage zum Erstellen von Tabellen, Grafiken und Datenbanken sein. Von daher ist es wichtig zu wissen, wie man einzelne Felder oder Feldbereiche zur Bearbeitung auswählt.

Es gibt eine Reihe von Techniken - Tastatur wie Maus - die das gleiche bewirken. Suchen Sie sich die Ihnen genehme aus.

Auswahl eines Feldes

- Mit der Maus bewegen Sie den Zeiger auf das gewünschte Feld und klicken. In der Bearbeitungszeile wird die neue Adresse des aktiven Feldes vermerkt.

- Über die Tastatur können Sie das aktive Feld mit Hilfe der Pfeiltasten von Feld zu Feld nach rechts, links, oben oder unten bewegen. Oftmals ist es jedoch effektiver, sich mit Hilfe von Tastenkombinationen oder spezieller Tasten im Arbeitsblatt zu bewegen.

<strg>+<Pos1>	Erstes Feld (A1)
<Strg>+<Ende>	Letztes besetztes Feld im Arbeitsblatt
<Pos1>	Erste Spalte der gerade aktiven Zeile (A)
<Ende>	Letzte besetzte Spalte der aktiven Zeile (bzw. letzte Spalte des Arbeitsblattes)
Funktionstaste *<F5>*	Sprung zum eingegebenen Feld

Auswahl von Feldbereichen

Oftmals werden Sie nicht nur einzelne Felder, sondern Feldbereiche bearbeiten.

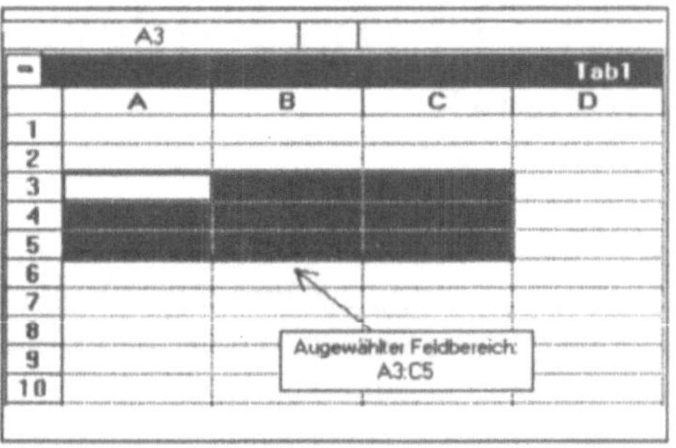

Abb. 1-6: Bereichsauswahl A3:C5

Sie haben verschiedene Möglichkeiten, Feldbereiche auszuwählen:

(1) Wählen Sie mit einem Klick das erste Feld des Bereiches aus (A3) und erweitern Sie den Bereich, indem Sie die Maustaste gedrückt halten und die Maus zum letzten Feld des Bereiches (C5) ziehen.

(2) Klicken Sie auf das erste Feld des Bereiches. Halten Sie die <*Umschalt*>-Taste gedrückt und klicken Sie auf das letzte Feld des Bereiches.

(3) Klicken Sie auf das erste Feld des Bereiches. Schalten Sie mit der Funktionstaste <*F8*> in den Erweitern-Modus: im unteren Teil des Bildschirms, in der Statuszeile, erscheint die Meldung EXT.

(4) Gehen Sie mit einer der <*Pfeiltasten*> zum ersten Feld des Bereiches. Halten Sie die <*Umschalt*>-Taste gedrückt und gehen Sie mit einer <*Pfeiltaste*> zum letzten Feld des Bereiches.

(5) Gehen Sie mit einer der <*Pfeiltasten*> zum ersten Feld des Bereiches. Schalten Sie mit der Funktionstaste <*F8*> um in den Erweitern-Modus und bewegen Sie die Markierung mit einer <*Pfeiltaste*> zum letzten Feld des Bereiches.

Feldbereiche, z.B. von A3 bis C5 werden in EXCEL mit einem Doppelpunkt (:) verbunden: A3:C5.

☞ Das erste Feld des ausgewählten Bereiches wird nicht - wie die anderen Felder des Bereiches - optisch hervorgehoben ! Es zählt dennoch zum Bereich.

Auswahl eines Mehrfachbereiches

Ein Vorteil von EXCEL ist es, nicht nur zusammenhängende Feldbereiche bearbeiten zu können, sondern auch mehrere voneinander getrennte Bereiche. In diesem Zusammenhang spricht man von Mehrfachbereichen.

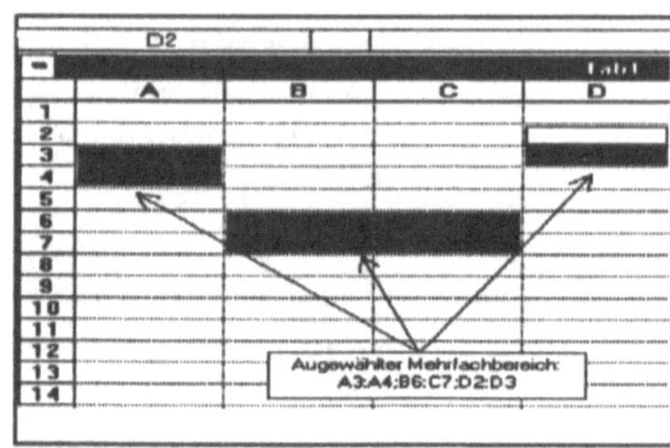

Abb.1-7: Auswahl von Mehrfachbereichen A3:A4;B6:C7;D2:D3

(1) Klicken Sie auf das erste Feld des ersten Bereiches A3. Ziehen Sie die Maus zum letzten Feld A4. Halten Sie die *<Strg>*-Taste gedrückt und klicken Sie auf das erste Feld des zweiten Bereiches B6. Ziehen Sie zum Feld C7. Halten Sie die *<Strg>*-Taste gedrückt und klicken Sie auf das erste Feld des dritten Bereiches D2. Ziehen Sie schließlich die Maus zum Feld D3.

(2) Klicken Sie auf das erste Feld des ersten Bereiches A3. Mit gedrückter *<Umschalt>*-Taste und *<F8>* schalten Sie in den Hinzufüge-Modus (Meldung: ADD). Klicken Sie auf das erste Feld des zweiten Bereiches und ziehen Sie die Maus bis zum letzten Feld. Klicken Sie auf das erste Feld des dritten Bereiches und ziehen Sie die Maus bis zum letzten Feld.

(3) Gehen Sie mit der *<Pfeiltaste>* auf das erste Feld des ersten Bereiches. Mit gedrückter *<Umschalt>*-Taste erweitern Sie bis zum letzten Feld. Schalten Sie mit *<Umschalt>+<F8>* in den Hinzufügen-Modus. Gehen Sie mit der <Pfeiltaste> zum ersten Feld des zweiten Bereiches etc.

Mehrere Feldbereiche werden durch ein Semikolon (;) miteinander verbunden.

Auswahl von ganzen Spalten und Zeilen

Zum Einfügen oder Löschen von Zeilen/Spalten wird es notwendig, ganze Zeilen/Spalten auszuwählen.

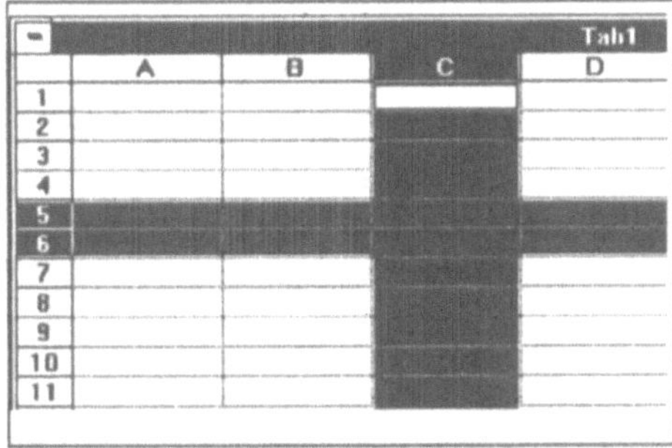

Abb. 1-8: Auswahl der Spalte C und der Zeilen 5 und 6

(1) Klicken Sie zur Auswahl einer ganzen Spalte auf den Spaltenkopf, zur Auswahl einer ganzen Zeile auf die Zeilennummer. Wenn Sie die Maus ziehen, werden mehrere Spalten/Zeilen markiert.

(2) Mit *<Umschalt>*+*<Leertaste>* wird die Zeile des aktiven Feldes ausgewählt, mit *<Strg>*+*<Leertaste>* die Spalte. Beides hintereinander markiert das gesamte Arbeitsblatt.

1.4 Eingabe von Texten, Zahlen und Formeln

Nach so vielen Vorinformationen gehen wir dazu über, die ersten Daten einzugeben. Eingabe von Daten heißt, daß Texte, Zahlen und Formeln in das jeweils aktive Feld geschrieben werden.

Eingabe von Texten und Zahlen

Das Vorgehen bei der Eingabe von Texten oder Zahlen unterscheidet sich nicht prinzipiell. Bei der Zahleneingabe sind einige Regeln zu beachten, die am Ende dieses Abschnitts aufgelistet sind.

VORGEHEN: EINGABE VON TEXTEN

- Wählen Sie mit einem Mausklick das Feld aus, in dem die Eingabe erfolgen soll, hier: A3.

- Tippen Sie das Wort:"EXCEL" ein (zum Großschreiben nehmen Sie die <*Umschalt*>-Taste).

  Mit der Eingabe des ersten Buchstabens wird die Bearbeitungszeile aktiviert ! Die Statuszeile am unteren linken Bildschirmrand vermerkt: "Eingeben".

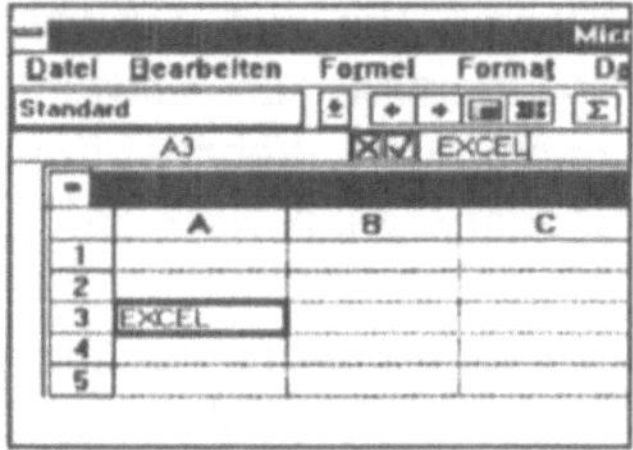

Bearbeitungszeile während der Eingabe

- Bestätigen Sie die Eingabe mit der Taste <*Return*> oder mit einem Klick auf das ✓-Symbol in der Bearbeitungszeile.

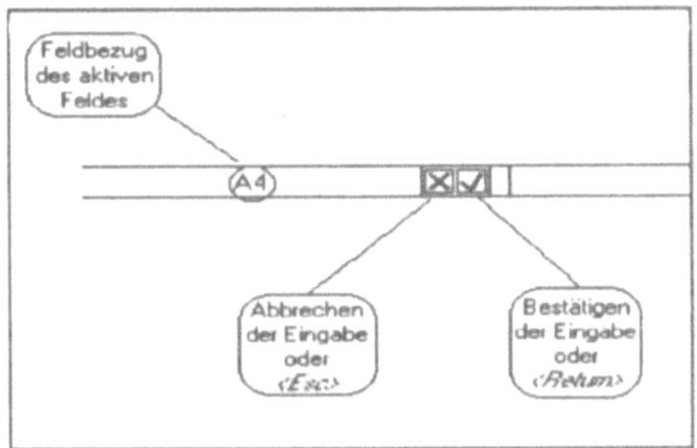

Abb.1-9: Bearbeitungszeile

Auch wenn im aktiven Feld die Eingabe in der Bearbeitungszeile mitangezeigt wird, ist die Eingabe erst durch die Bestätigung mit <*Return*> oder ✓ abgeschlossen ! Abbrechen können Sie die Eingabe mit einem Mausklick auf das **x**-Symbol oder mit der Taste <*Esc*>.

In der Bearbeitungszeile links wird das aktive Feld vermerkt, in das die Eingabe erfolgt.

✎ Zahleneingabe

Bei der Eingabe von Zahlen sind einige Besonderheiten zu beachten:

- Zahleneingaben können beginnen mit einer Ziffer (von 0 bis 9), mit einem Plus- oder einem Minuszeichen.
- Eine Zahl darf keine Leerzeichen enthalten oder unmittelbar mit Texten gemischt werden, wenn noch damit gerechnet werden soll. Eine Ausnahme stellt die Eingabe von "DM" und "%" mit einer Zahl dar.
- Die Eingabe eines Dezimalpunktes statt eines Kommas interpretiert EXCEL als Datumseingabe (5.5 ergibt 5. Mai), es sei denn, das amerikanische Zahlenformat ist voreingestellt.

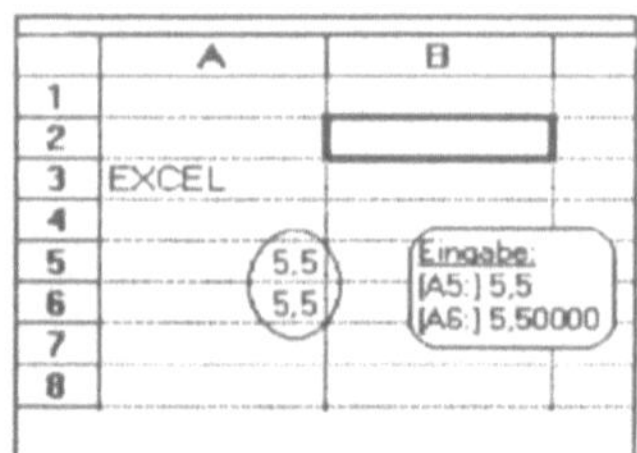

Abb.1-10: Eingabe und Anzeige von Zahlen

- EXCEL speichert Zahlen mit einer Genauigkeit von 15 Dezimalzeichen - auch wenn diese nicht im Feld angezeigt werden.
- standardmäßig werden Zahlen rechtsbündig angezeigt.

Eingabe von Formeln

Die Eingabe von Formeln beginnt mit einem Gleicheitszeichen (=). Plus- und Minuszeichen sowie die offene Klammer akzeptiert EXCEL ebenso. Prinzipiell sind Formeln mit Konstanten und Formeln mit Variablen zu unterscheiden.

VORGEHEN: FORMELEINGABE MIT KONSTANTEN

- Wählen Sie zur Eingabe der Formel das Feld B5 aus.
- Geben Sie die Formel =4+16 ein.

  Beachten Sie bitte, daß auch eine Formel kein Leerzeichen enthalten darf!

- Lösen Sie die Berechnung mit <*Return*> oder ✓ aus.

Die Formel wird von EXCEL sofort berechnet und das Ergebnis ausgegeben.

	A	B	C
1			
2			
3	EXCEL		
4			Eingabe:
5	5,5	20	[B5] =4+16
6	5,5	-12	[B6] =4-16
7		0,25	[B7] =4/16
8		64	[B8] =4*16
9		4294967296	[B9] =4^16
10			

Abb.1-11: Eingabe von Formeln mit Konstanten

EXCEL führt die Berechnungen auf Basis der "Punkt-vor-Strich"-Regel durch.

Rechenzeichen nach der Reihenfolge der Berechnung:	
^	*Potenzieren*
* /	*Multiplikation/Division*
+ -	*Addition/Subtraktion*

Bei Mischberechnungen ist diese Reihenfolge von Bedeutung. Testen Sie das selbst, indem Sie die Formel =2+7*2 (=16) und die Formel =(2+7)*2 (=18) eingeben.

Formeln werden wesentlich flexibler, wenn Variable statt konstante Zahlen verwendet werden. Wo liegt der Unterschied? Gehen wir davon aus, die in A5 und A6 eingegebenen Zahlen sollten addiert werden. Statt Konstante zu verwenden (=5,5+5,5), setzen wir Variable ein, die bei EXCEL nichts anderes sind als Feldbezüge.

VORGEHEN: FORMELEINGABE MIT FELDBEZÜGEN

- Wählen Sie zur Eingabe der Formel das Feld C5 aus.

- Geben Sie ein: =A5+A6 und bestätigen Sie die Formel mit <*Return*>.

  Die Feldbezüge A5 und A6 können Sie eintippen oder Sie klicken das jeweilige Feld an.

- Wählen Sie das Feld A5 aus und geben Sie als neue

Zahl 10 ein.

Das Ergebnis der Formel in C5 wird sofort neu berechnet !

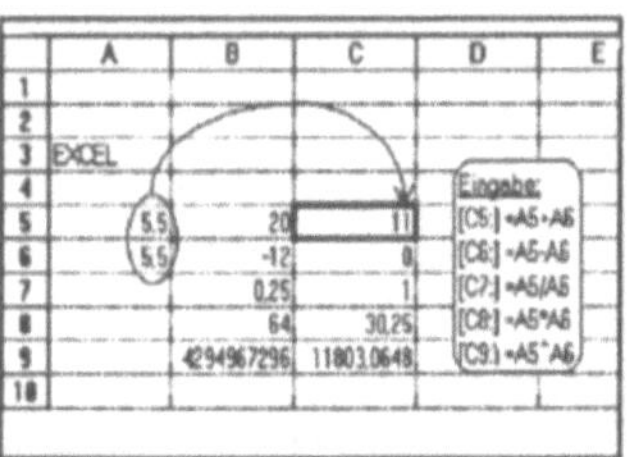

Abb.1-12: Eingabe von Formeln mit Variablen

Der entscheidende Vorteil von Formeln mit Variablen/Feldbezügen liegt darin, daß die Eingabe anderer Zahlen ohne Änderung der Formel eine Neuberechnung auslöst. Diesen Vorteil werden Sie im Laufe Ihrer Arbeit mit EXCEL sehr häufig nutzen.

☞

<u>Schnelleingabe:</u>
Die Eingabebestätigung und Auswahl des nächsten Feldes kann abgekürzt werden.
Maus: Klick auf nächstes Eingabefeld.
Tastatur: Mit einer *<Pfeiltaste>* zum anliegenden Feld gehen.
Über den Befehl *<Optionen Arbeitsbereich>* und die Wahl '*Auswahl nach dem Drücken der Eingabetaste verschieben*' wird automatisch das nächst unten liegende Feld ausgewählt.

1.5 Korrektur von Feldeingaben - Tastatur und Maus

Es wird häufig vorkommen, daß sich bei der Eingabe von Daten Fehler einschleichen. Tippfehler lassen sich ebensowenig vermeiden wie Eingaben in ein falsches Feld. Je nach dem, um welche Fehler es sich handelt, werden Sie die Eingaben korrigieren, überschreiben oder löschen.

Während und nach einer Eingabe gibt es mehrere Korrekturtechniken. Zeichen können über Tastatur und Maus eingefügt oder gelöscht werden. Wählen Sie die Ihnen genehme Technik - wahrscheinlich eine Kombination aus Tastatur und Maus.

Korrektur während der Eingabe

(1) Sie haben bereits kennengelernt, daß die Eingabe mit <*Esc*> oder dem **x**-Symbol abgebrochen werden kann.

(2) Mit der <*Rücktaste*> wird das vom Zeiger linksstehende Zeichen gelöscht.

(3) Mit der Maus klicken Sie auf die zu korrigierende Stelle in der Bearbeitungszeile. Fehlende Zeichen können nach dem Zeiger eingefügt, überflüssige Zeichen können mit der <*Rücktaste*> links vom Zeiger oder mit der <*Entf*>-Taste rechts vom Zeiger gelöscht werden.

(4) Durch Ziehen mit der Maus lassen sich auch mehrere Zeichen markieren und dann mit <*Entf*> löschen.

Abb. 1-13: Markierung mehrerer Zeichen

Korrektur nach der Eingabe

Sobald eine Eingabe bestätigt wurde, sind zur Korrektur zwei Schritte erforderlich:

- Das zu korrigierende Feld ist auszuwählen.
- Die Bearbeitungszeile muß aktiviert werden.

(1) Die Bearbeitungszeile kann über die Funktionstaste *<F2>* aktiviert werden oder durch einen Mausklick.

(2) Innerhalb der Bearbeitungszeile bewegen Sie den Zeiger mit der linken bzw. rechten *<Pfeiltaste>* auf das zu korrigierende Zeichen. Mit *<Pos1>* springt die Markierung sofort auf das erste, mit *<Ende>* auf das letzte eingegebene Zeichen.

Mit der Maus klicken Sie auf die zu korrigierende Stelle in der Bearbeitungszeile.

(3) Von der Zeigerposition ausgehend, können fehlende Zeichen eingefügt werden.

(4) Das vom Zeiger aus gesehen linkstehende Zeichen wird mit der *<Rücktaste>*, das markierte Zeichen mit der *<Entf>*-Taste gelöscht.

Abb.1-14:Eingaben editieren

✎ Überschreiben

Manchmal ist es leichter, die Eingabe zu wiederholen. Wählen Sie das zu korrigierende Feld aus. Die neue Eingabe überschreibt und ersetzt den alten Inhalt des Feldes.

1.6 Menüs, Dialog-Boxen und Optionen: Befehle zum Löschen von Eingaben

Falsche Eingaben durch neue zu überschreiben führt in direktem Weg von der Korrektur zum Löschen von Feldinhalten.

Anhand des Löschens von Feldinhalten können Sie nachvollziehen, welche Vielfalt von Lösungstechniken EXCEL bereitstellt. Wie gesagt, wählen Sie diejenige, die Ihnen zusagt. Sie werden anhand des folgenden Beispiels den Umgang mit Menüs, Dialog-Boxen und Optionen kennenlernen - Dinge, die Sie während der Arbeit mit EXCEL begleiten werden.

Unabhängig davon, ob Sie Tasten- oder Menübefehle wählen, jede Bearbeitung beginnt mit der Auswahl des Feldbereichs !

Tasten-Befehle

EXCEL bietet häufig Tastenbefehle als Alternative zu Menübefehlen an. Insbesondere die Funktionstasten sind hilfreich. Die Stichworte am Rand des Buches machen Sie im Verlauf der Kapitel darauf aufmerksam, wenn es zum Menü analoge Tastenbefehle gibt. Im folgenden wird das Vorgehen exemplarisch für den Tastenbefehl <*Entf*> beschrieben.

VORGEHEN: LÖSCHEN MIT DER <*Entf*>-TASTE

- Wählen Sie das zu löschende Feld oder den zu löschenden Feldbereich aus.
- Drücken Sie die Taste <*Entf*>.
- Angezeigt wird eine Dialog-Box, in der standardmäßig die Option '*Formeln*' markiert ist.
- Bestätigen Sie das Löschen mit <*Return*> oder durch Anklicken von <*OK*>.

> Die Option *'Formeln'* ist mißverständlich. Gelöscht werden die Feldinhalte, d.h. Texte, Zahlen und Formeln.

Dialog-Boxen

Nach der Auswahl von Befehlen werden Ihnen oftmals in Dialog-Boxen differenzierte Wahlmöglichkeiten angeboten.

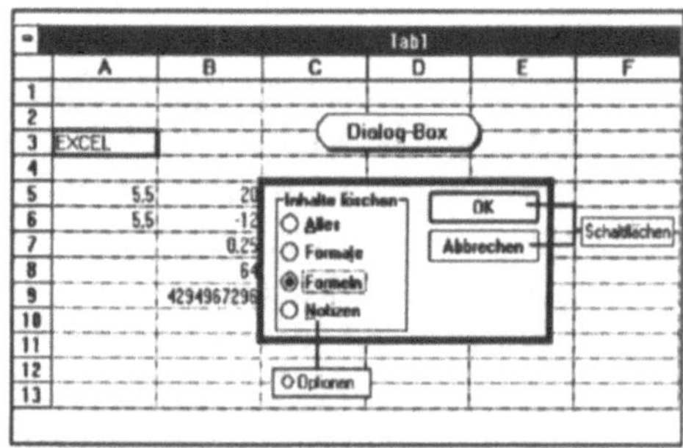

Abb.1-15: Dialogbox zum Löschen von Feldinhalten, -formaten und -notizen

Optionen

Es werden Optionen zur Wahl gestellt. Mit der Tastatur entscheiden Sie sich für eine Option mit Hilfe der Eingabe des unterstrichenen Buchstabens; z.B. A für die Option *'Alles'*. Mit der Maus klicken Sie die gewünschte Option an.

Schaltflächen

Die Schaltfläche <*OK*> bewirkt wie <*Return*> die Bestätigung und Ausführung des Befehls; mit der Schaltfläche <*Abbrechen*> brechen Sie die Befehlsausführung ab. Über die Tastatur sind die Schaltflächen mit der <*Tab*>-Taste zu erreichen; mit der Maus reicht ein Klick.

Pull-Down-Menüs

Das gleiche Ziel ist über den Befehl <*Inhalte löschen*> im <*Bearbeiten*>-Menü zu erreichen.

Abb. 1-16: Menüleiste für Tabellen

Dieser Befehl - stellvertretend für alle anderen Menübefehle - kann sowohl mit der Tastatur wie mit der Maus ausgewählt werden. War die Tastatur bislang ergänzend oder konkurrierend zur Maus zu sehen, zeigt sich jetzt die Umständlichkeit bei der Befehlswahl.

Der Umgang mit Menübefehlen über die Tastatur wird hier exemplarisch beschrieben.

VORGEHEN: LÖSCHEN MIT DEM MENÜBEFEHL *<Bearbeiten Inhalte löschen>*

- Wählen Sie das zu löschende Feld oder den zu löschenden Feldbereich aus.
- Halten Sie die *<Alt>*-Taste gedrückt und tippen Sie ein *<B>* ein. Angezeigt wird das *<Bearbeiten>*-Menü.
- Gehen Sie mit der *<Pfeiltaste unten>* zum Befehl *<Inhalte löschen>* und bestätigen Sie mit *<Return>*.

  Oder:

  Tippen Sie den unterstrichenen Buchstaben des Befehls *<Inhalte löschen>*, ein "t", ein.
- Die Optionen in der Dialog-Box erreichen Sie über die unterstrichenen Buchstaben.
- Zu den Schaltflächen *<OK>* und *<ABBRECHEN>* gelangen Sie mit der *<Tab>*-Taste.

<Alt>-Taste Die Pull-Down-Menüs werden über die Tastatur mit Hilfe der *<Alt>*-Taste und dem unterstrichenen Buchstaben des Menüs aufgerufen. Die Befehle innerhalb des Menüs werden über die unterstrichenen Buchstaben gewählt; bei einigen sind Tastenkombinationen angegeben.

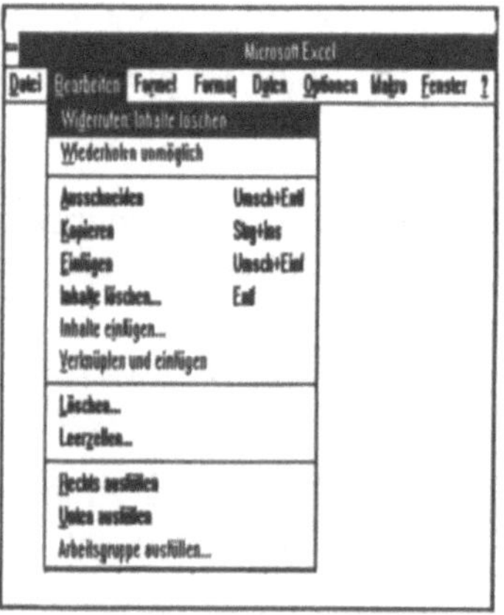

Abb.1-17: <Bearbeiten>-Menü für Tabellen

Die Maus erweist sich in diesem Zusammenhang als effektiver.

VORGEHEN: LÖSCHEN MIT DEM MENÜBEFEHL *<Bearbeiten Inhalte löschen>*

- Wählen Sie das zu löschende Feld oder den zu löschenden Feldbereich aus.
- Klicken Sie auf das Menü *<Bearbeiten>*.
- Klicken Sie auf den Befehl *<Inhalte Löschen>*.
- Klicken Sie auf die gewünschte Option und bestätigen Sie den Befehl mit einem Klick auf *<OK>*.

Bei der Vielzahl an möglichen Techniken kann nicht jedes Mal jede Variante beschrieben werden. Im weiteren Verlauf dieses Buches orientieren sich die Vorgehensbeschreibungen an der Mausbedienung bzw. enthalten Vorschläge zu einer effektiven Kombination von Maus und Tastatur.

☞ EXCEL bietet <*Kurze Menüs*> *an*, die nur eine Auswahl der wichtigsten Befehle anzeigen und <*Ganze Menüs*>, die alle Befehle in den Menüs anzeigen. Im Buch wird von vornherein mit allen Befehlen gearbeitet. Die Einstellung erfolgt über den Befehl <*Optionen Ganze Menüs*>.

1.7 Abruf von Hilfsinformationen

Auf eine für EXCEL-Einsteiger sehr nützliche Einrichtung sei ganz besonders hingewiesen: die On-Line-Hilfe.

Hilfe-Index

Der Hilfe-Index ist entweder mit der Funktionstaste <*F1*> aufzurufen oder im <*?*>-Menü über den Befehl <*Index*>.

Abb. 1-18: Hilfefenster

Die aufgelisteten Begriffe lassen sich seitenweise mit einem Klick auf die <*Durchsuch*>-Schaltflächen oder mit der Bildlaufleiste durchblättern.

Sobald der Mauszeiger auf einen Begriff zeigt, für den eine Erklärung bereitsteht, erhält er die Form einer kleinen Hand. Ein Klick, und bei gedrückter Maustaste wird die Information zum gewählten Begriff angezeigt. Hinter unterstrichenen Begriffen verbergen sich tiefergehende Hilfsinformationen, die durch Anklicken des entsprechenden Begriffes aufgerufen werden.

Über die Schaltfläche <*Zurück*> wird Ihnen die vorhergehende Information wieder angezeigt.

<*Index*> führt zurück zum Ausgangsbildschirm.

Die Schaltfläche <*Suchen*> kürzt ein langwieriges Blättern ab, indem nach bestimmten Begriffen oder Stichwörtern gesucht und die Informationen direkt aufgerufen werden können.

VORGEHEN: INFORMATIONEN ÜBER TABELLEN SUCHEN

- Rufen Sie den Hilfe-Index mit <*F1*> auf und klicken Sie auf die Schaltfläche <*Suchen*>.
- Mit der Eingabe eines "T" - dem Anfangsbuchstaben des Stichworts "Tabelle" - zeigt die Liste Begriffe mit dem Anfangsbuchstaben "T".
- Wählen Sie den Begriff "Tabelle" mit einem Doppelklick oder markieren Sie diesen Begriff und klicken dann auf die Schaltfläche <*Suchen*>.

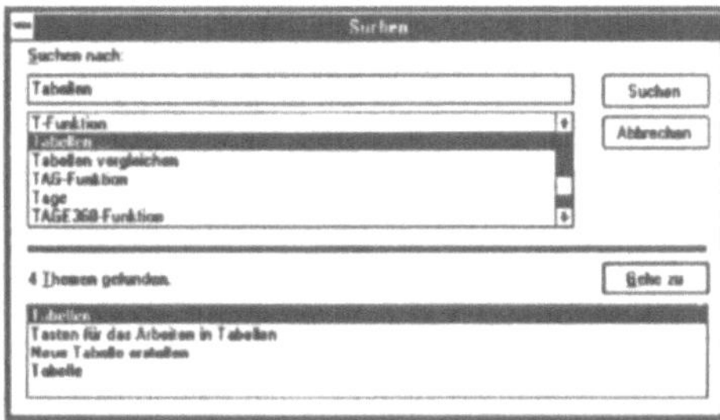

Im Suchen-Fenster werden Informationen zu bestimmten Begriffen gesucht

- Im unteren Suchfenster werden Ihnen die gefundenen Themen angezeigt. Wählen Sie die Option '*Tasten für das Arbeiten in Tabellen*' mit einem Doppelklick. Die Informationen werden angezeigt.

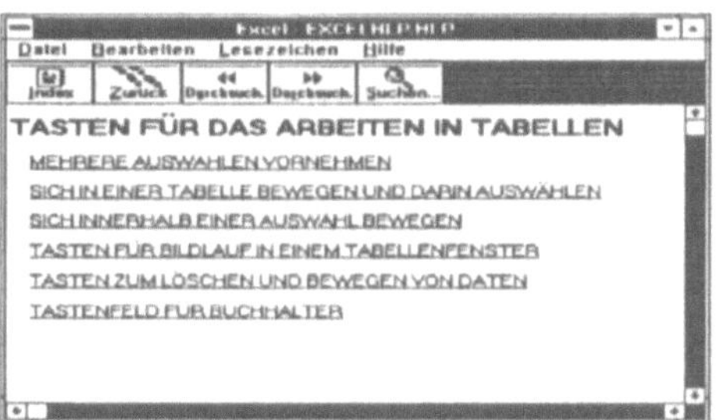

Abb.1-19: Hilfethemen zum Stichwort "Tasten ..."

Kontextspezifische Hilfe

Direkt in einen speziellen Hilfe-Bildschirm führt Sie vom Arbeitsblatt aus *<Umschalt>+<F1>*. Halten Sie die *<Umschalt>*-Taste gedrückt. Neben dem Mauszeiger erscheint ein Fragezeichen. Bewegen Sie den Zeiger auf die Position, über die Sie Informationen einholen wollen und klicken Sie. Bei der unten stehenden Abbildung wurde auf die Bearbeitungszeile geklickt.

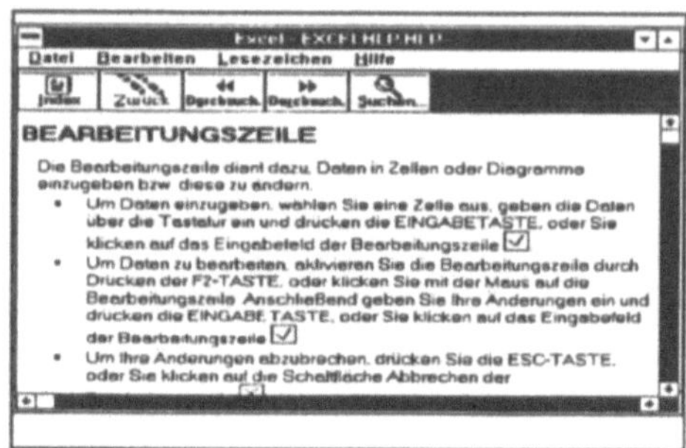

Abb.1-20: Kontextbezogene Hilfe über einen Klick auf die Bearbeitungszeile

✎ Infos drucken

Manchmal ist es von Vorteil, wenn die Informationen ausgedruckt vorliegen. Über den Befehl <*Erläuterungen drucken*> im <*Datei*>-Menü können Sie die Hilfetexte zu Papier bringen.

Hilfefenster schließen und als Symbol darstellen

Nachdem Sie die Informationen erhalten haben, können Sie das Hilfefenster als Symbol darstellen oder schließen.

Erwarten Sie, weitere Auskünfte einzuholen, stellen Sie die Hilfe als Symbol beiseite, um sie bei Bedarf mit einem Doppelklick wiederherzustellen.

Im Systemmenü finden Sie wie gewohnt den Befehl <*Schließen*>, wenn Sie die Hilfe nicht mehr brauchen. Das gleiche bewirkt der Befehl <*Beenden*> im <*Datei*>-Menü.

2

Grundlagen der Tabellenkalkulation

Dieses Kapitel vermittelt:

- *wie Texte und Zahlen als Tabelle eingegeben und übersichtlich dargestellt werden;*
- *die Eingabe von Formeln und Funktionen zum Berechnen von Tabellen;*
- *das Kopieren von Texten, Zahlen und Formeln als effektive Technik der Tabellenkalkulation;*
- *wie das Arbeitsergebnis als Datei gesichert und EXCEL beendet wird.*

Fallbeispiel: Erlöse und Kosten überwachen

Erlöse und Kosten zu überwachen ist Teil jeder normalen Geschäftstätigkeit.

Im folgenden werden Tabellen erstellt, in denen

- die Erlöse und Kosten monatlich zusammengestellt und
- die jeweiligen Summen und Durchschnittswerte pro Quartal berechnet und ausgewiesen werden.

Das Modell aktualisiert für jede Änderung der Daten automatisch alle Ergebnisse.

KOSTEN- UND ERLÖSRECHNUNG FÜR DAS 1.QUARTAL 1991						
Verkaufserlöse						
Artikel-Nr.	Büroartikel	Januar	Februar	März	Summe	Mittel
	Kurzbezeichnung	DM	DM	DM	DM	DM
312 F 212	Faserschreiber K 177	1243,50	1123,44	1270,58	3637,52	1212,51
312 F 449	Textliner X 45	4569,86	4248,00	4611,29	13429,15	4476,38
312 F 450	Textliner X2000	5633,48	5534,70	5297,00	16465,18	5488,39
312 F 112	Bleistifte HB	1388,98	1260,67	1122,87	3772,52	1257,51
312 F 121	Farbstifte	1130,22	1170,30	1190,01	3490,53	1163,51
312 F 555	Zeichenstift XFZ	777,60	623,15	785,20	2185,95	728,65
312 F 132	Druckbleistift 0,5 mm	557,89	607,70	899,00	2064,59	688,20
312 F 144	Stenostifte 2008	122,21	122,21	122,21	366,63	122,21
Summe/Büroartikel:		15423,74	14690,17	15298,16	45412,07	15137,36
Gesamtkosten						
Artikel-Nr.	Büroartikel	Januar	Februar	März	Summe	Mittel
	Kurzbezeichnung	DM	DM	DM	DM	DM
312 F 212	Faserschreiber K 177	900,00	911,00	899,99	2710,99	903,66
312 F 449	Textliner X 45	3750,00	3800,00	3690,00	11240,00	3746,67
312 F 450	Textliner X2000	4788,00	4822,00	4810,00	14420,00	4806,67
312 F 112	Bleistifte HB	1200,00	1190,00	1155,00	3545,00	1181,67
312 F 121	Farbstifte	950,00	810,00	923,33	2683,33	894,44
312 F 555	Zeichenstift XFZ	500,00	455,70	470,00	1425,70	475,23
312 F 132	Druckbleistift 0,5 mm	420,00	410,10	401,01	1231,11	410,37
312 F 144	Stenostifte 2008	37,00	32,00	35,50	104,50	34,83
Summe/Büroartikel:		12545,00	12430,80	12384,83	37360,63	12453,54

Abb.2-1: Kosten und Erlösrechnung - Ergebnis

2.1 Tabellen einrichten und übersichtlich darstellen

Es ist sinnvoll, sich bereits vor Eingabe der Daten zu überlegen, welche Form der Tabelle zweckmäßig ist. Der Aufbau der Fallbeispiele kann Ihnen in dieser Hinsicht Anregungen geben. Ausschlaggebend ist Ihr fachlicher Hintergrund.

Normalerweise werden Sie zuerst die Daten tabellarisch erfassen, dann die notwendigen Berechnungen durchführen und zum Schluß - wenn Sie alles überschauen - die Tabellen zur Präsentation aufbereiten.

Einige Formatierungen bieten sich direkt nach der Dateneingabe an, um die folgende Bearbeitung übersichtlich zu gestalten.

<u>Aufgabe:</u> Geben Sie die Erlöse für das 1.Quartal entsprechend der Abb. 2-1 in das Arbeitsblatt ein.

✎ Dateneingabe

Wie beschrieben, bietet Ihnen EXCEL verschiedene Techniken zur Datenerfassung an. Ob Sie das nächste Eingabefeld mit der Maus anklicken oder die Tastatur zur Eingabe der Daten wählen, liegt in Ihrem Ermessen.

EUK.XLS

Die Ausgangstabelle dieser Aufgabe finden Sie auf der beigefügten Übungsdiskette unter dem Dateinamen: EUK.XLS gespeichert. Mit dem Befehl <*Datei Öffnen*> kann die Datei geladen werden (vgl.I-4).

Die von Ihnen eingegebene Tabelle wird sich zu Beginn von der in Abb.2-1 dargestellten unterscheiden:

- die Kurzbezeichnungen der Büroartikel werden nicht vollständig angezeigt,
- die Zahlen weisen unterschiedliche Nachkommastellen auf,
- die Überschriften und Artikelnummern sind alle linksbündig ausgerichtet.

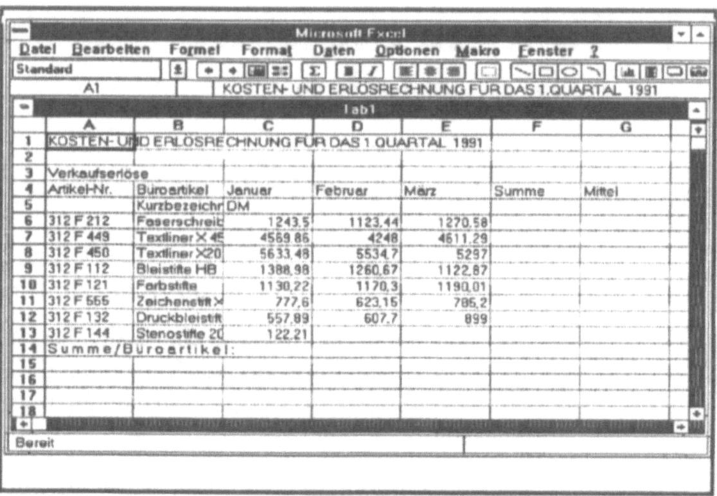

Abb. 2-2: Erlöstabelle nach der Dateneingabe

Solche Mängel in der Darstellung können sofort mit einfachen Formatierungstechniken behoben werden.

Die Breite von Spalten verändern

Die Breite der Spalte B reicht nicht aus, um alle Artikelbezeichnungen vollständig anzuzeigen. Daß die Daten nicht verlorengegangen sind, können Sie überprüfen. Wählen Sie z.B das Feld B6. EXCEL vermerkt in der Bearbeitungszeile den korrekten vollständigen Feldinhalt "Faserschreiber K 177".

Zum Verändern von Spaltenbreiten bietet EXCEL an:

- die Breite einzelner Spalten mit der Maus zu verändern;
- die Breite einer oder mehrerer Spalten über das <*Format*>-Menü mit dem Befehl <*Spaltenbreite*> zu bestimmen;
- die optimale Spaltenbreite für einzelne wie mehrere Spalten mit der Maus oder über das Menü einzustellen.

Aufgabe: Vollständige Anzeige der Artikelbezeichnungen in Spalte B.

VORGEHEN: VERÄNDERN EINER SPALTENBREITE MIT DER MAUS

- Bewegen Sie den Mauszeiger zwischen die Spaltenköpfe B und C. Der Zeiger verändert seine Form und wird zu einem Links-Rechts-Pfeil.

- Mit gedrückter linker Maustaste ziehen Sie die Trennlinie soweit nach rechts, bis alle Texte in der Spalte sichtbar werden.

- EXCEL richtet Ihnen auch automatisch die optimale Spaltenbreite ein. Klicken Sie zweimal (Doppelklick) auf die Trennlinie zwischen B und C . EXCEL verändert die Spaltenbreite entsprechend dem längsten Eintrag in der Spalte.

Zum Verändern einzelner Spaltenbreiten ist die Maustechnik effizienter als der Weg über das Menü. Anders ist es, wenn die Breite mehrerer Spalten auf eine einheitliche Breite festgelegt werden soll.

Aufgabe: Die Spalten C bis G werden auf die Breite von 9 Zeichen festgelegt.

VORGEHEN: VERÄNDERN DER BREITE MEHRERER SPALTEN ÜBER DAS MENÜ

- Markieren Sie eine beliebige Zeile für den Tabellenbereich C:G (Abb. 2-3).

- Wählen Sie im <*Format*>-Menü den Befehl <*Spaltenbreite*>.

- Im Optionsfeld '*Spaltenbreite*' geben Sie die Zahl "9" ein und bestätigen die Breite mit <*OK*> oder <*Return*>.

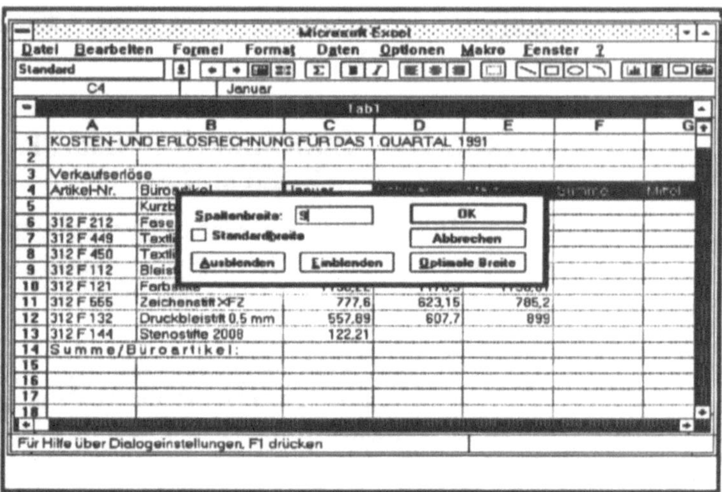

Abb. 2-3: Breite mehrerer Spalten bestimmen

Das Optionsfeld '*Optimale Breite*' entspricht dem Doppelklick mit der Maus auf die Begrenzungslinie. EXCEL richtet die Spaltenbreiten automatisch aus und orientiert sich dabei an den längsten Eingaben der jeweiligen Spalte. Die maximale Spaltenbreite beträgt 255 Zeichen. Die minimale Breite 0 macht die Spalte unsichtbar.

☞

> <u>Alle Spaltenbreiten verändern</u>:
> Klicken Sie mit der Maus auf das leere Quadrat oberhalb der ersten Zeile links von Spalte A. Das gesamte Arbeitsblatt wird markiert und Sie können die Breite aller Spalten einheitlich festsetzen.

✎ Zeilenhöhe

Analog zum Verändern der Spaltenbreite ist es möglich, die Höhe der Zeilen einzustellen, indem:

- mit Hilfe der Maus die untere Begrenzungslinie zwischen den Zeilennummern gezogen wird;
- über das <*Format*>-Menü der Befehl <*Zeilenhöhe*> gewählt wird.

Dezimal-Zahlenformat

Im nächsten Abschnitt wird das Zahlenmaterial durch einheitliche Nachkommastellen übersichtlicher dargestellt.

Zum Formatieren von Zahlen bietet Ihnen EXCEL an:

- ein Schnellverfahren über die Formatvorlagen in der Symbolleiste;
- ein Standardverfahren über den Befehl <*Zahlenformat*> im <*Format*>-Menü.

<u>Aufgabe</u>: Einheitliche Anzeige der Zahlen mit 2 Nachkommastellen.

VORGEHEN: FORMATVORLAGE FÜR ZAHLEN

- Markieren Sie den Zahlenbereich C6:G14. Leere Felder, die erst später berechnet werden, beziehen Sie gleich in die Formatierung ein.

Standard

- Klicken Sie in der Symbolleiste auf den abwärts gerichteten Pfeil rechts neben der Anzeige <*Standard*>.

  Neben dem Standardformat werden Ihnen die häufig eingesetzten Zahlenformate: Prozent, Währung und Dezimal zur Wahl angeboten.

- Klicken Sie auf den Befehl <*Dezimal*> und sofort werden Ihre Zahlen mit zwei Nachkommastellen angezeigt.

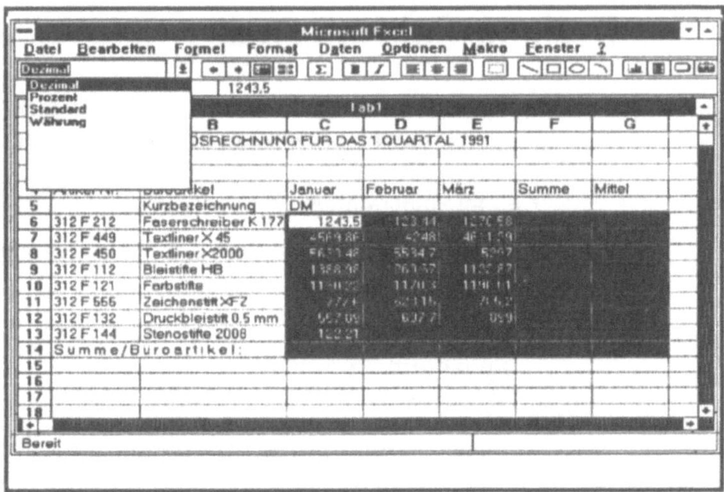

Abb. 2-4: Formatieren von Zahlen mit 2 Dezimalstellen

Arbeiten Sie mit der Version 2 von EXCEL oder reichen Ihnen die 4 Grundformate nicht aus, finden Sie im <Format>-Menü den Befehl <Zahlenformat>.

VORGEHEN: DEZIMAL-ZAHLENFORMAT ÜBER DAS *<Format>*-MENÜ BESTIMMEN

- Markieren Sie den Zahlenbereich C6:G14 und aktivieren Sie mit einem Mausklick das *<Format>*-Menü.

- Wählen Sie den ersten Menübefehl *<Zahlenformat>* und EXCEL öffnet eine Dialog-Box mit den Standard-Zahlenformaten.

- Markieren Sie in der Liste mit einem Klick das Dezimal-Format "0,00". EXCEL trägt das gewählte Format im Optionsfeld *'Format'* ein und zeigt darunterliegend (Monitor) ein Beispiel an.

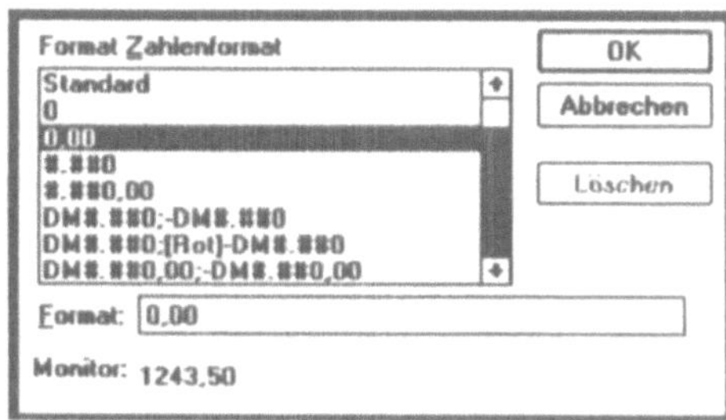

Dialogbox Zahlenformate

II-9

- Sie können das Format mit <*OK*> bestätigen oder sich zunächst über die weiteren Formate informieren. Mit den Bildlaufleisten blättern Sie in der Liste.

Feldinhalte ausrichten

Standard ist, daß EXCEL Texte innerhalb eines Feldes links- und Werte rechtsbündig ausrichtet.

Zum Ausrichten von Feldinhalten können Sie auf zwei Techniken zurückgreifen:

- ein Schnellverfahren über die Ausrichtungssymbole in der Symbolleiste;
- ein Vorgehen über den Befehl <*Ausrichtung*> im <*Format*>-Menü

<u>Aufgabe</u>: Die Artikelnummern im Bereich A6:A13 sowie die Tabellenüberschriften im Bereich A4:G5 sollen zentriert werden.

VORGEHEN: AUSRICHTEN VON FELDINHALTEN ÜBER DIE SYMBOLLEISTE

- Um den Mehrfachbereich auszuwählen, klicken Sie auf das Feld A4 und ziehen mit gedrückter Maustaste zum Feld G5.

- Mit gedrückter <*Strg*>-Taste klicken Sie auf Feld A6

und ziehen bis zum Feld A13.

- In der Symbolleiste finden Sie die Sinnbilder zum linksbündigen, zentrierten und rechtsbündigen Ausrichten von Feldinhalten.

- Klicken Sie zum Zentrieren auf den zweiten 'button'.

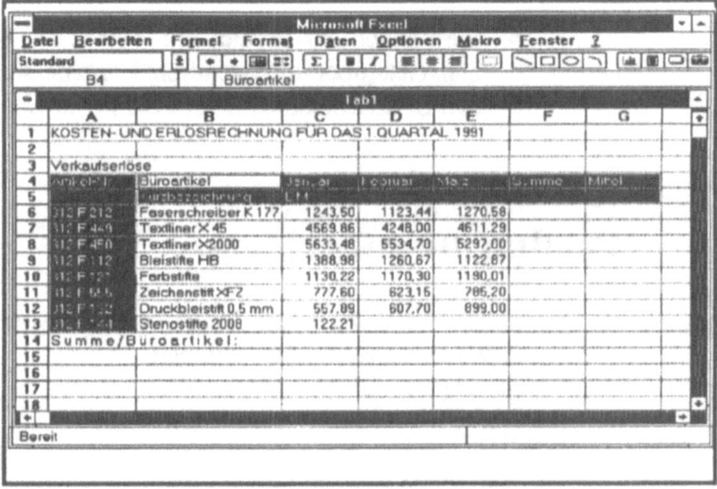

Abb. 2-5: Ausgewählter Mehrfachbereich A4:G5;A6:A13

VORGEHEN: AUSRICHTEN VON FELDINHALTEN ÜBER DAS MENÜ

- Belassen Sie die Markierung wie oben und wählen im <*Format*>-Menü den Befehl <*Ausrichtung*>.

- In der Dialog-Box klicken Sie auf die Option '*Zentriert*' und bestätigen die Ausrichtung mit <*OK*>.

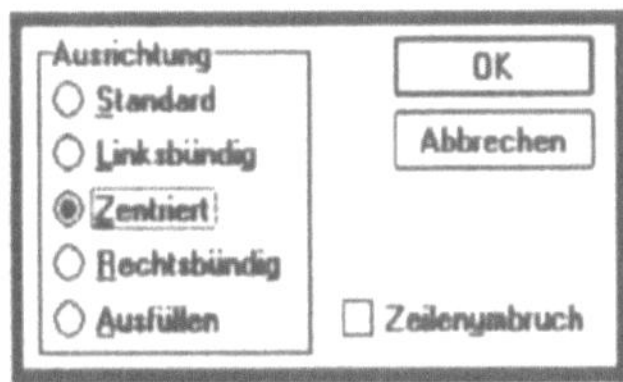

Abb. 2-6: Dialog-Box zum Ausrichten von Feldinhalten

◁▶ I-5 Mit dem Ausrichten von Feldinhalten ist zunächst einmal die Erstformatierung abgeschlossen. Ausgefeilte Formate werden Sie im Zusammenhang mit der Präsentation von Tabellen kennenlernen.

2.2 Daten kopieren und Tabellen berechnen

Im folgenden Abschnitt geht es um zwei zentrale Themen der Arbeitserleichterung:

- das Kopieren von Daten als effiziente Alternative zur Dateneingabe;
- die automatische Neuberechnung (Aktualisierung) von Tabellen durch flexible Formeln und Funktionen.

Kopieren von Texten und Werten

◁▶ II-9 Die Datenerfassung gehört zu den zeitaufwendigsten Tätigkeiten. Wenn möglich, sollte man die langwierige Eingabe von Daten durch die Kopiertechnik ersetzen.

Jeder Kopiervorgang unterteilt sich in 2 Schritte:

- in die Auswahl des Quellbereichs der Kopie, des "Originals". Aus welchen Feldern sollen die Daten kopiert werden ?

- in die Auswahl des Einfügebereichs der Kopie. In welche Felder sollen die Daten kopiert werden ?

Im folgenden werden Standard- und Schnellverfahren für das Kopieren von Daten vorgestellt.

Aufgabe: Der DM-Titel in Feld C5 soll in den Bereich D5 bis G5 kopiert werden. Der Betrag von "122,21" für Stenostifte in Feld C13 wird in die Folgemonate Februar und März übertragen.

VORGEHEN: STANDARDVERFAHREN ZUM KOPIEREN VON DATEN

- Markieren Sie den Quellbereich der DM-Kopie, das Feld C5.

- Aktivieren Sie mit einem Mausklick das <*Bearbeiten*>-Menü, anschließend wählen Sie den Befehl <*Kopieren*>. Ein zirkulierender Rahmen zeigt an, was kopiert wird.

- Markieren Sie den Bereich, in den kopiert werden soll, die Felder D5:G5.

- Schließen Sie den Kopiervorgang mit dem Befehl <*Bearbeiten Einfügen*> oder der <*Return*>-Taste ab.

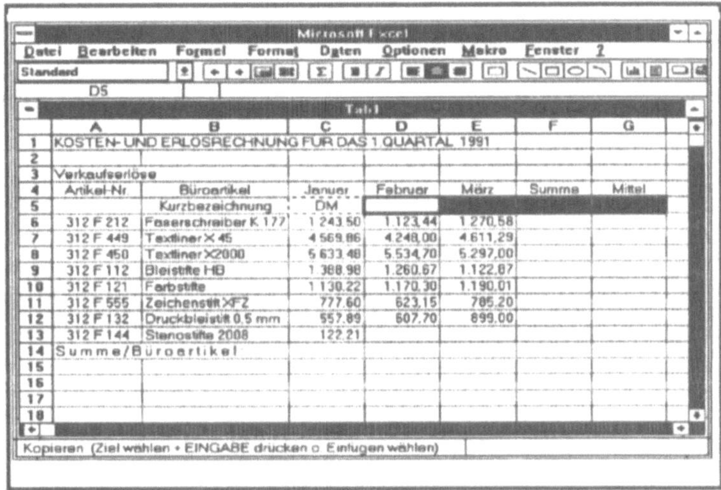

	A	B	C	D	E	F	G
1	KOSTEN- UND ERLÖSRECHNUNG FÜR DAS 1.QUARTAL 1991						
2							
3	Verkaufserlöse						
4	Artikel-Nr.	Büroartikel	Januar	Februar	März	Summe	Mittel
5		Kurzbezeichnung	DM				
6	312 F 212	Faserschreiber K 177	1 243,50	1.123,44	1.270,58		
7	312 F 449	Textliner X 45	4 569,86	4.248,00	4.611,29		
8	312 F 450	Textliner X2000	5 633,48	5.534,70	5.297,00		
9	312 F 112	Bleistifte HB	1 388,98	1.260,67	1.122,87		
10	312 F 121	Farbstifte	1 130,22	1.170,30	1.190,01		
11	312 F 555	Zeichenstift XFZ	777,60	623,15	785,20		
12	312 F 132	Druckbleistift 0,5 mm	557,89	607,70	899,00		
13	312 F 144	Stenostifte 2008	122,21				
14	Summe/Büroartikel						
15							
16							
17							
18							

Abb. 2-7: Bereichsmarkierung der Standard-Kopiermethode

Wenn sich der Einfügebereich der Kopie wie im vorliegenden Beispiel direkt an den Quellbereich anschließt, kann eine schnellere Kopiermethode angewandt werden.

VORGEHEN: SCHNELLVERFAHREN ZUM KOPIEREN VON DATEN

- Markieren Sie Quell- und Einfügebereich der Kopie, die Felder C13:E13.
- Wählen Sie im Menü *<Bearbeiten>*, den Befehl *<Rechts ausfüllen>*.

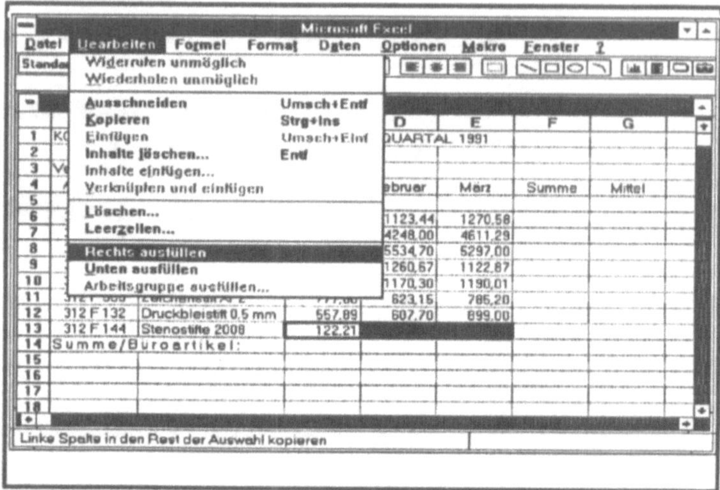

Abb. 2-8: Kopie nach rechts -Schnellverfahren

☞ Kopiert werden kann mit dieser Methode in rechts, unten, links oder oben anschließende Einfügebereiche. Die Befehle <*Links ausfüllen*> und <*Oben ausfüllen*> werden im Menü erst angezeigt, wenn Sie die <*Umschalt*>-Taste gedrückt halten und <*Bearbeiten*> wählen.

Tabellen mit Formeln und Funktionen berechnen

Es ist offensichtlich, wie effizient der Kopierbefehl ist. Bevor wir dazu kommen, diese Technik auf Formeln anzuwenden, lassen Sie uns die in Kapitel 1 vorgestellten Möglichkeiten zur Berechnung von Tabellen weiterentwickeln.

Um die Monats- und Quartalssummen der Erlöse zu berechnen, bieten sich drei Möglichkeiten an:

- eine Formel mit Feldbezügen wird erstellt;
- eine Summen-Funktion wird eingefügt;
- die Autosum-Funktion in der Symbolleiste wird eingesetzt.

<u>Aufgabe</u>: Die Januarsumme in Feld C14 soll mit Hilfe einer Formel und einer Funktion berechnet werden

◄▷ I-1

Beginnen wir damit, die Januarsumme in Feld C14 mit Hilfe einer Additionsformel zu berechnen. Die Formel wird mit Feldadressen und nicht mit konstanten Werten erstellt, um die Tabelle von vornherein flexibel aufzubauen. Vorteil: die Erlöszahlen können beliebig verändert werden, ohne daß die Rechenformel angepasst werden müßte.

VORGEHEN: ADDITIONSFORMEL MIT FELDBEZÜGEN

- Wählen Sie mit einem Klick das Feld C14 aus, in dem das Ergebnis der Addition erscheinen soll.
- Die Formel beginnt mit einem Gleichheitszeichen:

=C6+C7+C8+C9+C10+C11+C12+C13

- Sie können die Feldbezüge eintippen oder von EXCEL eintragen lassen, indem Sie
  - die Eingabezelle mit der <*Pfeiltaste oben*> auf die jeweilige Adresse bewegen,
  - mit der Maus die jeweilige Adresse anklicken.

Testen Sie die Richtigkeit Ihrer Formel, indem Sie den Januar-Betrag eines beliebigen Büroartikels überschreiben. Die Formel aktualisiert automatisch das Ergebnis.

✎ Summen-Funktion

Für viele Berechnungen stellt EXCEL Funktionen bereit, die das Verfahren abkürzen. Vollziehen Sie nach, wie die gleiche Berechnung mit Hilfe einer Summenfunktion vereinfacht werden kann.

Jede Funktion hat einen vorgegebenen Funktionsnamen und Argumente, an die Sie sich halten müssen.

● Syntax

Die allgemeine Schreibweise der Summenfunktion ist:

=SUMME(Zahl1;Zahl2;...)

VORGEHEN: EINGABE DER SUMMEN-FUNKTION

- Aktivieren Sie mit einem Mausklick das Feld C14.
- Geben Sie die Funktion ein: =SUMME(C6:C13).
- Bestätigen Sie die Formel mit <*Return*>.

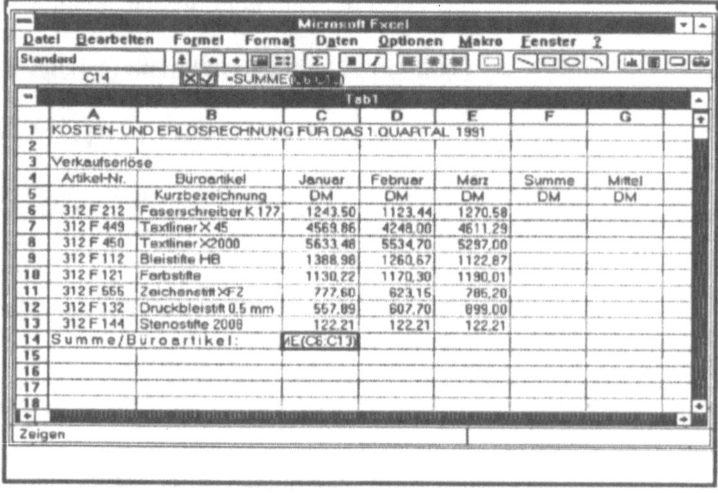

	A	B	C	D	E	F	G
1	KOSTEN- UND ERLÖSRECHNUNG FÜR DAS 1.QUARTAL 1991						
2							
3	Verkaufserlöse						
4	Artikel-Nr.	Büroartikel	Januar	Februar	März	Summe	Mittel
5		Kurzbezeichnung	DM	DM	DM	DM	DM
6	312 F 212	Faserschreiber K 177	1243,50	1123,44	1270,58		
7	312 F 449	Textliner X 45	4569,86	4248,00	4611,29		
8	312 F 450	Textliner X2000	5633,48	5534,70	5297,00		
9	312 F 112	Bleistifte HB	1388,98	1260,67	1122,87		
10	312 F 121	Farbstifte	1130,22	1170,30	1190,01		
11	312 F 555	Zeichenstift XFZ	777,60	623,15	785,20		
12	312 F 132	Druckbleistift 0,5 mm	557,89	607,70	899,00		
13	312 F 144	Stenostifte 2008	122,21	122,21	122,21		
14	Summe/Büroartikel:		ME(C6:C13)				
15							
16							
17							
18							

Abb. 2-9: Eingabe der Summenfunktion

Sie kommen zum gleichen Ergebnis, haben dabei einige Eingaben gespart und - was für kompliziertere Funktionen nicht unerheblich ist - müssen den genauen Rechenweg nicht kennen.

Darüber hinaus kann die Eingabe der Summenfunktion stark verkürzt werden.

[Σ] Autosum

EXCEL stellt in der Symbolleiste ein AUTOSUM bereit - ein direktes und schnelles Verfahren zur Addition von Zahlen.

VORGEHEN: ANWENDEN DER AUTOSUM-FUNKTION IN DER SYMBOLLEISTE

- Aktivieren Sie das Feld C14 mit einem Klick.
- Klicken Sie in der Symbolleiste auf das Symbol Σ für Summe.
- Der Vorschlag von EXCEL stimmt mit unserer eingegebenen Summenfunktion: =SUMME(C6:C13) überein.
- Ein nochmaliger Klick auf das Σ-Symbol und Sie akzeptieren diesen Vorschlag. Die Funktion berechnet die Summe.

Über die Autosum-Funktion macht EXCEL einen "bestmöglichen" Vorschlag für die Summenformel und überträgt sie in die Bearbeitungszeile. Als Anwender akzeptieren Sie diesen Vorschlag oder bearbeiten ihn. Ein <u>Doppelklick</u> setzt die Funktion sofort um.

Kopieren einer Formel/Funktion

Die Kopiertechnik von EXCEL läßt sich auch in bezug auf Formeln anwenden.

<u>Aufgabe</u>: Kopie der Summenfunktion von Feld C14 in den Einfügebereich D14:G14.

VORGEHEN: KOPIEREN EINER FORMEL

- Markieren Sie den Quell- und Einfügebereich der Kopie C14:G14.
- Im <*Bearbeiten*>-Menü wählen Sie den Befehl <*Rechts ausfüllen*>.

Natürlich können Sie auch das Standard-Kopierverfahren <*Bearbeiten Kopieren*> und <*Bearbeiten Einfügen*> einsetzen.

Als Ergebnis wird für jede ausgewählte Spalte die Summe ausgewiesen.

Auf den ersten Blick scheint das Kopieren von Formeln nichts Besonderes zu sein. Sehen wir uns die Sache aber einmal genauer an.

Originalformel:	
[C14:]	=Summe(C6:C13)
Kopierte Formeln:	
[D14:]	=Summe(D6:D13)
[E14:]	=Summe(E6:E13)
[F14:]	=Summe(F6:F13)
[G14:]	=Summe(G6:G13)

EXCEL hat die Feldbezüge automatisch angepasst. Die Formel wurde um 1 Spalte nach rechts kopiert, die Feldbezüge wurden um 1 Spalte nach rechts angepasst.

✎ Relative Feldbezüge

Wenn sich die Feldbezüge während des Kopiervorgangs anpassen, spricht man von relativen Feldbezügen oder relativen Feldadressen.

Für die Effizienz Ihrer Arbeit mit EXCEL wird diese Basistechnik von entscheidender Bedeutung sein, denn nicht nur einzelne Felder mit Formeln lassen sich kopieren, sondern ganze Feldbereiche.

Summen- und Mittelwertfunktion eingeben und kopieren

Aufgabe: Berechnung der Quartalssumme in Feld F6 und des Mittelwerts in G6. Kopie der beiden Funktionen in den Einfügebereich F7:G13.

Eingabe der Summen- und Mittelwertfunktion

Σ

Zur Berechnung der Quartalssumme für die Faserschreiber verwenden Sie wieder die Autosum-Funktion. Wählen Sie das Feld F6 aus und übernehmen Sie mit einem Doppelklick auf Σ die von EXCEL vorgeschlagene Summenformel =SUMME(C6:E6).

✎ Mittelwert

Zur Berechnung des Mittelwertes für die Faserschreiber in Feld G6 können Sie zum einen die Formel selbst aufstellen:

=(C6:E6)/3.

Oder Sie arbeiten mit der EXCEL-Funktion:

=MITTELWERT(C6:E6).

Als Alternative zum Eintippen der Funktion finden Sie im <*Formel*>-Menü den Befehl <*Funktion einfügen*>.

✎ EXCEL-Funktionen

Es wird Ihnen eine Liste aller EXCEL-Standardfunktionen zur Wahl gestellt.

VORGEHEN: EINFÜGEN DER MITTELWERT-FUNKTION

- Aktivieren Sie mit einem Klick das Feld G6.
- Wählen Sie im Menü <*Formel*> den Befehl <*Funktion einfügen*>.
- EXCEL zeigt Ihnen eine Dialog-Box mit der Liste aller Standardfunktionen. Nutzen Sie die Bildlaufleisten, um in der Liste zu blättern, bis Sie die Funktion MITTELWERT() sehen.
- Markieren Sie die Funktion, und durch einen Klick auf <*OK*> überträgt EXCEL sie in die Bearbeitungszeile.
- Wählen Sie den Feldbereich C6:E6 aus und bestätigen Sie die Funktion mit dem ✓-Symbol .

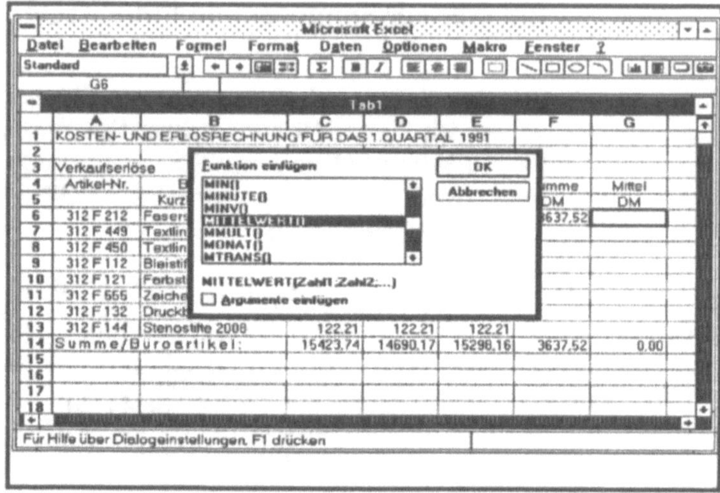

Abb. 2-10: Ausgewählte Mittelwert-Funktion

☞ Statt mit den Bildlaufleisten in der Funktionsliste zu blättern, kann abkürzend der jeweilige Anfangsbuchstabe der Funktion (hier:"M") eingetippt werden. EXCEL springt direkt zur ersten Funktion, die mit dem Buchstaben beginnt.

Kopie der Summen- und Mittelwertfunktion

Beide Funktionen im Bereich F6:G6 werden in einem Gang in den Bereich F7:G13 kopiert. Da sich der Einfügebereich der Kopie direkt an den Quellbereich anschließt, können Sie im <*Bearbeiten*>-Menü die Schnellmethode mit <*Unten ausfüllen*> einsetzen.

VORGEHEN: KOPIEREN DER FUNKTIONEN

- Markieren Sie Quell- und Einfügebereich der Kopie F6:G13.

- Wählen Sie im <*Bearbeiten*>-Menü den Befehl <*Unten ausfüllen*>.

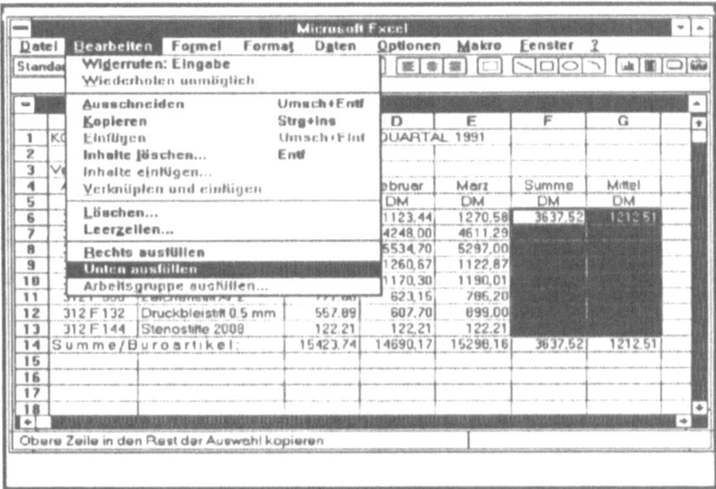

Abb. 2-11: Summen- und Mittelwertfunktion werden nach unten kopiert

Vollziehen Sie bitte nach, wie EXCEL die Feldbezüge angepasst hat. Im Fall einer Kopie nach unten werden die Adressen um jeweils eine Zeile geändert !

Ihre Tabelle ist nun derart flexibel, daß die Ergebnisse bei jeder Änderung der monatlichen Erlöse neu berechnet und aktualisiert werden.

Kopieren einer gesamten Tabelle

Die Leistungsstärke des Kopierbefehls geht so weit, daß die gesamte Erlöstabelle als Raster für die Gesamtkostentabelle verwendet wird.

<u>Aufgabe</u>: Kopie der Erlöstabelle in den Einfügebereich A18:G28

VORGEHEN: KOPIEREN EINER TABELLE

- Markieren Sie den Quellbereich der Kopie A4:G14.

- Wählen Sie im <*Bearbeiten*>-Menü den Befehl <*Kopieren*>. Um die Tabelle erscheint ein zirkulierender Rahmen.
- Klicken Sie auf das erste Feld des Einfügebereichs A18.
- Bestätigen Sie die Kopie mit <*Return*>.

Vergewissern Sie sich, wie EXCEL die Feldbezüge der Funktionen während der Kopie angepasst hat.

Summenformel aus C14:G14		
[C28:]	=	Summe(C20:C27)
[D28:]	=	Summe(D20:D27)
[E28:]	=	Summe(E20:E27)
[F28:]	=	Summe(F20:F27)
[G28:]	=	Summe(G20:G27)

Summenformel aus F6:F13:		
[F20:]	=	Summe(C20:E20)
[F21:]	=	Summe(C21:E21)
[F22:]	=	Summe(C22:E22)
[F23:]	=	Summe(C23:E23)
[F24:]	=	Summe(C24:E24)
[F25:]	=	Summe(C25:E25)
[F26:]	=	Summe(C26:E26)
[F27:]	=	Summe(C27:E27)

Mittelwert-Funktion aus G6:G13:		
[G20:]	=	Mittelwert(C20:E20)
[G21:]	=	Mittelwert(C21:E21)
[G22:]	=	Mittelwert(C22:E22)
[G23:]	=	Mittelwert(C23:E23)
[G24:]	=	Mittelwert(C24:E24)
[G25:]	=	Mittelwert(C25:E25)
[G26:]	=	Mittelwert(C26:E26
[G27:]	=	Mittelwert(C27:E27)

Nach Übernahme des Tabellenrasters wird die Überschrift "Gesamtkosten" in Feld A17 eingegeben und die Erlöszahlen durch die monatlichen Kosten überschrieben. Die Formeln liefern automatisch die neuen Ergebnisse für die Kosten.

	A	B	C	D	E	F	G
17	Gesamtkosten						
18	Artikel-Nr.	Büroartikel	Januar	Februar	März	Summe	Mittel
19		Kurzbezeichnung	DM	DM	DM	DM	DM
20	312 F 212	Faserschreiber K 177	1243,50	1123,44	1270,58	3637,52	1212,51
21	312 F 449	Textliner X 45	4569,86	4248,00	4611,29	13429,15	4476,38
22	312 F 450	Textliner X2000	5633,48	5534,70	5297,00	16465,18	5488,39
23	312 F 112	Bleistifte HB	1388,98	1260,67	1122,87	3772,52	1257,51
24	312 F 121	Farbstifte	1130,22	1170,30	1190,01	3490,53	1163,51
25	312 F 555	Zeichenstift XFZ	777,60	623,15	785,20	2185,95	728,65
26	312 F 132	Druckbleistift 0,5 mm	557,89	607,70	899,00	2064,59	688,20
27	312 F 144	Stenostifte 2008	122,21	122,21	122,21	366,63	122,21
28	Summe/Büroartikel:		15423,74	14690,17	15298,16	45412,07	15137,36
29							
30							
31							
32							
33							
34							

Abb. 2-12: Tabelle der Gesamtkosten

EUK1.XLS

Eine Musterlösung finden Sie auf der beigefügten Übungsdiskette unter dem Namen EUK1.XLS gespeichert.

☞ Manuelle Neuberechnung:
Nach jeder Eingabe der Kosten berechnet EXCEL die Formeln neu - bei größeren Tabellen eine langwierige Angelegenheit. Über den Befehl <*Optionen Berechnen*> und die Option '*Auf Befehl*' kann eine manuelle Neuberechnung eingestellt werden. Aktualisiert wird die Tabelle nach Abschluß aller Eingaben mit der Funktionstaste <*F9*>.

Die Arbeit beenden

Die Tabellen sind erstellt - die Arbeit kann für heute beendet werden. Schalten Sie nicht das Gerät ab, Ihre gesamte Arbeit wäre umsonst gewesen.

VORGEHEN: SPEICHERN UND EXCEL VERLASSEN

- Wählen Sie den Befehl <*Speichern unter*> im <*Datei*>-Menü.
- Geben Sie den Namen "EUK" für die Tabelle ein und bestätigen Sie die Sicherung mit <*OK*>.
- Wählen Sie zum Verlassen von EXCEL entweder den Befehl <*Schließen*> im Anwendungs-Systemmenü oder den Befehl <*Beenden*> im <*Datei*>-Menü.
- Wählen Sie zum Verlassen von WINDOWS den Befehl <*Schließen*> im Anwendungs-Systemmenü oder den Befehl <*Windows beenden*> im <*Datei*>-Menü.
- Auf DOS-Ebene angekommen können Sie nun den Computer ausschalten.

◁▶ I-4 Genaueres darüber, wie Dateien gespeichert und wieder geöffnet werden, erfahren Sie im Kapitel 4.

3

Was-Wäre-Wenn-Analysen

Dieses Kapitel

- *enthält Empfehlungen darüber, wie durch Anordnung und Gliederung von Tabellen die Überschaubarkeit der Arbeit erhöht wird;*
- *wiederholt und ergänzt die Eingabe und das Kopieren von Formeln und Funktionen für Was-Wäre-Wenn-Berechnungen;*
- *vermittelt, wie mit Bereichsnamen die Selbstdokumentation von Formeln und die Orientierung im Arbeitsblatt erhöht werden;*
- *beschreibt den Einsatz von Suchfunktionen, die Daten aus anderen Tabellen zur Weiterverarbeitung auffinden;*
- *zeigt, wie eine Zielwertanalyse durchgeführt wird.*

Fallbeispiel: Break-Even-Analyse

Ein Betrieb will ermitteln, wie hoch die hergestellte und abgesetzte Menge eines neuen Produktes mindestens sein muß, damit er Gewinn erwirtschaftet. Dazu bedient er sich einer Break-Even-Analyse. Der Break-Even Punkt ist dann erreicht, wenn Umsatzerlöse und Gesamtkosten (Fixkosten und variable Stückkosten) gleich sind und der Gewinn gleich Null ist (Gewinnschwelle).

Von Interesse ist nicht die genaue Break-Even-Menge, sondern die Entwicklung der Umsatzerlöse, der Gesamtkosten und des Gewinnes in Abhängigkeit von verschiedenen Absatzmengen.

Es gelten folgende Beziehungen:

Umsatzerlöse = Preis*Menge

Gesamtkosten = Fixkosten+Variab.Stückkosten*Menge

Gewinn = Umsatzerlöse-Gesamtkosten

Gegeben sind:

- die Daten für ein 5er-Pack Textliner X2000:
  - Preis = 12,80 DM
  - Fixkosten = 10400,00 DM
  - Var.Stückkosten= 10,20 DM
- die Werte der Absatzmenge
  - Untergrenze = 1000
  - Schrittmenge= 1000
  - Obergrenze = 10000

Microsoft Excel - BREAK.XLS

Datei Bearbeiten Formel Format Daten Optionen Makro Fenster ?

D1 312 F 450

	A	B	C	D	E
1	DATENEINGABE:		ARTIKEL-NR	312 F 450	
2			BEZEICHNUNG	Textliner X2000	
3			PREIS	12,80 DM	
4			FIXKOSTEN	10.400,00 DM	
5			VAR. STÜCKKOSTEN	10,20 DM	
15					
16	BREAK-EVEN-ANALYSE:				
17					
18	MENGE	UMSATZERLÖSE	GESAMTKOSTEN	VERLUST/GEWINN	BREAK-EVEN-MENGE
19	1000	12.800,00 DM	20.600,00 DM	-7.800,00 DM	
20	2000	25.600,00 DM	30.800,00 DM	-5.200,00 DM	
21	3000	38.400,00 DM	41.000,00 DM	-2.600,00 DM	
22	4000	51.200,00 DM	51.200,00 DM	0,00 DM	4000
23	5000	64.000,00 DM	61.400,00 DM	2.600,00 DM	
24	6000	76.800,00 DM	71.600,00 DM	5.200,00 DM	
25	7000	89.600,00 DM	81.800,00 DM	7.800,00 DM	
26	8000	102.400,00 DM	92.000,00 DM	10.400,00 DM	
27	9000	115.200,00 DM	102.200,00 DM	13.000,00 DM	
28	10000	128.000,00 DM	112.400,00 DM	15.600,00 DM	
29					
30					

Bereit

Abb. 3-1: Fertige Break-Even-Tabelle

3.1 Datenerfassung und -organisation

Unser Fallbeispiel einer Break-Even-Analyse weist auf ein Charakteristikum vieler Tabellen hin. Die Berechnungen werden mit *einmal* festgelegten Formeln und *variablen* Daten durchgeführt. Die gleichen Formeln berechnen die Gewinnschwelle für verschiedene Büroartikel mit unterschiedlichen Preisen und Kosten.

Eine Tabelle, die solche Was-Wäre-Wenn-Analysen ermöglichen soll, wird sinnvollerweise in zwei Bereiche unterteilt:

- in einen Bereich zur Datenerfassung (Artikel, Preis, Kosten). Diesen Bereich bezeichnen wir als Datenbereich;
- in einen zweiten Bereich mit dem Berechnungsraster, in dem Formeln die Berechnungen unter Bezugnahme auf den Datenbereich durchführen.

Während im Datenbereich Werte eingegeben und verändert werden, berechnen die Formeln des Rasters die Ergebnisse der aktuellen Daten, ohne selbst verändert zu werden.

BREAK.XLS

Richten Sie nun - entsprechend der nachfolgenden Abbildung - die Tabelle ein. Falls Sie sich das Eintippen der Daten ersparen wollen, öffnen Sie mit *<Datei Öffnen>* die Datei BREAK.XLS von der beigefügten Übungsdiskette.

Microsoft Excel - BREAK.XLS

Datei Bearbeiten Formel Format Daten Optionen Makro Fenster ?

Standard

A18 MENGE

	A	B	C	D	E
1	DATENEINGABE:		ARTIKEL-NR	312 F 450	
2			BEZEICHNUNG	Textliner X 20	
3			PREIS	12,80 DM	
4			FIXKOSTEN	10.400,00 DM	
5			VAR. STÜCKKOST	10,20 DM	
6					
7					
8					
9					
10					
11					
12					
13					
14					
15					
16	BREAK-EVEN-ANALYSE:				
17					
18	MENGE	UMSATZERLÖSE	GESAMTKOSTEN	VERLUST/GEWINN	BREAK-EVEN-MENGE
19					
20					
21					

Bereit

Abb. 3-2: Ausgangstabelle der Break-Even-Analyse

Tabellengliederung

Bevor Sie mit der Eingabe der Formeln beginnen, können Sie Ihre Tabelle gliedern, um das Berechnungsraster näher an den Datenbereich heran zu holen. Mit der Gliederungsfunktion von EXCEL erhöhen Sie die Übersicht insbesondere bei größeren Tabellen, indem bestimmte Bereiche kurzfristig zusammengestellt oder ausgeblendet werden.

Der schnellste Weg, Tabellen zu gliedern, geht über die Gliederungssymbole in der Symbolleiste.

VORGEHEN: EINE TABELLE GLIEDERN

- Markieren Sie die Zeilen 6:14, indem Sie auf den Zeilenkopf 6 klicken und dann bis zur Zeile 14 mit gedrückter Maustaste ziehen.
- Klicken Sie auf das Gliederungssymbol: *Pfeil rechts*. Dieser Pfeil dient zum Herunterstufen von Zeilen.
- Am linken Rand des Bildschirms werden die Stufungsebenen 1 und 2 angezeigt. Klicken Sie auf die 2 und die Zeilen 6:14 verschwinden. Ein Klick auf 1 und die Zeilen werden wieder angezeigt.
- Über das Minus- und Plus-Symbol können die einzelnen Gliederungsstufen ebenfalls eingestellt werden.

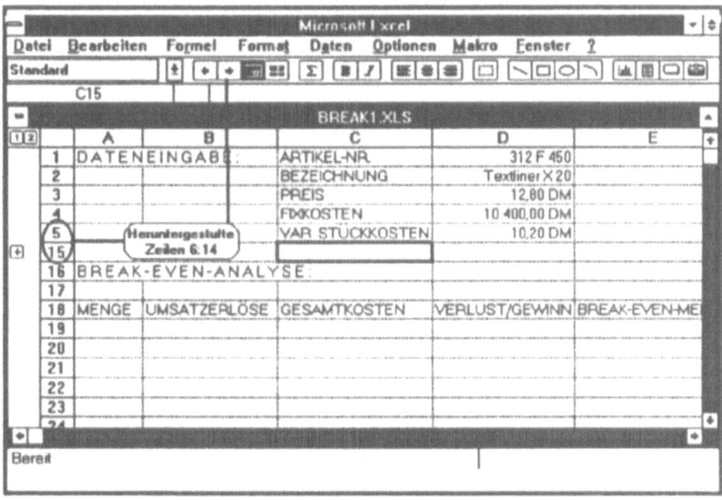

Abb. 3-3: Gegliederte Tabelle

Die Gliederung kann durch Heraufstufen der Zeilen aufgehoben werden. Markieren Sie dazu die Zeilen 6:14 und klicken Sie auf das Gliederungssymbol: Pfeil links.

Die Gliederungsebenen können aus- und eingeblendet werden.

☞ Die Übersichtlichkeit Ihrer Tabellen läßt sich auch mit Hilfe weiterer Fenster erhöhen. Ein Unterfenster kann eingerichtet werden mit <*System Teilen*>, ein zweites Fenster mit <*Fenster Neues Fenster*> (vgl. I-7;II-9).

3.2 Formeln und Funktionen mit absoluten Feldbezügen

Im Kapitel 2 wurden die Eingabe und das Kopieren von Formeln und Funktionen beschrieben. Es handelte sich ausschließlich um Formeln mit relativen Feldbezügen. Aufgrund der automatischen Anpassung der Feldbezüge konnten die Formeln ohne weiteres in andere Felder kopiert werden.

Um die Formeln in diesem Beispiel zu kopieren, müssen absolute und gemischte Feldbezüge eingesetzt werden. Nachdem Sie diese Technik kennengelernt haben, sind Sie in der Lage jede Formel zu kopieren.

Datenreihen und Formeln mit absoluten Feldbezügen

Die Formeln des Berechnungsrasters beinhalten relative wie absolute Bezüge. Beginnen wir damit, die Mengenspalte auszufüllen.

Mengenreihe

Gegeben war die Untergrenze von 1000, der Schrittwert von 1000 und die Höchstgrenze von 10000. Ziel ist eine Zahlenreihe:1000, 2000, 3000,...,10000).

Die Zahlen könnten eingegeben werden. Effektiver ist es jedoch, die Zahlenreihe mit Hilfe einer Formel zu erzeugen.

Die Untergrenze der Menge von 1000 wird in Feld A19 eingegeben. Der Rest der Zahlenreihe wird durch eine Formel generiert, die in A20 einzugeben ist:

[A20:] = A19+1000

Abb.3-4 Zum Feld A19 wird die Schrittmenge 1000 addiert.

Nach unten, bis zum Feld A28 kopiert, erzeugt diese Formel eine Reihe:

[A21:] = A20+1000

[A22:] = A21+1000

...

[A28:] = A27+1000

In diesem Fall, wo sich der Einfügebereich sofort an den Quellbereich der Kopie anschließt, kann die direkte Kopiermethode verwendet werden. Der Feldbereich A20:A28 wird markiert und die Formel in A20 wird über den Befehl <*Bearbeiten Unten ausfüllen*> in den Bereich A21:A28 eingefügt.

Oder Sie kopieren mit der Standardtechnik, indem Sie das Feld A20 markieren und den Befehl <*Bearbeiten Kopieren*> wählen. Markieren Sie dann den Einfügebereich A21:A28 und bestätigen Sie die Kopie der Formel mit <*Return*> oder <*Bearbeiten Einfügen*>.

☞ Arithmetische, geometrische und Datumsreihen können auch mit Hilfe des Menüs generiert werden. Zuerst ist der Anfangswert in das gewünschte Feld einzugeben und der Bereich der Reihe, z.B. A19:A28 zu markieren. Über den Befehl <*Optionen Reihe berechnen*> wird die Reihe entsprechend den gewählten Optionen aufgebaut.

Eingabe und Kopie der Mengenformel unterscheiden sich nicht von den bisher kennengelernten Verfahren. Die Reihe entstand, weil sich der Feldbezug A19 im Kopiervorgang (relativer Feldbezug!) automatisch anpasste: A20,A21,...,A27. Bei der Berechnung der Umsatzerlöse ändert sich das.

Umsatzerlöse

Die Umsatzerlöse ergeben sich aus der Formel:

Menge*Preis

[B19:] =A19*D3

Diese Formel gibt das richtige Ergebnis aus - nur für dieses Feld! Nach unten kopiert werden alle anderen Ergebnisse falsch. Was ist passiert? Relative Feldbezüge, werden während der Kopie angepasst, so hieß die Regel aus dem zweiten Kapitel. Bezogen auf unser Beispiel ergeben sich durch die Kopie folgende Formeln:

[B20:] =A20*D4

[B21:] =A21*D5

...

[B19:] =A28*D12

Hier bewirkt die Anpassung der Zeilen falsche Ergebnisse, schließlich ist der Preis, auf den Bezug genommen wird, nur in Feld D3.

✎ Absolute Feldbezüge

Um falsche Anpassungen wie in diesem Fall zu vermeiden, werden die Feldbezüge durch das $-Zeichen absolut gesetzt. Der Feldbezug D3 (Preis) bleibt in der Formel immer der gleiche. Da sich die Spalte D während des Kopierens nicht verändert, muß nur die Zeile 3 mit einem $-Zeichen fixiert werden.

[B19:] =A19*D$3

Kopiert ergeben sich nunmehr folgende Formeln, die zu richtigen Ergebnissen führen:

[B20:] =A20*D$3

[B21:] =A21*D$3

...

[B28:] =A28*D$3

☞

$-Zeichen können eingetippt werden. Mit der Funktionstaste <*F4*> oder dem Befehl <*Bearbeiten Bezug ändern*> werden die $-Zeichen automatisch eingesetzt.

Übersicht Feldbezüge

D3	relativer Feldbezug
$D3	gemischter Feldbezug (Spalte=absolut)
D$3	gemischter Feldbezug (Zeile=absolut)
$D$3	absoluter Feldbezug

Die Formel für die Umsatzerlöse kann sofort mit <*Bearbeiten Unten ausfüllen*> kopiert werden. Effektiver ist es, erst die Formeln für die Gesamtkosten und Umsatzerlöse aufzustellen und alle drei Formeln in einem Schritt zu kopieren.

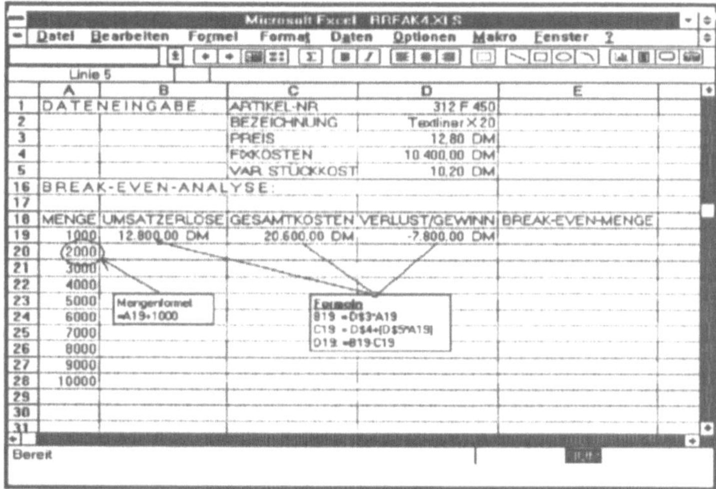

Abb. 3-4: Formeln mit absoluten Feldbezügen

Berechnung der Gesamtkosten

Die Gesamtkosten ergeben sich aus der Formel:

Fixkosten+(Menge*Var.Stückkosten)

In bezug auf die Feldbezüge der Formel gelten die gleichen Vorüberlegungen wie bei den Umsatzerlösen.

[C19:] =D$4+(A19*D$5)

Die Zeile 4 der Spalte D wird mit einem $-Zeichen absolut gesetzt, damit sich der Feldbezug zu den Fixkosten nicht verändert.

Der Feldbezug A19 ist relativ, weil sich die Menge jeweils ändert und die Bezüge dementsprechend angepasst werden müssen.

Die Zeile 5 der Spalte D wird mit einem $-Zeichen absolut gesetzt, damit sich der Feldbezug zu den variablen Stückkosten nicht verändert.

☞ Die Klammer um (A19*D$5) dient nur der Übersichtlichkeit, nicht der Berechnung. EXCEL verfährt nach der Punkt-vor-Strich-Regel.

Verlust/Gewinn - Berechnung

Verlust/Gewinn ergibt sich aus der Formel:

Umsatzerlöse-Gesamtkosten.

[D19:] =B19-C19

Da sich sowohl Umsatzerlöse und Gesamtkosten jeweils ändern, werden die Feldbezüge relativ adressiert und passen sich an.

Nachdem die drei Formeln erstellt sind, können sie in einem Gang kopiert werden. Es ist das gleiche Verfahren wie gewohnt.

VORGEHEN: KOPIEREN MEHRERER FORMELN

- Markieren Sie den Bereich B19:D28.

- Rufen Sie im <*Bearbeiten*>-Menü den Befehl <*Unten ausfüllen*> auf.

Um die Berechnung mit veränderten Daten durchzuführen, müssen nur Preis und Kosten neu eingegeben werden. Die Formeln im Berechnungsraster aktualisieren die Break-Even-Tabelle automatisch!

Eingabe und Kopieren der WENN-Funktion

Bei einer Höhe der Erlöse und Kosten von 51.200 DM ist der Gewinn 0. Anhand der Tabelle erkennt man auf den ersten Blick, daß die Break-Even-Menge 4000 beträgt. Bei größeren Tabellen wäre es von Vorteil, die Break-Even-Menge nochmals gesondert in einer Spalte auszuweisen. Den jeweiligen Break-Even-Punkt ausfindig zu machen, überlassen wir der WENN-Funktion.

Microsoft Excel - BREAK05.XLS

E19 =WENN(D19=0;A19;" ")

	A	B	C	D	E
1	DATENEINGABE		ARTIKEL-NR	312 F 450	
2			BEZEICHNUNG	Textliner X 20	
3			PREIS	12,80 DM	
4			FIXKOSTEN	10.480,00 DM	
5			VAR STÜCKKOST	10,28 DM	
16	BREAK-EVEN-ANALYSE:				
17					
18	MENGE	UMSATZERLÖSE	GESAMTKOSTEN	VERLUST/GEWINN	BREAK-EVEN-MENGE
19	1000	12.800,00 DM	20.600,00 DM	-7.800,00 DM	
20	2000	25.600,00 DM	30.800,00 DM	-5.200,00 DM	D22=0
21	3000	38.400,00 DM	41.000,00 DM	-2.600,00 DM	
22	4000	51.200,00 DM	51.200,00 DM	0,00 DM	4000
23	5000	64.000,00 DM	61.400,00 DM	2.600,00 DM	
24	6000	76.800,00 DM	71.600,00 DM	5.200,00 DM	
25	7000	89.600,00 DM	81.800,00 DM	7.800,00 DM	
26	8000	102.400,00 DM	92.000,00 DM	10.400,00 DM	
27	9000	115.200,00 DM	102.200,00 DM	13.000,00 DM	
28	10000	128.000,00 DM	112.400,00 DM	15.600,00 DM	

Bereit

Abb. 3-5: Abfrage durch eine WENN-Funktion

Die WENN-Funktion überprüft, ob das Kriterium für die Break-Even-Menge (Gewinn=0) erfüllt ist oder nicht. Wenn ja, soll die entsprechende Menge aus der Spalte A in die Spalte E kopiert werden. Wenn nein, soll das Feld in Spalte E leer sein.

● Syntax

Die allgemeine Schreibweise (Syntax) dieser Funktion lautet:

=WENN(Bedingung;Dann_Wert;Sonst_Wert)

In bezug auf unser Beispiel ist in Feld E19 die Funktion einzugeben:

[E19:] =WENN(D19=0;A19;" ")

Das erste Argument der Funktion ist eine Bedingung, die überprüft, ob das Feld D19 = 0 ist (D19 als erstes Feld der Gewinnberechnung).

Wenn die Bedingung zutrifft (WAHR ist),

- dann wird die Menge aus A19 im Feld E19 ausgegeben,
- sonst - wenn die Bedingung nicht zutrifft (FALSCH ist) - wird im Feld E19 ein Leerzeichen ausgegeben.

Statt eines Leerzeichens kann von der Funktion jede andere in Anführungsstriche gesetzte Meldung ausgegeben werden.

Durch die Kopie der Funktion nach unten wird jedes Feld der Verlust/Gewinn-Rechnung überprüft. Die Überprüfung des Feldes D22 ergibt die Wahrheit der Bedingung und die Menge wird ausgegeben.

[E20:] =WENN(D20=0;A20;" ")

[E21:] =WENN(D21=0;A21;" ")

...

[E22:] =WENN(D22=0;A22;" ")

...

[E28:] =WENN(D28=0;A28;" ")

VORGEHEN: EINGABE UND KOPIE DER WENN-FUNKTION

- Wählen Sie zur Eingabe der Funktion das Feld E19 aus.
- Geben Sie die Funktion ein: =WENN(D19=0;A19;" ")
- Markieren Sie den Feldbereich D19:D28.

- Kopieren Sie die Funktion mit dem Befehl <*Bearbeiten Unten ausfüllen*>.

BREAK1.XLS

Eine Musterlösung finden Sie auf der Übungsdiskette in der Datei BREAK1.XLS gespeichert.

Die folgenden Abschnitte des Kapitels führen bereits vertiefend in das Gebiet der Tabellenkalkulation ein. Die Folgekapitel bauen nicht darauf auf, so daß Sie ohne weiteres zum nächsten Kapitel übergehen können, um später die Abschnitte 3.3. bis 3.5 nachzuarbeiten.

3.3 Namen für Feldbezüge vergeben

"Namen" sind nichts anderes als aussagekräftige Bezeichnungen für Feldbezüge. Statt unser Gedächtnis damit zu belasten, sich anonyme Feldadressen zu merken, vergeben wir einfach diesen Feldern oder Feldbereichen Namen.

Mit Namen zu arbeiten ist kein Muß. Empfehlenswert ist ihr Einsatz aus zwei Gründen:

1) Namen, die für uns einen fachlichen Sinn beinhalten erhöhen die Verständlichkeit von Formeln (Selbstdokumentation von Formeln).
2) Namen lassen sich leicht wieder auffinden. Gerade bei größeren Tabellen erleichtern sie die Orientierung und den schnellen Zugriff auf die Daten.

Selbstdokumentation von Formeln

Die zuvor entwickelten Formeln zur Berechnung von Umsatzerlösen, Gesamtkosten, Gewinn/Verlust und Break-Even-Menge werden im folgenden mit Namen aufgestellt.

Erlösformel mit Namen

Die Umsatzerlöse wurden bislang errechnet über die Formel:

[B19:] =D$3*A19.

✎ Namen vergeben

Wir werden nun die Feldbezüge der Formel durch Namen ersetzen. Erster Schritt ist, die Namen für Preis (D$3) und Menge (A19:A28) zu vergeben.

VORGEHEN: VERGABE VON NAMEN

- Wählen Sie das Feld D3 aus, das den Preis beinhaltet.
- Rufen Sie das <*Formel*>-Menü auf und wählen Sie den Befehl <*Namen festlegen*>.
- EXCEL schlägt Ihnen den Namen "Preis" vor. Mit '*Hinzufügen*' akzeptieren Sie den Vorschlag und der Name mit dem zugeordneten Feldbezug =$D$3 wird im Listenfeld übernommen.

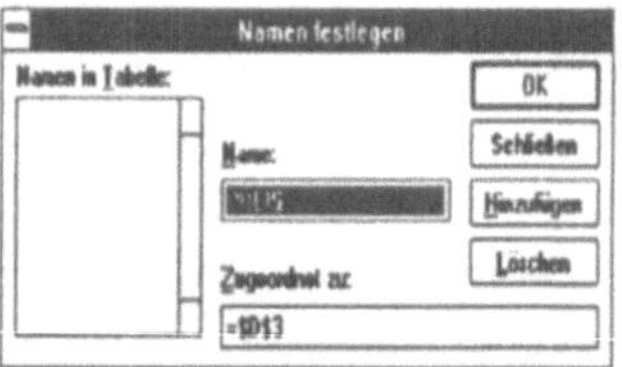

Für das Feld D3 wird der Name "PREIS" vergeben

- Geben Sie den Namen "Menge" ein und klicken Sie auf das Feld '*Zugeordnet zu*'. Markieren Sie den Feldbereich der Menge A19:A28 und bestätigen Sie die Zuordnung mit <*OK*>.

- Geben Sie im Feld B19 die Formel ein: =PREIS*MENGE. Markieren Sie den Feldbereich B19:B28 und kopieren Sie die Formel mit <*Bearbeiten Unten ausfüllen*>.

[B19:] =PREIS*MENGE
[B20:] =PREIS*MENGE
...
[B28:] =PREIS*MENGE

Der Vorzug dieser Formel ist, daß andere Anwender die Berechnung leichter nachvollziehen können.

☞ Namen werden von EXCEL automatisch mit absoluten Feldbezügen versehen !

Kostenformeln mit Namen

Es wird - wie im vorliegenden Beispiel - häufig vorkommen, daß bereits eingegebene Texte als Namen verwendet werden.

✎ Namen übernehmen

Für diesen Fall kann ein abgekürztes Verfahren zur Vergabe von Namen angewendet werden.

VORGEHEN: BEREITS EINGEGEBENE TEXTE ALS NAMEN FÜR FELDBEZÜGE VERGEBEN

- Markieren Sie den Feldbereich C4:D5.
- Wählen Sie die Befehlsfolge <*Formel Namen übernehmen*>.
- Die Texte für die zu benennenden Felder D4 und D5 werden aus der linken Spalte übernommen.
- Die Formel für die Berechnung der Gesamtkosten lautet jetzt: =Fixkosten+(Var._Stückkosten*Menge).

[C19:] =Fixkosten+(Var._Stückkosten*Menge)

[C20:] =Fixkosten+(Var._Stückkosten*Menge)

...

[C28:] =Fixkosten+(Var._Stückkosten*Menge)

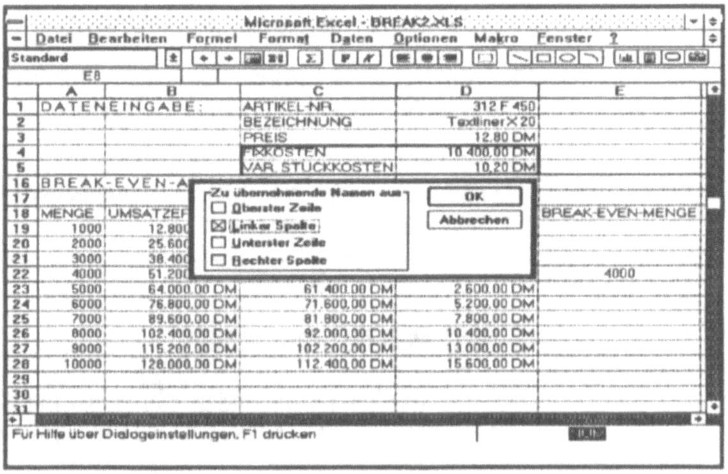

Abb. 3-6:Übernahme von Texten als Namen

Gewinnformel und WENN-Funktion mit Namen

Auf die gleiche Art können Sie für die Umsatzerlöse, die Gesamtkosten und Verlust/Gewinn Namen vergeben.

- Markieren Sie den Feldbereich B18:D28 und wählen Sie die Befehlsfolge *<Formel Namen übernehmen>* mit der Option '*Oberster Zeile*'.

- Die Formel zur Berechnung von Verlust/Gewinn lautet: =Umsatzerlöse-Gesamtkosten.

[D19:] =Umsatzerlöse-Gesamtkosten

[D20:] =Umsatzerlöse-Gesamtkosten

...

[D28:] =Umsatzerlöse-Gesamtkosten

- Die WENN-Funktion mit Namen lautet: =WENN(VERLUST_GEWINN=0;MENGE;" ")

[E19:] =WENN(VERLUST_GEWINN=0;MENGE;" ")

[E20:] =WENN(VERLUST_GEWINN=0;MENGE;" ")

...

[E28:] =WENN(VERLUST_GEWINN=0;MENGE;" ")

Microsoft Excel - BREAK2.XLS

Datei Bearbeiten Formel Format Daten Optionen Makro Fenster ?

E22 =WENN(VERLUST_GEWINN=0;MENGE;" ")

	A	B	C	D	E
1	DATENEINGABE:		ARTIKEL-NR	312 F 450	
2			BEZEICHNUNG	Textliner X 20	
3			PREIS	12,80 DM	
4			FIXKOSTEN	10 400,00 DM	
5			VAR_STÜCKKOSTEN	10,20 DM	
15					
16	BREAK-EVEN-ANALYSE:				
17					
18	MENGE	UMSATZERLÖSE	GESAMTKOSTEN	VERLUST/GEWINN	BREAK-EVEN-MENGE
19	1000	12.800,00 DM	20 600,00 DM	-7 800,00 DM	
20	2000	25.600,00 DM	30 800,00 DM	-5 200,00 DM	
21	3000	38.400,00 DM	41 000,00 DM	-2 600,00 DM	
22	4000	51.200,00 DM	51 200,00 DM	0,00 DM	4000
23	5000	64.00		00,00 DM	
24	6000	76.8		00,00 DM	
25	7000	89.6		00,00 DM	
26	8000	102.4		00,00 DM	
27	9000	115.2		00,00 DM	
28	10000	128.000,00 DM	112 400,00 DM	15 600,00 DM	
29					
30					

Formeln mit Namen:
B20: =PREIS*MENGE
C20: =FIXKOSTEN+VAR._STÜCKKOSTEN*MENGE
D20: =UMSATZERLÖSE-GESAMTKOSTEN
E20: =WENN(VERLUST_GEWINN=0;MENGE;" ")

Bereit

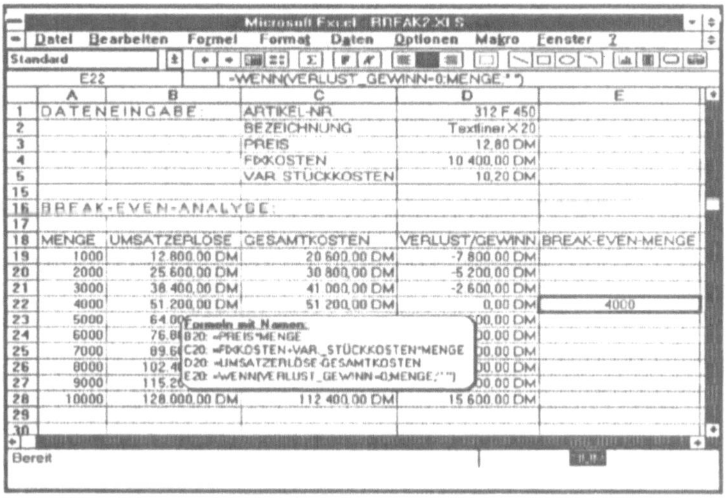

Abb. 3-7: Selbstdokumentation von Formeln

Orientierung im Arbeitsblatt durch Namen

Auch ohne exakte Erinnerung können die Feldbezüge für die vergebenen Namen mit Hilfe einer einfachen Technik wieder aufgefunden werden.

✎ *GEHEZU* *<F5>*

Über den Befehl *<Formel Gehe zu>* oder - schneller - über die GEHEZU-Funktionstaste *<F5>* wird direkt das zugeordnete Feld des ausgewählten Namens aktiviert.

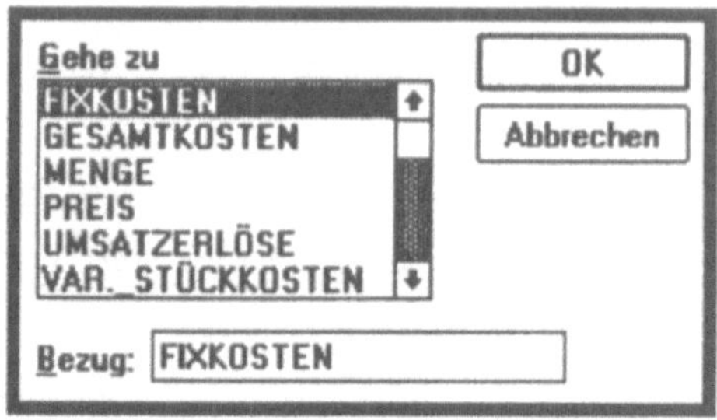

Abb. 3-8: Namen als Sprungadressen

GEHEZU zeigt die von Ihnen vergebenen Namen an.

✎ Namensliste

Als zusätzliche Orientierung läßt sich die Liste der vergebenen Namen mit den dazugehörigen Feldbezügen in das Arbeitsblatt schreiben. Wählen Sie dazu den Befehl <*Formel Namen einfügen*> und markieren Sie die Option '*Liste einfügen*'. Achten Sie darauf, daß Sie vorher einen leeren Bereich des Arbeitsblattes auswählen, sonst werden die Eingaben durch die Namen überschrieben.

<Formel Namen einfügen>
'Liste einfügen'

Vergebene Namen:	
FIXKOSTEN	=$D$4
GESAMTKOSTEN	=$C$19:$C$28
MENGE	=$A$19:$A$28
PREIS	=$D$3
UMSATZERLÖSE	=$B$19:$B$28
VAR._STÜCKKOSTEN	=$D$5
VERLUST_GEWINN	=$D$19:$D$28

Abb. 3-9: Liste der vergebenen Namen

☞ Die Liste der Namen aktualisiert sich nicht automatisch ! Der Befehl <*Formel Namen einfügen*> muß wiederholt werden.

BREAK2.XLS

Eine Musterlösung finden Sie auf der Übungsdiskette in der Datei BREAK2.XLS gespeichert.

3.4 Verarbeitung von Daten anderer Tabellen

Die Break-Even-Analyse ist so aufgebaut, daß die Berechnungen für jeden beliebigen Artikel durchgeführt werden können. Die neuen Werte für Preis und Kosten müßten nur eingegeben werden. In der Praxis - bei umfangreichem Datenbestand - wird diese Eingabe zeitraubend und fehleranfällig sein.

Im folgenden wird eine Suchtechnik vorgestellt, die die Eingabe auf ein Minimum reduziert. Mit den VERWEIS-Funktionen eröffnet EXCEL Möglichkeiten, Daten in anderen Tabellen aufzufinden und für weitere Berechnungen zu verwenden.

Aufgabe: Nach Eingabe der Artikelnummer in Feld D1 sollen Bezeichnung, Preis, Fixkosten und Var.Stückkosten automatisch aus einer besonderen Artikel-Tabelle eingelesen werden.

Ordnen von Daten

Im ersten Schritt erstellen Sie eine Artikel-Tabelle, die Artikelnummern und -bezeichnungen sowie die jeweiligen Preise und Kosten enthält.

	G	H	I	J	K	L
1	Artikel-Nr.	Bezeichnung	Preis/Packung	Fixkosten	Var.Stückkosten	
2	312 F 212	Faserschreiber K 177	13,16 DM	13.000,00 DM	10,56 DM	
3	312 F 449	Textliner X 45	9,47 DM	9.500,00 DM	7,57 DM	
4	312 F 450	Textliner X2000	12,80 DM	10.400,00 DM	10,20 DM	
5	312 F 112	Bleistifte HB	23,16 DM	15.000,00 DM	19,41 DM	
6	312 F 121	Farbstifte	20,04 DM	17.000,00 DM	11,54 DM	
7	312 F 555	Zeichenstift XFZ	30,88 DM	19.000,00 DM	23,28 DM	
8	312 F 132	Druckbleistift 0,5 mm	13,16 DM	16.500,00 DM	8,45 DM	
9	312 F 144	Stenostifte 2008	10,97 DM	13.000,00 DM	8,80 DM	

Abb. 3-10: Zusammengestellte Artikel-Tabelle

BREAK3.XLS

In der Datei BREAK3.XLS auf der beigefügten Übungsdiskette finden Sie diese Tabelle bereits eingegeben.

Mit Hilfe der VERWEIS-Funktion werden die Daten für die jeweilige Artikelnummer aus dieser Tabelle gelesen. Voraussetzung ist, daß die Artikeltabelle alphabetisch sortiert (!) ist, sonst gibt die Funktion falsche Ergebnisse aus.

VORGEHEN: ORDNEN VON TABELLEN

- Markieren Sie den Suchbereich G2:K9.
- Rufen Sie das <*Daten*>-Menü auf und wählen Sie den Befehl <*Ordnen*>. Der erste Schlüssel ist automatisch aktiviert.
- Klicken Sie eine beliebige Artikelnummer in der Spalte G an.

  Die Option '*Aufsteigend*' ist bereits eingestellt und bedeutet für Texte die alphabetische Sortierfolge. Mit <*OK*> lösen Sie den Sortiervorgang aus.

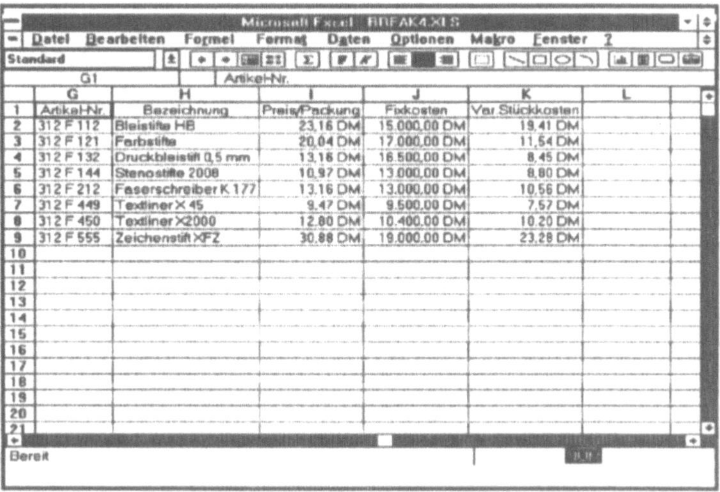

	G	H	I	J	K	L
1	Artikel-Nr.	Bezeichnung	Preis/Packung	Fixkosten	Var.Stückkosten	
2	312 F 112	Bleistifte HB	23,16 DM	15.000,00 DM	19,41 DM	
3	312 F 121	Farbstifte	20,04 DM	17.000,00 DM	11,54 DM	
4	312 F 132	Druckbleistift 0,5 mm	13,16 DM	16.500,00 DM	8,45 DM	
5	312 F 144	Stenostifte 2008	10,97 DM	13.000,00 DM	8,80 DM	
6	312 F 212	Faserschreiber K 177	13,16 DM	13.000,00 DM	10,56 DM	
7	312 F 449	Textliner X 45	9,47 DM	9.500,00 DM	7,57 DM	
8	312 F 450	Textliner X2000	12,80 DM	10.400,00 DM	10,20 DM	
9	312 F 555	Zeichenstift XFZ	30,88 DM	19.000,00 DM	23,28 DM	

Abb. 3-11: In alphabetischer Reihenfolge sortierte Artikel

Die Funktion SVERWEIS

Nachdem die Tabelle sortiert wurde, kann die Funktion eingegeben werden. Zuerst soll automatisch die Bezeichnung in Feld D2 für die eingegebene Artikelnummer aus der Tabelle eingelesen werden. Dazu bedienen wir uns der Funktion SVERWEIS.

● Syntax

Die allgemeine Schreibweise dieser Funktion lautet:

=SVERWEIS(Schlüssel;Suchbereich;Spalte)

Der Schlüssel, nach dem gesucht wird, ist die Artikel-Nummer in D1. Der Suchbereich ist die geordnete Artikeltabelle in G2:K9. Ausgewiesen werden soll die Arktikel-Bezeichnung in der zweiten Spalte des Suchbereichs.

Das "S" zu Beginn der Funktion bedeutet, daß der Schlüssel in der ersten Spalte des Suchbereichs in "senkrechter" Richtung gesucht wird

[D2:] =SVERWEIS(D1;G2:K9;2)

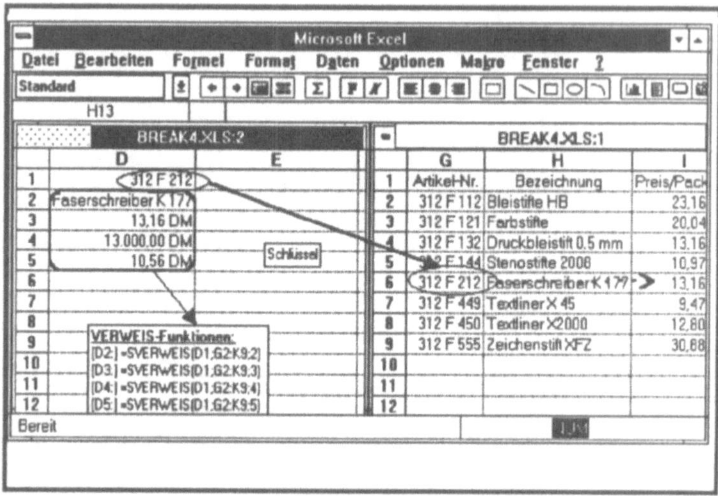

Abb. 3-12: Die Suchfunktion SVERWEIS

Die Funktionen zum Einlesen des Preises, der Fixkosten und variablen Stückkosten sehen ähnlich aus. Lediglich die Spalte aus der sie eingelesen werden, ist angepasst.

[D3:] =SVERWEIS(D1;G2:K9;3)

[D4:] =SVERWEIS(D1;G2:K9;4)

[D5:] =SVERWEIS(D1;G2:K9;5)

✎ VERWEIS-Funktionen

Wenn es sich nur um einen Suchbereich mit zwei Spalten/Zeilen handelt, kann auch die VERWEIS-Funktion eingesetzt werden. Für horizontal aufgebaute Suchbereiche ist die Funktion WVERWEIS zuteffend.

3.5 Zielwertsuche

Die Zielwertanalyse gehört zu den neuen Berechnungsmethoden, die mit der Version 3 angeboten werden.

Aufgabe: Um die Möglichkeiten einer solchen Analyse aufzuzeigen, wird die Fragestellung des Beispiels etwas verändert. Nicht nur die Break-Even-Menge ist gefragt. Darüber hinaus sind jene Mengen von Interesse, denen als Ziel ein bestimmter Gewinn vorgegeben wird.

Zunächst wird die Analyse unter der gleichen Bedingungen (Gewinn=0) durchgeführt.

Unterhalb der gegebenen Daten wird das Gerüst für die Zielwertanalyse aufgebaut.

Microsoft Excel — BREAK5.XLS

D1 312 F 450

	B	C	D	E
1	EINGABE:	ARTIKEL-NR	312 F 450	
2		BEZEICHNUNG	Textliner X2000	
3		PREIS	12,80 DM	
4		FIXKOSTEN	10.400,00 DM	
5		VAR. STÜCKKOSTEN	10,20 DM	
6				
7	Zielwertanalyse:	UMSATZERLÖSE	0,00 DM	
8		GESAMTKOSTEN	10.400,00 DM	
9		VERLUST/GEWINN	-10.400,00 DM	
10		BREAK-EVEN-MENGE		

Formeln:
[D7:] =D3*D10
[D8:] =D4+(D5*D10)
[D9:] =D7-D8

Bereit NUM

Abb.3-13: Aufbau der Zielwertanalyse

Statt der Break-Even-Tabelle wird ein neues Feld für die Menge in Feld D10 eingerichtet. Die Formeln für die Berechnung der Umsatzerlöse, der Gesamtkosten und Verlust/Gewinn beziehen sich auf dieses neue Mengenfeld.

Gefragt ist die Menge, wenn der Gewinn=0 ist. Oder anders formuliert: Für den Gewinn wird der Zielwert 0 festgelegt. Die Menge soll sich solange verändern, bis dieser Zielwert erreicht ist.

VORGEHEN: ZIELWERTSUCHE

- Rufen Sie im *<Formel>*-Menü den Befehl *<Zielwertsuche>* auf.
- Legen Sie das Feld D9 als Zielfeld fest. Gehen Sie mit einem Mausklick oder der *<TAB>*-Taste zum Eingabefeld für den Zielwert.
- Der Zielwert wird mit 0 festgelegt.
- Das zu ändernde Feld ist D10, in dem die Menge hochgezählt wird.
- Mit *<OK>* geben Sie das Startsignal zur Zielwertsuche. EXCEL schlägt Ihnen das Ergebnis vor, das Sie mit *<OK>* akzeptieren können.

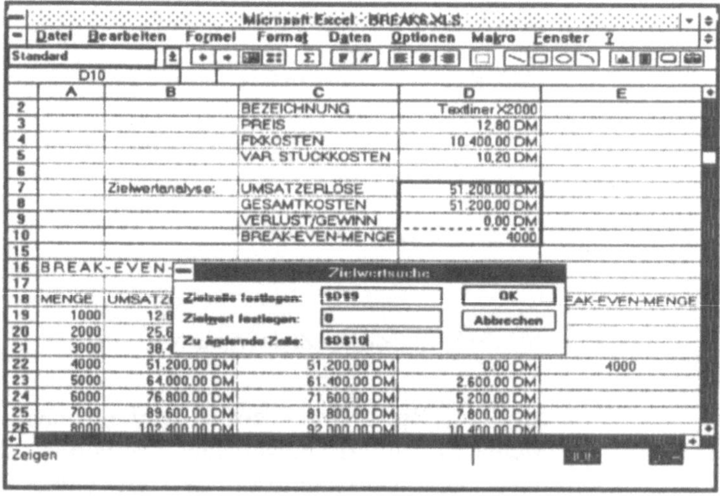

Abb.3-14: Durchgeführte Zielwertanalyse

Für jeden Gewinn - für jeden Zielwert - kann auf diese Art die entsprechende Menge ermittelt werden.

☞ Wenn Ihnen die Schritte der Zielwertsuche für Ihre Analyse zu groß sind, können über den Befehl *<Optionen Berechnen>* und die Option '*Iteration*' Anzahl und höchster Schrittwert manuell eingestellt werden.

4

Speichern und Öffnen von Dateien

In diesem Kapitel können Sie nachlesen:

- *wie unter WINDOWS Verzeichnisse auf der Festplatte erstellt werden können;*
- *wie eine Tabelle auf Festplatte/Diskette gesichert wird;*
- *mit welchen Befehlen Dateien geschlossen und neue Dateien geöffnet werden;*
- *wie gespeicherte Dateien wieder aufgefunden und zur Bearbeitung geöffnet werden.*

Spätestens nachdem Sie Ihre Tabelle berechnet haben, ist es an der Zeit, die Daten zu sichern. Sichern oder speichern einer Datei bedeutet, daß Ihre aktuelle Tabelle vom Arbeitsspeicher auf eine Diskette oder Festplatte kopiert wird. Würden Sie den Computer ohne diese Sicherung abschalten, wären Ihre Arbeitsergebnisse verloren. Die Betriebssicherheit von Personal Computern hat sich zwar weiter verbessert, doch bleiben Störfälle nicht ausgeschlossen. Um Datenverluste zu vermeiden, sollten Sie künftig während der Tabellenbearbeitung mehrfach zwischenspeichern.

Nach der Datensicherung können Sie die Arbeit mit EXCEL beenden. Falls Sie später Ihre Tabelle weiter bearbeiten oder aktualisieren wollen, öffnen Sie die Datei. Öffnen oder laden von Dateien bedeutet, daß eine Kopie der Datei von der Diskette/Festplatte in den Arbeitsspeicher übertragen wird.

Ein Unterverzeichnis auf der Festplatte erstellen

So wie bestimmte Dokumente in unterschiedlichen Aktenordnern abgelegt werden, ist es sinnvoll, Dateien in unterschiedlichen Verzeichnissen auf der Festplatte zu ordnen. Wir empfehlen, ein eigenes Unterverzeichnis für Ihre Übungsdateien einzurichten.

Unter WINDOWS können Sie ein Unterverzeichnis einrichten, ohne EXCEL zu verlassen.

Sie müssen das EXCEL-Fenster lediglich zum Symbol machen und können dann mit WINDOWS weiterarbeiten.

VORGEHEN: EIN UNTERVERZEICHNIS MIT WINDOWS EINRICHTEN

- Machen Sie mit einem Klick auf das Fenstersymbol ▼ EXCEL kurzfristig zum Sinnbild.

- Rufen Sie in der Hauptgruppe des Programm-Managers von WINDOWS den Datei-Manager auf.

- Klicken Sie auf das Verzeichnis (z.B. EXCEL), unter

dem Sie ein weiteres Unterverzeichnis einrichten wollen.

- Nach Aufruf des <*Datei*>-Menüs richten Sie mit dem Befehl <*Verzeichnis erstellen*> Ihr Unterverzeichnis ein, dem Sie den Namen "Schulung" geben.

- Schließen Sie den Datei-Manager mit <*System Schließen*> und stellen Sie das EXCEL-Fenster mit einem Doppelklick auf das Sinnbild wieder her.

☞ Zum gleichen Ergebnis kommen Sie auf der DOS-Ebene mit dem Befehl <*md*> für *make directory*.
Sollten Sie noch Schwierigkeiten mit dem Anlegen von Unterverzeichnissen haben, schlagen Sie bitte in Ihrem WINDOWS- bzw. DOS-Handbuch nach.

4.1 SPEICHERN VON TABELLEN

Speichern werden Sie eine Tabelle aus verschiedenen Gründen. Sei es, um die Tabelle zum ersten Mal zu sichern. Sei es, um eine bereits als Datei gespeicherte Tabelle aufgrund von Änderungen zu aktualisieren.

Erstmaliges Speichern einer Datei

Wir gehen hier davon aus, daß ein Unterverzeichnis "EXCEL" bereits bei der Installation auf der Festplatte (C:) angelegt wurde. Das Verzeichnis für die Übungsdateien haben wir unterhalb von EXCEL angelegt und "SCHULUNG" genannt.

Aufgabe: Zur Datensicherung soll die Erlös- und Kostentabelle vom Arbeitsspeicher in das Unterverzeichnis der Festplatte C:\EXCEL\SCHULUNG unter dem Namen "EUK1_91.XLS" abgelegt werden.

VORGEHEN: ERSTMALIGES SPEICHERN EINER DATEI AUF DER FESTPLATTE

<F12>

- Rufen Sie das *<Datei>*-Menü auf und wählen Sie den Befehl *<Speichern unter>*.

  Im Eingabefeld der Dialog-Box schlägt EXCEL vor, die Datei unter dem Namen "Tab1.XLS" zu speichern.

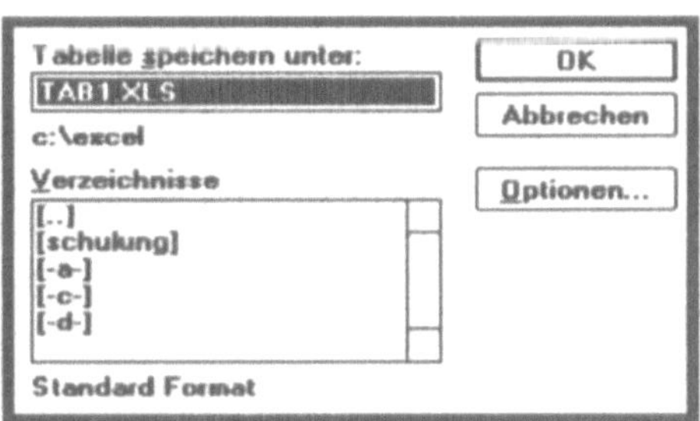

Die Speichern-Dialogbox

- Sobald Sie das erste Zeichen des neuen Dateinamens "EUK1_91" eingeben, verschwindet der von EXCEL vorgeschlagene - schwarz unterlegte - Name.

- Im Listenfeld *Verzeichnisse* wechseln Sie mit einem Doppelklick auf [Schulung] vom aktuellen Verzeichnis C:\EXCEL in das Unterverzeichnis für Ihre Übungsdateien.

- Durch die Bestätigung *<OK>* wird Ihre Tabelle auf die Festplatte kopiert. Der vergebene Dateiname wird von EXCEL als neuer Titel in das Tabellenfenster übernommen.

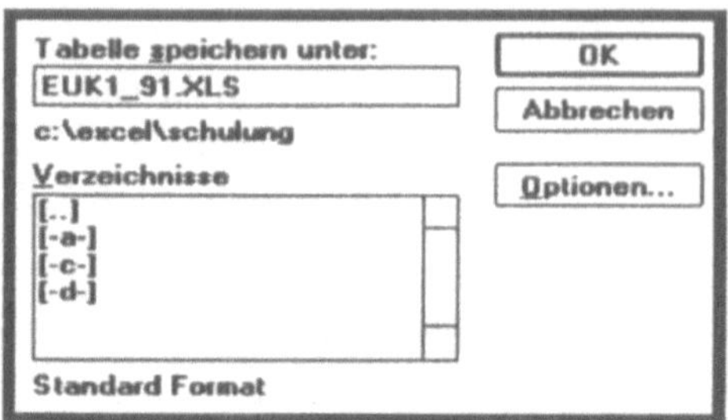

Speichern einer neuen Datei

In der Vorgehensbeschreibung wurden ein neuer Dateiname vergeben und das aktuelle Verzeichnis gewechselt. Dieses in der Praxis übliche Verfahren wird im folgenden erläutert.

Dateinamen

EXCEL vergibt automatisch mit dem Start einen vorläufigen Dateinamen (Tab1), der als Titel des Tabellen-Fensters angezeigt wird. Es ist möglich, aber nicht sinnvoll, diesen Dateinamen zu übernehmen. Um die Datei zu einem späteren Zeitpunkt leichter aufzufinden, empfiehlt es sich, einen Namen zu vergeben, der auf den Inhalt der Datei schließen läßt. Zum Beispiel für die Erlös- und Kostentabellen des Jahres 1991 könnte der Dateiname "EUK_91.XLS" vergeben werden.

✎ Konventionen

Es gibt einige Regeln und Konventionen, an die Sie sich bei der Vergabe von Dateinamen halten müssen:

(1) Der Dateiname darf maximal 8 Zeichen enthalten. Groß- oder Kleinschreibung ist beliebig.

(2) Ein Dateiname kann bestehen aus: Buchstaben, Zahlen und den Sonderzeichen: $ & " () - @ ^ { } ~ '! _. Vermeiden Sie Leerzeichen.

(3) Es ist zweckmäßig, aber nicht zwingend, die von EXCEL automatisch vergebene Dateinamen-Erweiterung .XLS zu übernehmen ("XL" für EXCEL, "S" für "Sheet", d.h. Arbeitsblatt). Neue Erweiterungen können nach dem Punkt bis zu maximal 3 Zeichen enthalten.

Laufwerke und Verzeichnisse

Wenn Sie eine Datei speichern, wird sie automatisch in das aktuelle Verzeichnis oder Standardverzeichnis kopiert.

✎ Aktuelles Verzeichnis

Das aktuelle Verzeichnis ist dasjenige, in dem Sie das EXCEL-Programm auf Ihrer Festplatte installiert haben (hier: C:\EXCEL).

Im Listenfeld *Verzeichnisse* wechseln Sie sowohl das Laufwerk wie das Verzeichnis.

VORGEHEN: SPEICHERN DER DATEI AUF DISKETTE

- Wählen Sie den Befehl <*Datei Speichern unter*>.

- Wechseln Sie von Laufwerk C: auf A:, indem Sie in der Verzeichnisliste zweimal kurz hintereinander auf [-a-] klicken (Doppelklick) .

Wie Sie gesehen haben, wechseln Sie auf die gleiche Weise das Verzeichnis. Angezeigt werden die Unterverzeichnisse der jeweiligen Ebene. Das Unterverzeichnis [Excel] enthält in unserem Fall nur ein weiteres Unterverzeichnis [Schulung].

[..]

Ein Doppelklick auf [..] führt Sie im Verzeichnisbaum um eine Stufe nach oben.

Pfad

Als Alternative dazu kann der gesamte Pfad vor dem Dateinamen im Eingabefeld eingegeben werden: C:\EXCEL\SCHULUNG\EUK1_91.XLS.

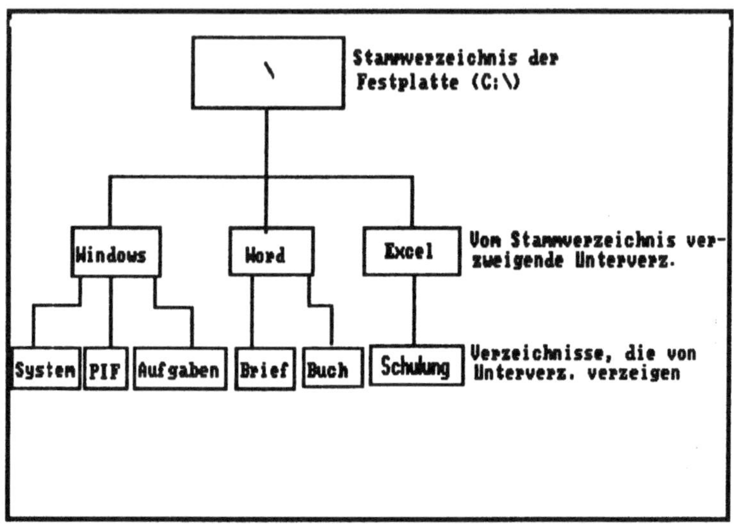

Abb. 4-1: Beispiel für einen Verzeichnisbaum

Speichern einer geänderten Datei

<Umschalt> *+<F12>*

Der Befehl *<Datei Speichern>* ist der direkte und schnelle Weg, vorgenommene Änderungen in einer bestehenden Datei - wie zum Beispiel "EUK1_91.XLS" - zu speichern. Ohne Nachfrage (keine Dialog-Box!) speichert EXCEL nach Aufruf dieses Befehls die aktualisierte Datei unter gleichem Namen in das gleiche Verzeichnis.

Der Befehl *<Datei Speichern unter>* kann auch bei Aktualisierungen eingesetzt werden. Nicht nur Dateiname, Laufwerk oder Verzeichnis können neu eingegeben werden, darüber hinaus enthält die Box wichtige Optionen:

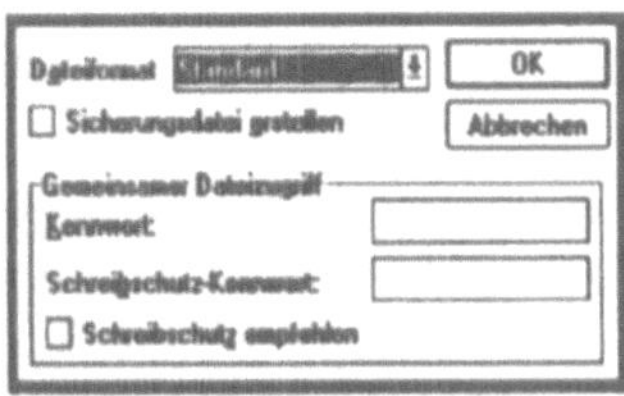

Abb. 4-2: Optionen beim Speichern von Dateien

◁▶ I-8.5 — Für einen Datentransfer zwischen EXCEL und Nicht-Windows-Anwendungen können Sie Ihre Tabelle in einem anderen Dateiformat speichern.

✎ Paßwort — Die Datei kann mit einem Paßwort geschützt werden, das beim Öffnen der Datei abgefragt wird. Dadurch verhindern Sie, daß andere Anwender diese Datei öffnen können. Ein Paßwort kann bis zu 16 Zeichen lang sein. Beachten Sie, daß EXCEL in diesem Fall zwischen Groß- und Kleinschreibung unterscheidet !

Schreibschutz — Ein Schreibschutz kann eingerichtet und - wenn gewünscht - mit einem Kennwort versehen werden. Einen Schreibschutz richten Sie dann ein, wenn die Datei zwar gelesen, aber keine Änderungen gespeichert werden sollen. Der einfache Schreibschutz (ein Klick auf das Feld '*Schreibschutz empfehlen*') kann beim Öffnen der Datei jederzeit aufgehoben werden. Im Eingabefeld '*Schreibschutz-Kennwort*' haben Sie die Möglichkeit, durch Eingabe eines eigenen Paßwortes den Schreibschutz zu erhöhen.

✎ back up — Mit der Option '*Sicherungsdatei erstellen*' stellen Sie sicher, daß die jeweils letzten beiden Versionen Ihrer Datei gespeichert werden. Speichern Sie zum Beispiel Änderungen in der Datei "EUK1_91.XLS", erstellt EXCEL aus der bestehenden Datei auf der Festplatte eine Sicherungskopie "EUK1_91.BAK".

Schließen und Speichern von Dateien

Bislang wurde Ihre Tabelle auf die Festplatte kopiert und blieb im Arbeitsspeicher erhalten. Nachdem Sie Ihre Tabelle gesichert haben, können Sie ohne die Gefahr eines Datenverlustes die <*Datei Schließen*> oder EXCEL mit <*Datei Beenden*> verlassen.

Sie schließen eine Datei, wenn Sie die Tabelle so weit fertiggestellt haben, aber mit EXCEL eine neue oder andere Datei bearbeiten wollen.

Sollten Sie eine Datei schließen, die noch nicht gespeichert ist, reagiert EXCEL mit einer Sicherheitsabfrage:

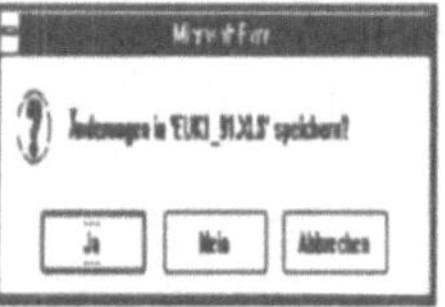

Sicherheitsabfrage

Auf diese Weise haben Sie eine letzte Möglichkeit, Ihre Daten zu sichern. Bei Wahl der Option *'Ja'* speichert EXCEL Ihre Tabelle ohne weitere Nachfrage unter dem aktuellen Namen.

☞ Mehrere Dateien schließen Sie, indem Sie die <*Umschalt*>-Taste gedrückt halten und dann das <*Datei*>-Menü wählen. Statt des Befehls <*Schließen*> erscheint <*Alles Schließen*>.

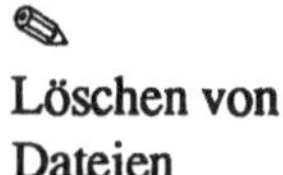

Löschen von Dateien

Beachten Sie bitte den Unterschied zwischen den Befehlen <*Datei Schließen*> und <*Datei Löschen*>. Mit <*Datei Schließen*> wird die Datei aus dem Arbeitsspeicher gelöscht und bleibt auf der Festplatte erhalten. Mit <*Datei Löschen*> wird die Datei auf der Festplatte/Diskette gelöscht und bleibt im Arbeitsspeicher erhalten !

4.2 Öffnen von Dateien

Werden alle Dateien geschlossen, verkürzt sich die Menüleiste auf das <*Datei*>-Menü .

Abb. 4-3: EXCEL ohne geöffnete Datei

Wenn Sie die Arbeit mit EXCEL nicht beenden wollen, stehen Ihnen drei Wege offen, fortzufahren:

- Sie beginnen mit einer neuen Tabelle;
- Sie öffnen eine der zuletzt gespeicherten Dateien, um einige Änderungen vorzunehmen;
- Sie öffnen eine Datei, die Sie vor längerer Zeit gespeichert hatten, um sie zu aktualisieren.

Eine neue Tabelle eröffnen

Im <*Datei*>-Menü finden Sie den Befehl <*Neu*>.

<Umschalt> +<F11>

Mit diesem Befehl und der anschließenden Wahl der Option '*Tabelle*' eröffnet EXCEL ein leeres Arbeitsblatt und Sie können mit einer neuen Tabelle beginnen.

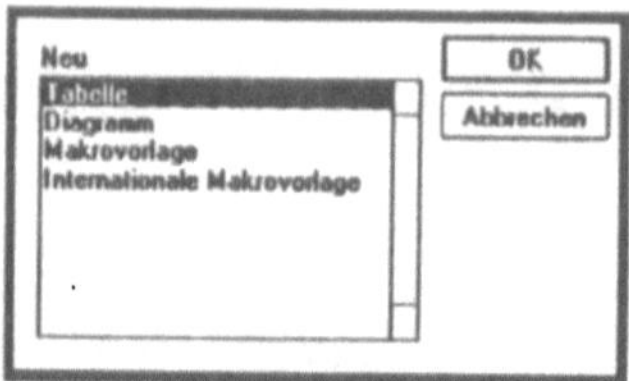

Abb. 4-4: Die Art der neuen Datei bestimmen

Da EXCEL standardmäßig immer einen vorläufigen Namen vergibt, erhält jede neue, noch nicht gespeicherte Tabelle eine fortlaufende Nummerierung (Tab1, Tab2, Tab3;...).

Öffnen von bestehenden Dateien

Schnell verfahren

Es wird vorkommen, daß Sie in einem bestimmten Zeitraum häufig mit den gleichen Dateien arbeiten. Damit Sie nicht jedesmal die Datei über das Standardverfahren öffnen müssen, vermerkt EXCEL die vier von Ihnen zuletzt gespeicherten Dateien im unteren Teil des *<Datei>*-Menüs. Mit einem Klick auf die gewünschte Datei wird die Tabelle zur weiteren Bearbeitung in den Arbeitspeicher kopiert.

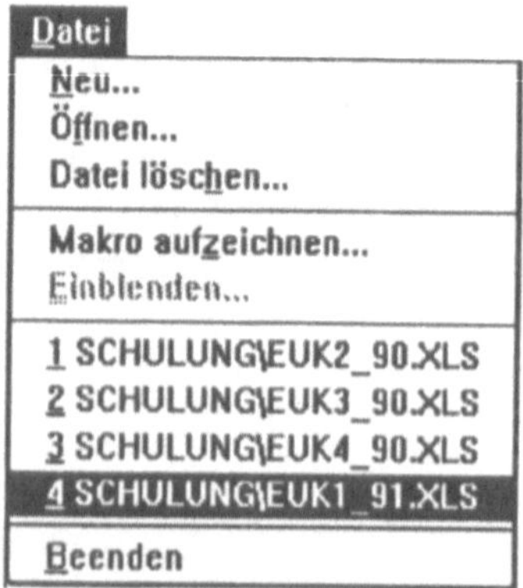

Abb. 4-5: Anzeige der zuletzt gespeicherten Dateien

Standard verfahren

Befindet sich die von Ihnen gewünschte Datei nicht unter den 4 angebotenen, leiten Sie mit dem Befehl *<Datei Öffnen>* das Standardverfahren zum Laden von Dateien ein.

Bezogen auf unser Fallbeispiel, können Sie die Datei "EUK1_91.XLS" im Schnellverfahren zur weiteren Bearbeitung durch einen Klick öffnen. Die Beispieltabellen auf der Übungsdiskette hingegen müssen über das Standardverfahren geöffnet werden.

VORGEHEN: ÖFFNEN EINER DATEI - STANDARDVERFAHREN

- Rufen Sie mit einem Klick das *<Datei>*-Menü auf und wählen Sie den Befehl *<Öffnen>*.
- Im Eingabefeld für den Dateinamen erscheint die Anzeige: *.XL*.
- Im Listenfeld *Dateien* werden Ihnen alle Dateien mit der Erweiterung .XL* des aktuellen Verzeichnisses angezeigt.
- Mit einem Doppelklick oder einem einfachen Klick und der Bestätigung mit *<OK>* öffnen Sie die gewünschte Datei.

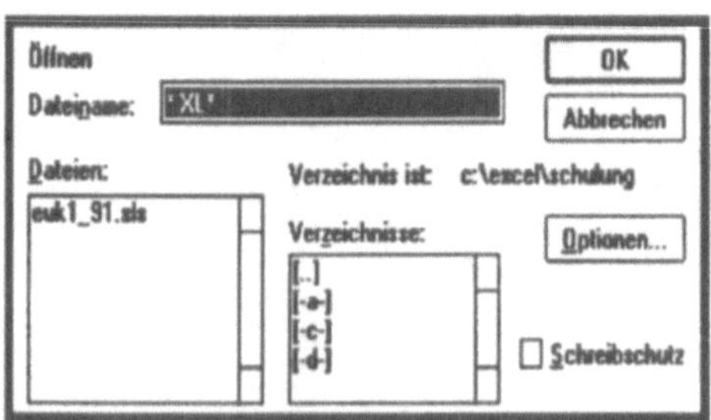

Dialogbox Datei öffnen

☞

.XL
Im Eingabefeld für den Dateinamen zeigt Ihnen EXCEL standardmäßig die Meldung: *.XL*. Die Sternchen (*) werden als Joker, sogenannte "wildcards" eingesetzt. Das erste Sternchen bewirkt, daß alle Dateien unabhängig von ihrem Namen, angezeigt werden. Das zweite Sternchen ersetzt das dritte Zeichen der Dateinamen-Erweiterung, das zum Beispiel "S" für eine Tabelle oder "C" für ein Diagramm sein kann. Im eingestellten Verzeichnis werden somit alle Dateien angezeigt, deren Erweiterung mit XL beginnt.

.

Wenn Sie beim Speichern der Datei eine abweichende Erweiterung vergeben haben, können Sie sich mit *.* alle Dateien unabhängig von Namen und Erweiterung anzeigen lassen.

Befindet sich die gewünschte Datei nicht im aktuellen Verzeichnis, könnnen Sie wie beim Speichern im Listenfeld *Verzeichnisse* den richtigen Pfad einstellen. Zum Öffnen von Dateien auf einer Diskette, wechseln Sie mit einem Doppelklick auf das Symbol [-a-] das Laufwerk.

✎ Schreibschutz

Mit einem Klick auf das Optionsfeld '*Schreibschutz*' schützen Sie die zu öffnende Datei vor Änderungen. Erst bei dem Versuch, die geänderte Datei zu speichern, wirkt sich der Schreibschutz aus. EXCEL verlangt die Eingabe eines neuen Dateinamens.

5

Präsentation und Ausdruck von Tabellen

In diesem Kapitel lernen Sie

- *wie ausgefeilte Zahlenformate, Schriftarten und Schriftgrößen bestimmt und in Formatvorlagen zusammengefaßt werden;*
- *Tabellen mit verschiedenen Feldmustern, Rahmen, Kreisen, Pfeilen und Linien so zu gestalten, daß nichts mehr an das Arbeitsblatt im Hintergrund erinnert;*
- *mit Objekten umzugehen, d.h. Tabellen, Text und Grafik im Arbeitsblatt zu kombinieren;*
- *die Bildschirmpräsentation der Tabellen effizient zu Papier zu bringen.*

5.1 Bildschirmpräsentation von Tabellen

Eine übersichtliche Bildschirm- und Druckaufbereitung von Tabellen zählt heute zum Standard jeder Präsentation. Die Gestaltungsmöglichkeiten, die EXCEL bereitstellt, gehören zu den Highlights des Programms:

- 256 Schriftarten in einem Arbeitsblatt werden unterstützt;
- der Anwender kann sich Zahlenformate selbst erstellen;
- 8 verschiedene Rahmenarten und 16 Feldmuster stehen zur Verfügung;
- Zeichenwerkzeuge für Kreise, Rechtecke, Linien, Pfeile, Rundungen sorgen für eine individuelle Gestaltung der Tabellen;
- über Objekte lassen sich Tabellen mit Text und Grafiken im Arbeitsblatt kombinieren und bearbeiten.

Die Gestaltung von Tabellen hängt eng mit dem Ziel der Präsentation, aber auch mit Ihrem individuellen Geschmack zusammen. Sie werden sehen, daß EXCEL Ihrer spielerischen Phantasie wenig Grenzen setzt. In diesem Kapitel handelt es sich um Anstöße - die wichtigen Details werden Ihrer Intuition überlassen. Viel Spaß !

Zahlenformate, Schriftarten und Formatvorlagen

Fangen wir damit an, die Break-Even-Tabelle mit unterschiedlichen Schriftarten und -größen sowie mit neuen Zahlenformate auszustatten.

Microsoft Excel PRÄ1.XLS

Datei Bearbeiten Formel Format Daten Optionen Makro Fenster ?

Standard

A1 | DATENEINGABE

	A	B	C	D	E
1	DATENEINGABE:		ARTIKEL-NR	312 F 450	
2			BEZEICHNUNG	Textliner X 20	
3			PREIS	12,80 DM	
4			FIXKOSTEN	10.400,00 DM	
5			VAR. KOSTEN	10,20 DM	
15					
16	BREAK-EVEN-ANALYSE:				
17					
18	MENGE	UMSATZERLÖSE	GESAMTKOSTEN	VERLUST/GEWINN	BREAK-EVEN-MENGE
19	1.000 /Pack.	12.800 DM	20.600 DM	-7.800 DM	
20	2.000 /Pack.	25.600 DM	30.800 DM	-5.200 DM	
21	3.000 /Pack.	38.400 DM	41.000 DM	-2.600 DM	
22	4.000 /Pack.	51.200 DM	51.200 DM	0,00	4.000 /Pack.
23	5.000 /Pack.	64.000 DM	61.400 DM	2.600 DM	
24	6.000 /Pack.	76.800 DM	71.600 DM	5.200 DM	
25	7.000 /Pack.	89.600 DM	81.800 DM	7.800 DM	
26	8.000 /Pack.	102.400 DM	92.000 DM	10.400 DM	
27	9.000 /Pack.	115.200 DM	102.200 DM	13.000 DM	
28	10.000 /Pack.	128.000 DM	112.400 DM	15.600 DM	
29					
30					
31					

Abb. 5-1: Neue Zahlenformate und Schriftarten

PRÄ1.XLS

Eine Musterlösung finden Sie auf der Übungsdiskette unter dem Namen PRÄ1.XLS gespeichert.

Schriftarten

256 Schriftarten unterstützt EXCEL. Wieviele unterstützt Ihr Drucker ?

Drucker-Schriften

Um zu verhindern, daß die schönsten Schriftkompositionen am Drucker scheitern, kreuzen Sie mit einem Klick in der Dialog-Box des Befehls *<Format Schriftart>* die Option '*Druckerschriftarten*' an. EXCEL zeigt dann nur diejenigen Schriftarten und -größen an, die Ihr Drucker in der Lage ist umzusetzen.

Aufgabe: Folgende Schriftarten und -größen sollen eingesetzt werden:

(1) die Überschriften "DATENEINGABE" und "BREAK-EVEN-ANALYSE" in den Feldern A1 und B16 sollen fett ausgezeichnet werden.

(2) für die Bezeichnungen und Titel in den Feldern C1:C5 und A18:E18 wird die Schriftart "Times Roman" in einer 7er-Größe gewählt.

(3) für die Eingaben und Zahlen in den Feldbereichen D1:D5 und A19:E28 wird eine 7er-Helvetica-Schrift bestimmt.

VORGEHEN: SCHRIFTARTEN, -GRÖßEN UND -AUSZEICHNUNGEN BESTIMMEN

- Klicken Sie auf A1 und mit gedrückter <*Strg*>-Taste auf das Feld A16. Sie haben den Mehrfachbereich A1;A16 ausgewählt.

- Klicken Sie auf den F-Button in der Symbolleiste.

- Wählen Sie die Bereiche C1:C5;A18:E18 aus (Mehrfachbereich).

- Rufen Sie im <*Format*>-Menü den Befehl <*Schriftart*> auf.

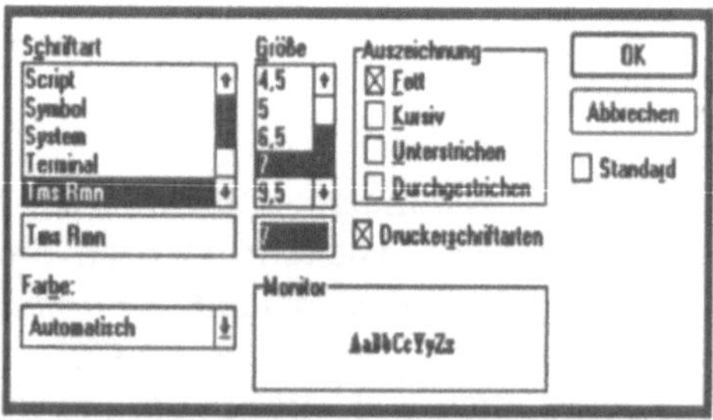

Schriftart-Dialogbox

In der Dialog-Box können Sie Art, Größe, Auszeichnung und Farbe der Schrift bestimmen

- Legen Sie im Listenfeld *Schriftart* durch einen Klick die Schrift "Tms Rmn" fest; im Listenfeld *Größe* eine 7er-

Schrift; im Listenfeld *Auszeichnung* Fettschrift und die *Farbe* nach Geschmack und Monitor.

Im *Monitor*-Feld sehen Sie die Voranzeige Ihrer Bemühungen.

- Wählen Sie für die Zahlen die Bereiche D1:D5;A19:E28 aus und legen eine Helvetica-Schrift (Helv) in 7er-Größe fest.

Anwender-Zahlenformate

Sie haben bereits die Möglichkeit kennengelernt, über die Symbolleiste oder den Befehl <*Format Zahlenformat*> die Anzeige der Zahlen zu bestimmen.

◁▶ II-9

Weiterführend geht es darum, eigene Zahlenformate zu definieren. Diese neuen Anwenderformate werden an die Liste der Standard-Zahlenformate angehängt und stehen für die Datei zur Verfügung.

Aufgabe: Mit Farbe und Bezeichnungen soll die Anzeige der Zahlen verändert werden.

(1) Die Zahlen im Feldbereich B19:D28 werden in einem Währungsformat (DM) ohne Nachkommastellen, aber mit Tausenderpunkten angezeigt. Positive Zahlen erscheinen in blauer, negative Zahlen in roter und Null-Werte in hellgrüner Farbe.

(2) Die Mengen in den Bereichen A19:A28;E19:E28 werden mit der Bezeichnung "/Pack." versehen, damit deutlich wird, daß Packungen und keine Einzelstücke gemeint sind.

VORGEHEN: ANWENDER-ZAHLENFORMATE DEFINIEREN

- Wählen Sie den Bereich B19:D28 aus und rufen Sie den Befehl *<Zahlenformat>* im *<Format>*-Menü auf.

  Das Standard-Währungsformat bietet nur rot für negative Zahlen (#.##0 DM;[Rot] -#.##0 DM) an. Zu wenig für die gestellte Aufgabe.

- Aktivieren Sie mit einem Klick das Eingabefeld *Format* und geben folgendes Format ein:

Format: [Blau] #.##0 DM;[Rot] -#.##0 DM;[Hellgrün]

  Die Farben werden in eckigen Klammern vor das Zahlenformat geschrieben. Bestätigen Sie mit *<OK>*.

- Wählen Sie die Bereiche A19:A28;E19:E28 aus und rufen Sie den Befehl *<Format Zahlenformat>* auf.

  Legen Sie im Format-Feld folgendes Zahlenformat fest:

Format: #.##0 "/Pack."

Beide Anwenderformate finden Sie am Schluß der Formatliste angehängt.

Für Zahlenformate allgemein gilt die Folge:

- Positive Zahlen;negative Zahlen;Null-Werte

  Hier: Positive Zahlen werden in blau geschrieben, negative Zahlen in rot und Nullen in hellgrün (oder [Gelb], [Magenta], [Zyan],...).

- Neben Farben können auch Bezeichnungen mit Zahlen

kombiniert werden. Eine direkte Mischung von Zahlen und Text führt dazu, daß die Zahlen nicht mehr berechnet werden können. Als Zahlenformat definiert, kann ein beliebiger Text angehängt und/oder vorangestellt werden. Wichtig ist, daß der Text in Anführungszeichen gesetzt wird.

Formatvorlagen

Je nach dem wie groß die Tabelle ist und welche Ansprüche an die Präsentation gestellt werden, ist die Formatierung eine aufwendige Angelegenheit. Formatvorlagen halten die von Ihnen getroffenen Einstellungen unter einem Namen fest. Diese Namen werden in der Formatliste der Symbolleiste angehängt. In Zukunft werden Sie nach der Auswahl der zu formatierenden Felder mit einem Klick die Formatliste aufrollen und mit einem weiteren Klick auf einen Namen die gewünschte Formatierung vornehmen.

Standard

Die Formatvorlagen finden Sie in der Symbolleiste - bislang als reine Zahlenformate - und über den Befehl *<Format Formatvorlage>*.

<u>Aufgabe</u>: Die Einstellungen - Zahlenformat/Schrift - der Mengenangaben sollen als Formatvorlage festgehalten werden.

VORGEHEN: FORMATVORLAGEN ÜBER DIE SYMBOLLEISTE ERSTELLEN

- Wählen Sie ein beliebiges Feld, z.B. A19 aus den Mengenangaben aus.
- Schreiben Sie in die Formatvorlage der Symbolleiste (Standard) den Namen der Vorlage: z.B, "Packung" und bestätigen Sie mit *<Return>*.
- Testen Sie das Ergebnis, indem Sie den Befehl *<Format Formatvorlage>* aufrufen und mit einem Klick auf den Pfeil die Namensliste der Formatvorlagen öffnen.

- Wählen Sie "Packung" und die darunterliegende Beschreibung sagt Ihnen, was Sie alles in dem Druckformat festgehalten haben.

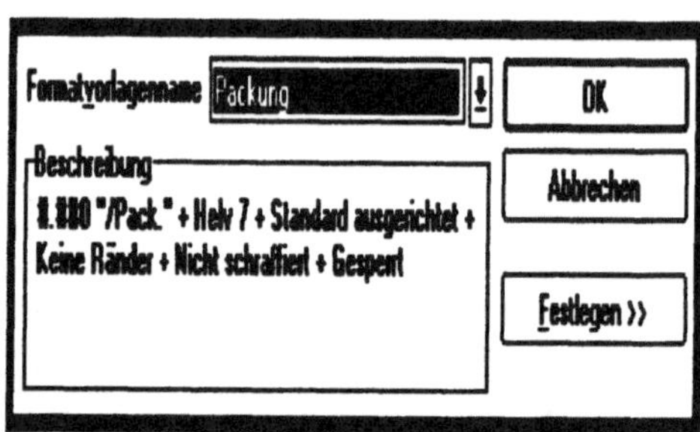

Formatvorlage "Packung"

Statt über die Symbolleiste hätten Sie die Formatvorlage auch in der Dialog-Box erstellen können.

VORGEHEN: FORMATVORLAGEN ÜBER <*Format Formatvorlage*> FESTLEGEN

- Markieren Sie den Bereich, für den das neue Format gelten soll.

- Wählen Sie den Befehl <*Format Formatvorlage*> und geben Sie im Eingabefeld *Formatvorlagenname* den Namen "Packung" ein.

- Klicken Sie auf die Schaltfläche '*Festlegen*'. Die Box erweitert sich und Sie können sehen, was Sie alles in einer Formatvorlage festhalten können.

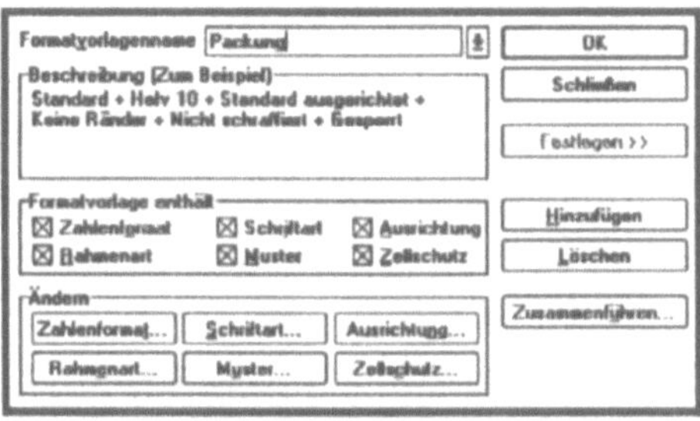

Dialogbox Formatvorlagen

- Im unteren Teil *Ändern* legen Sie Schriftart und Zahlenformat fest. Nach dem Klick bekommen Sie die gewohnten Dialogboxen angezeigt.

Auf diese Weise können Sie nicht nur neue Formatvorlagen festlegen, sondern auch bestehende verändern und ergänzen. Löschen können Sie Formatvorlagen über *<Format Formatvorlage>*, die Schaltfläche '*Festlegen*' und '*Löschen*'.

✎ Formatvorlagen kopieren

Es ist zeitsparend, die erstellten Formatvorlagen zu kopieren, d.h. auch für andere Dateien zu nutzen. Voraussetzung ist, daß Quell- und Zieldatei geöffnet sind. Über den Befehl *<Format Formatvorlage>* und die Schaltfläche '*Festlegen*' und danach '*Zusammenführen*' können Sie aus der Liste diejenige Datei wählen, aus der Sie die Druckformate übernehmen wollen.

☞

> Über die Formatvorlage '*Standard*' kann ein Globalformat festgelegt werden. '*Standard*' beinhaltet die Einstellungen mit der jede neue Datei geöffnet wird. Verändern Sie das Standard-Format in Ihrem Sinne und Sie sparen sich viel Formatierungzeit (vgl✎ Mustervorlage).

Schrift, Zahlenformat und Ausrichtung können Sie jetzt in Formatvorlagen festhalten. Weitere Kunstgriffe, um das Layout Ihrer Tabelle zu optimieren, lernen Sie im folgenden kennen.

Layout optimieren

PRÄ2.XLS

Ein Musterlösung finden Sie auf der Übungsdiskette unter dem Namen PRÄ2.XLS gespeichert.

Feldumbrüche, Spaltenbreiten und Ausschneiden

Wenn Sie sich Ihre Tabelle ansehen werden Sie bemerken, daß die Spalten recht breit sind. Das liegt an den Überschriften der Break-Even-Tabelle (A18:E18). Ein Umbruch der Überschriften würde engere Spalten ermöglichen und so das Aussehen der Tabelle verbessern.

Aufgabe: Die Überschriften im Bereich A18:E18 sollen so umgebrochen werden, daß es möglich wird, die Spalten zu verkleinern.

VORGEHEN: ZEILENUMBRÜCHE

- Markieren Sie den Bereich A18:E18 und wählen Sie den Befehl *<Format Ausrichtung>*.
- Kreuzen Sie die Option '*Zeilenumbruch*' mit einem Klick an und bestätigen Sie mit *<OK>*.

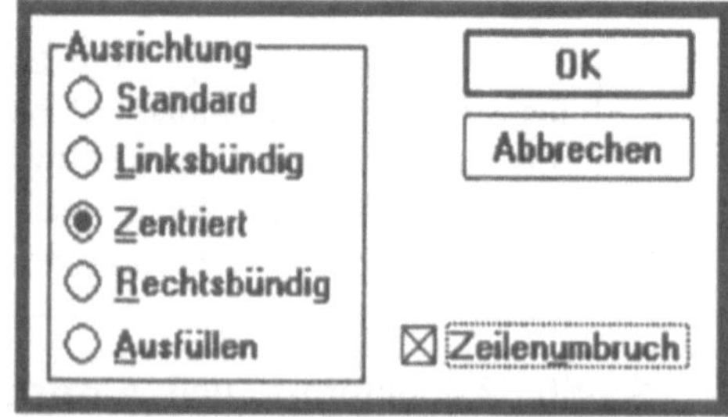

In der Dialogbox Ausrichtung befindet sich die Option für Zeilenumbrüche innerhalb der Felder

Die Überschrift "Break-Even-Menge" wird sofort umgebrochen.

######

- Verengen Sie die anderen Spalten so, daß Sie mit dem Resultat zufrieden sind. Sie werden dabei auf Meldungen dieser Art stoßen: #######. Damit signalisiert EXCEL, daß die Breite der Spalte zur Anzeige nicht ausreicht, also: Spalte etwas verbreitern.

Die Spalte C ist besonders unnachgiebig, weil die Bezeichnungen von C1:C5 ihren Raum beanspruchen. Versetzen Sie diese Bezeichnungen in die Spalte B.

VORGEHEN: DATEN AUSSCHNEIDEN UND EINFÜGEN

- Wählen Sie den zu versetzenden Bereich aus:C1:C5.
- Rufen Sie den Befehl *<Bearbeiten Ausschneiden>* auf. Ein zirkulierender Rahmen wie beim Kopieren erscheint.
- Klicken Sie auf das erste Feld des Einfügebereichs und bestätigen Sie mit *<Bearbeiten Einfügen>* oder kurz: mit *<Return>*.

Feldmuster und Rahmen

Die Feld- oder Gitternetzlinien sind als Orientierung für den Tabellenaufbau hilfreich und sinnvoll - zur Präsentation erwartet man andere Möglichkeiten. Das Angebot heißt: Muster für Felder/Feldbereiche und Rahmen.

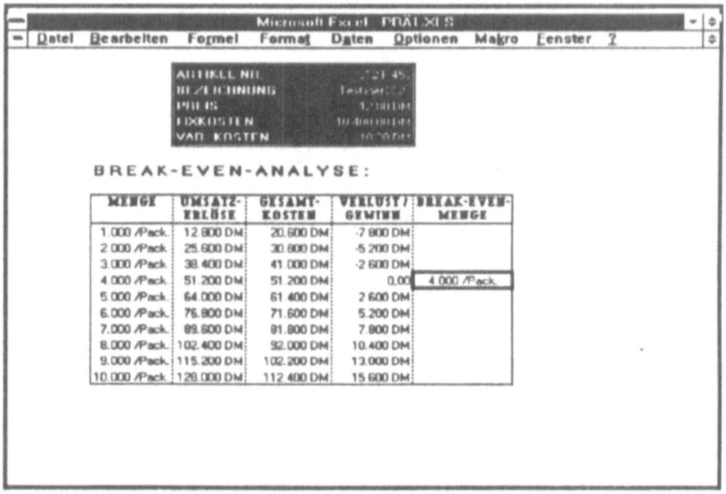

Datei Bearbeiten Formel Format Daten Optionen Makro Fenster ?

BREAK-EVEN-ANALYSE:

MENGE	UMSATZ-ERLÖSE	GESAMT-KOSTEN	VERLUST / GEWINN	BREAK-EVEN-MENGE
1.000 /Pack.	12.800 DM	20.600 DM	-7.800 DM	
2.000 /Pack.	25.600 DM	30.800 DM	-5.200 DM	
3.000 /Pack.	38.400 DM	41.000 DM	-2.600 DM	
4.000 /Pack.	51.200 DM	51.200 DM	0,00	4.000 /Pack.
5.000 /Pack.	64.000 DM	61.400 DM	2.600 DM	
6.000 /Pack.	76.800 DM	71.600 DM	5.200 DM	
7.000 /Pack.	89.600 DM	81.800 DM	7.800 DM	
8.000 /Pack.	102.400 DM	92.000 DM	10.400 DM	
9.000 /Pack.	115.200 DM	102.200 DM	13.000 DM	
10.000 /Pack.	128.000 DM	112.400 DM	15.600 DM	

Abb. 5-2: Rahmen und Muster

Mit Mustern bestimmen Sie farblich abgestimmte Vorder- und Hintergrundmuster für Felder und Feldbereiche. Mit Rahmen können Sie gesamte Tabellen umrahmen, aber auch Trennlinien zwischen Spalten/Zeilen ziehen. Beide Gestaltungstechniken lassen sich besser ohne Gitternetzlinien durchführen. Die folgenden Formatierungen wirken auch dann, wenn Sie keinen Farbbildschirm haben.

Aufgabe: Der Bereich B1:D5 soll invers, d.h. mit weißer Schrift und schwarzem Hintergrund dargestellt werden.

VORGEHEN: FELDMUSTER HINTERLEGEN

- Nehmen Sie die Gitternetzlinien weg, indem Sie den Befehl <*Optionen Bildschirmanzeige*> aufrufen und mit einem Klick die Option '*Gitternetzlinien*' entkreuzen.

- Markieren Sie den Bereich B1:D5 und wählen Sie den Befehl <*Format Schriftart*>. Legen Sie eine Schriftart und -größe fest (Tms Rmn 10) und entrollen Sie die Farbliste mit einem Klick.

- Wählen Sie aus der Liste per Klick die Farbe "Weiß". Die Eingaben werden unsichtbar: weiß auf weiß !

- Rufen Sie den Befehl <*Format Muster*> auf.

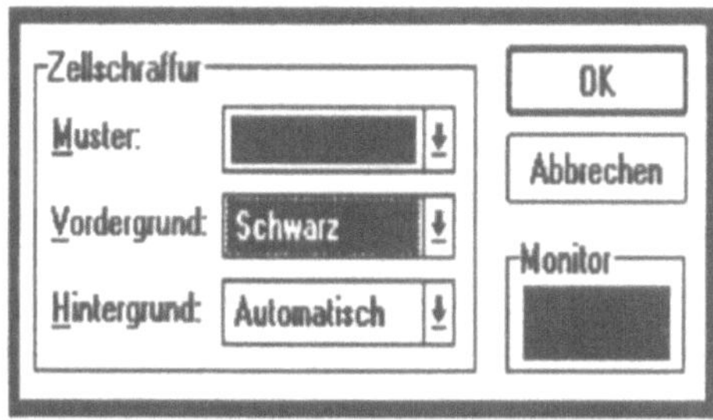

Dialogbox Muster

- Bestimmen Sie als *Vordergrund* die Farbe "Schwarz" und bestätigen Sie dann mit <*OK*>.

☞

> Wenn Ihnen die angezeigten Standardfarben nicht gefallen, komponieren Sie sich eigene über den Befehl <*Optionen Farbpalette*>. Ein Klick auf eine gewünschte Farbe und <*Bearbeiten*> führt Sie in eine (fast) unbegrenzte Farblandschaft.

Aufgabe: Der inverse Bereich B1:D5 soll mit einem doppelten Rahmen versehen werden. Die Break-Even-Tabelle A18:E28 wird mit einem einfachen Gesamtrahmen, gestrichelten Spalten-Trennlinien und einer Trennlinie unterhalb der Überschriften ausgestattet.

VORGEHEN: TABELLEN UMRAHMEN

- Belassen Sie die Markierung auf B1:D5 und rufen Sie den Befehl <*Format Rahmenart*> auf.

- Klicken Sie auf das Feld *Gesamt* als Rahmen und ordnen Sie per Klick einen Doppelstrich zu.

- Markieren Sie den Bereich A18:E28 und wählen Sie den Befehl <*Format Rahmenart*>.

- Klicken Sie auf *Gesamt* und ordnen die durchzogene Linie zu. Klicken Sie auf *Rechts* und ordnen Sie die durchbrochene Linie zu.

Dialogbox Rahmen

- Nach der Bestätigung markieren Sie den Bereich A18:E18, rufen den Befehl <*Format Rahmenart*> auf und ordnen dem Rahmen *Unten* einen durchgezogenen Strich zu.

- Damit die Tabelle zentral den Bildschirm einnimmt, fügen Sie am oberen Rand eine Zeile und am linken Rand eine Spalte hinzu mit: <*Bearbeiten Leerfelder*> (vorherige Markierung des Spalten- bzw. Zeilenkopfs nicht vergessen !).

☞ Wenn Sie das alles noch zu stark an ein Arbeitsblatt erinnert, lassen Sie über <*Optionen Bildschirmanzeige*> die Spalten- und Zeilenköpfe verschwinden. In der Dialog-Box von <*Optionen Arbeitsbereich*> können Sie entscheiden, ob Bildlaufleisten, Status-, Bearbeitungszeile etc. angezeigt werden sollen oder nicht.

Im Arbeitsblatt zeichnen und mit Objekten umgehen

Muster wurden vorgestellt als Gestaltungselement für Feldschraffuren und -farben. Muster bestimmen auch das Aussehen von Zeichnungen und Objekten.

In der Symbolleiste sind sind die verfügbaren Elemente zum Zeichnen aufgeführt.

Die Symbole für Objekte finden Sie ebenfalls in der Symbolleiste.

Im folgenden lernen Sie einen Ausschnitt kennen von all den Rechtecken, Kreisen und Ovalen, den Strichen, Pfeilen und Bögen, die man mit den unterschiedlichsten Mustern in ein Arbeitsblatt zeichnen kann. Und Sie werden sehen, was Objekte überhaupt sind, wie sie gebaut werden. Damit lassen Sie die engen Feldstrukturen des Arbeitsblattes endgültig hinter sich.

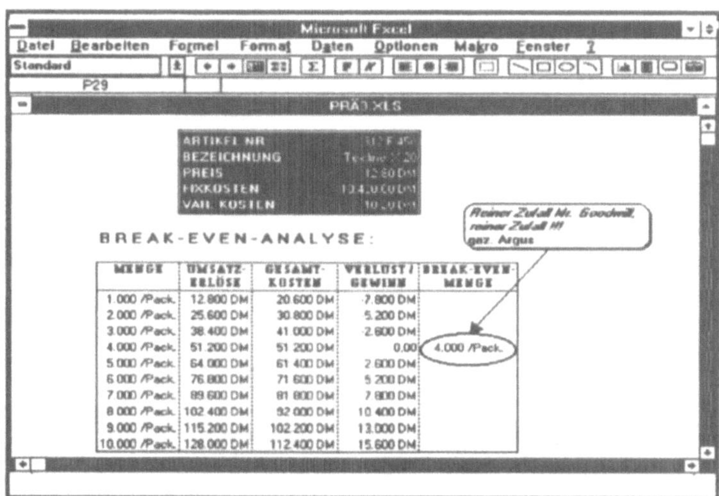

MENGE	UMSATZ-ERLÖSE	GESAMT-KOSTEN	VERLUST / GEWINN	BREAK-EVEN-MENGE
1.000 /Pack.	12.800 DM	20.600 DM	-7.800 DM	
2.000 /Pack.	25.600 DM	30.800 DM	-5.200 DM	
3.000 /Pack.	38.400 DM	41.000 DM	-2.600 DM	
4.000 /Pack.	51.200 DM	51.200 DM	0,00	4.000 /Pack.
5.000 /Pack.	64.000 DM	61.400 DM	2.600 DM	
6.000 /Pack.	76.800 DM	71.600 DM	5.200 DM	
7.000 /Pack.	89.600 DM	81.800 DM	7.800 DM	
8.000 /Pack.	102.400 DM	92.000 DM	10.400 DM	
9.000 /Pack.	115.200 DM	102.200 DM	13.000 DM	
10.000 /Pack.	128.000 DM	112.400 DM	15.600 DM	

Abb. 5-3: Zeichnen im Arbeitsblatt und Objekte

Zeichnen im Arbeitsblatt und Textobjekt

Aufgabe: Die Break-Even-Menge von 4000 soll hervorgehoben und zu diesem Zweck mit einer Ellipse umrandet werden.

VORGEHEN: EINE ELLIPSE ZEICHNEN UND IM MUSTER BESTIMMEN

- Klicken Sie in der Symbolleiste auf das Ellipsensymbol. Der Mauszeiger wird zu einem kleinen Kreuz (+).

- Führen Sie den Zeiger zur Break-Even-Menge, drücken die Maustaste und ziehen um die 4000 eine Umrandung. Sobald Sie die Maus loslassen entsteht eine Ellipse, die allerdings die Break-Even-Menge überdeckt.

- Mit einem Doppelklick auf die Markierung der Ellipse (kleine Quadrate am Rand) oder dem Befehl *<Format Muster>* öffnen Sie eine Dialog-Box, in der Rahmen und Muster bestimmt werden können.

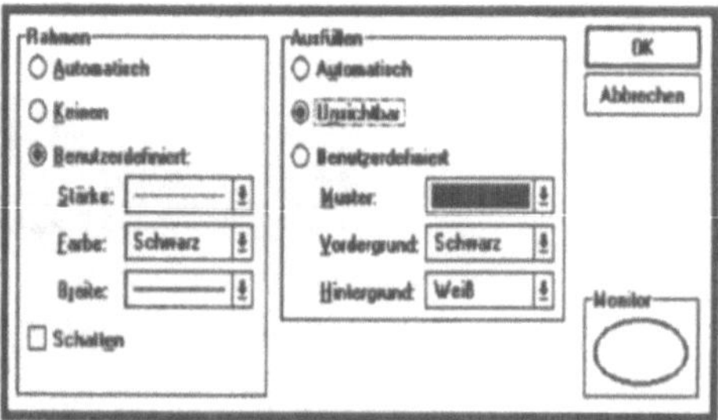

Dialogbox Rahmen/Muster

- Bestimmen Sie Stärke, Farbe und Breite des Rahmens. Im Feld *Monitor* sehen Sie die Voranzeige.

- Soll die Break-Even-Menge sichtbar werden, darf die Ellipse mit keinem Muster ausgefüllt werden. Klicken Sie deshalb auf die Option '*Unsichtbar*'.

- Nach der Bestätigung mit <*OK*> sehen Sie die Ellipse als Rand. Nutzen Sie die Markierung, um die Umrandung richtig anzupassen.

+

Wenn der Zeiger auf einem der Quadrate eine +-Form annimmt, kann der Rand durch Ziehen vergrößert/verkleinert werden. Wenn der Zeiger ein Pfeil ist, kann die gesamte Umrandung bewegt werden.

☞ Der Rand passt sich automatisch an, wenn das Feld vergrößert wird. Bei Einfügen von Spalten/Zeilen bleibt der Rand mit dem Feld verbunden. Diese Einstellungen finden Sie unter <*Format Objektposition*>.

✎ Objekte markieren

Genau wie Felder müssen Objekte vor der Bearbeitung ausgewählt, d.h. mit einem Klick markiert werden. Soll die Markierung verschwinden, klicken Sie auf ein beliebiges Feld.

Wie Sie gesehen haben, werden Muster für Feldschraffuren, aber auch für gezeichnete Objekte bestimmt. Je nach dem, ob Sie ein Feld oder ein Objekt bearbeiten, zeigt Ihnen EXCEL die entsprechende Dialog-Box zum Befehl <*Format Muster*>. Selbst die Muster für die verschiedenen Objekte sind unterschiedlich.

<u>Aufgabe</u>: Ein Pfeil auf die umrandete Break-Even-Menge soll die Aufmerksamkeit auf diesen Punkt richten.

VORGEHEN: EINEN PFEIL ZEICHNEN

- Klicken Sie in der Symbolleiste auf das Liniensymbol. Der Mauszeiger wird zu einem kleinen Kreuz (+).

- Führen Sie den Zeiger ins Arbeitsblatt, drücken Sie die Maustaste und ziehen Sie eine Linie bis zur Umrandung.

- Am Anfang und Ende der Linie finden Sie die Markierungs-Quadrate, mit denen Sie Größe und Richtung der Linie verändern können.

- Um die Linie zum Pfeil zu machen, öffnen Sie mit einem Doppelklick auf die Markierung die Dialog-Box zum Muster.

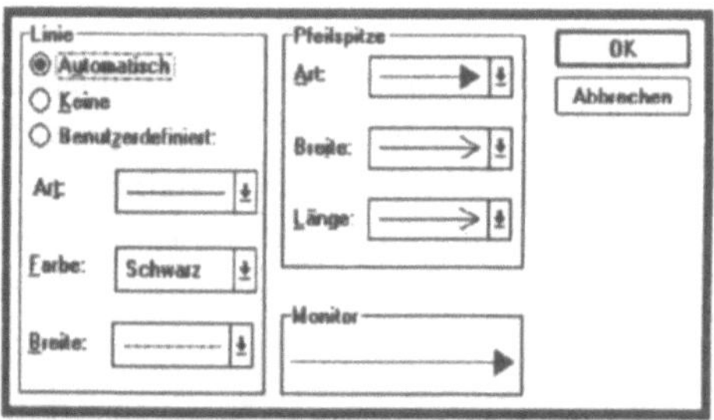

In der Dialogbox versehen Sie die Linie mit einer Pfeilspitze

- Bestimmen Sie in den linksstehenden Listen Art, Farbe und Breite der Linie. Den rechts angezeigten Listen entnehmen Sie Art, Breite und Länge der Pfeilspitze.

Textobjekte

Bislang hatten wir es mit gezeichneten Objekten zu tun. Es lassen sich darüberhinaus zweckgebundene Objekte einbinden, die Text und Grafiken zum Inhalt haben. Im folgenden wird ein Textobjekt eingebunden, um Überschriften und Kommentare nicht mehr an die Feldstruktur zu binden.

Aufgabe: Zur umrandeten Break-Even-Menge soll ein Kommentar die Aussagekraft der Gewinnschwelle verdeutlichen.

VORGEHEN: EIN TEXTOBJEKT EINBINDEN

- Klicken Sie in der Symbolleiste auf das Symbol für ein Textobjekt. Der Mauszeiger wird zu einem kleinen Kreuz (+).

- Führen Sie den Zeiger an die Stelle des Arbeitsblattes, an der das Textobjekt eingerichtet werden soll.

- Öffnen Sie das Objekt, indem Sie mit gedrückter Maustaste ziehen und lassen Sie die Maustaste bei entsprechender Größe los.

- Schreiben Sie für Ihren Mitarbeiter Mr. Goodwill einen kommentierenden Text zur Break-Even-Menge.

- Um Muster, Schriftart und Textausrichtung zu bestimmen, wählen Sie zuerst das Objekt mit einem Klick aus.

- Mit einem Doppelklick rufen Sie die Dialog-Box zum Muster des Textobjektes auf.

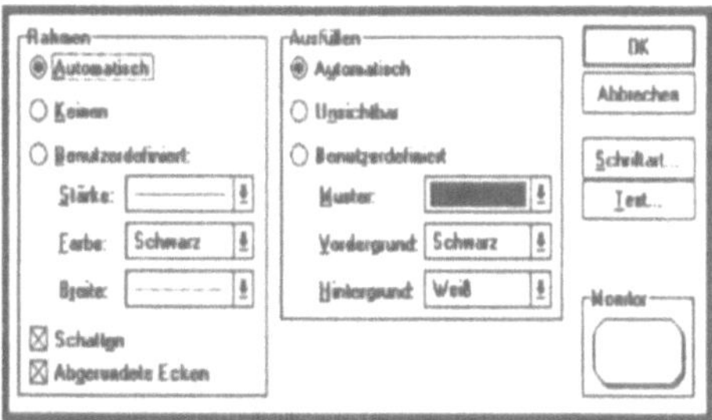

Dialogbox Textobjekt/Muster

- Nachdem Sie den Rahmen mit abgerundeten Ecken und Schatten ausgestattet haben, können Sie gleich über die Schaltfläche *Schriftart* zur Dialog-Box für die Schrift übergehen.

- Wählen Sie die Schrift (hier: 8er-Helvetica, fett) und gehen Sie über die Schaltfläche Text zur Dialog-Box für die Textausrichtung über. Neben den normalen Ausrichtungen finden Sie Möglichkeiten zur horizonalen wie vertikalen Ausrichtung, zum Bestimmen der Textrichtung und zur automatischen Anpassung des Rahmens an den Text.

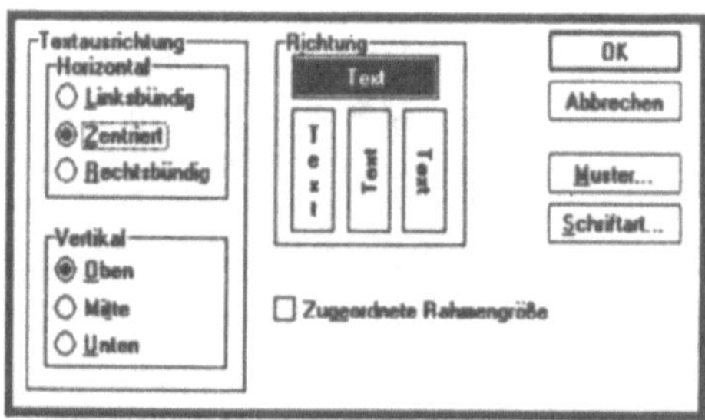

Dialogbox Text

Grafikobjekte und Objektgruppen

Zweckgebundene Objekte können Texte, Grafiken und Tabellen beinhalten und miteinander verbunden, gruppiert werden. Daraus ergeben sich Gestaltungsmöglichkeiten, die unabhängig geworden sind von der Feldstruktur des Arbeitsblattes.

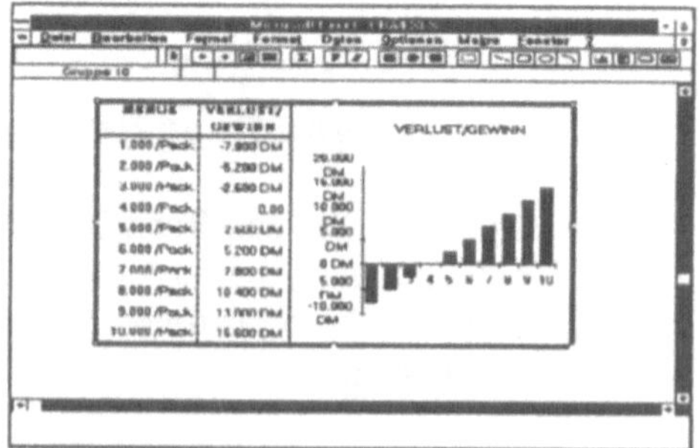

Abb. 5-4: Grafik- und Tabellenobjekte kombinieren und gruppieren

Aufgabe: Die Mengen- und die Verlust/Gewinn-Spalte sollen zur Präsentation neben ein Diagramm gestellt werden, das den Gewinnverlauf grafisch darstellt.

VORGEHEN: TABELLEN- UND GRAFIKOBJEKTE ERSTELLEN UND GRUPPIEREN

Tabellen-Objekte

- Markieren Sie die Mengenspalte von der Überschrift bis zu 10000.
- Klicken Sie in der Symbolleiste auf den Photoapparat und Sie werden aus den markierten Feldern ein Objekt machen.
- Klicken Sie auf die Position (Feld), an der das "Photo" positioniert werden soll.
- Die gleiche Prozedur führen Sie jetzt für die Spalte Verlust/Gewinn durch und plazieren dieses Objekt neben das erste.

Grafik-objekte

- Um den grafischen Verlauf des Gewinns festzuhalten, markieren Sie wieder die Verlust/Gewinn-Spalte.
- Klicken Sie auf das Grafik-Symbol in der Symbolleiste.
- Führen Sie den Zeiger neben die beiden ersten Objekte.
- Öffnen Sie das Objekt, indem Sie mit gedrückter Maustaste nach rechts unten ziehen und lassen die Maustaste bei entsprechender Größe los.

  Die Verlust/Gewinn-Zahlen werden sofort umgesetzt in ein Diagramm !
- Vergrößern Sie die Grafik so weit, daß der Gewinnverlauf erkennbar wird und positionieren Sie - mit entsprechender Vergrößerung - die beiden Tabellenobjekte direkt daneben. Die Schriftgröße der Tabellen paßt sich automatisch an.

- Wenn alle drei Objekte präzis nebeneinander stehen, wählen Sie das Rechteck-Symbol in der Symbolleiste und ziehen einen Rahmen um alle drei Objekte.

  Um die Anordnung der 4 Objekte (2 Tabellenphotos, 1 Diagramm, 1 rechteckiger Rahmen) zu wahren, werden sie zu einem einzigen Objekt verschmolzen.

- Mit Hilfe des punktierten Rechtecks in der Symbolleiste können mehrere Objekte gleichzeitig ausgewählt werden. Ziehen Sie ein Rechteck um alle 4 Objekte. Auf diese Art sind die eingekreisten Objekte ausgewählt.

- Wählen Sie im <*Format*>-Menü den Befehl <*Gruppieren*>. 4 Objekte werden zu einem. Mit <*Format Gruppe auflösen*> löst sich die Gruppe wieder in Einzelobjekte auf.

Natürlich ist es so, daß die Neuberechnung aufgrund neuer Daten eine Aktualisierung auch der Objekte nach sich zieht. Führen Sie die Break-Even-Analyse für einen anderen Artikel durch und Sie werden sehen, daß sich die Tabellenphotos ebenso neu berechnen wie die Grafik.

◁▶ I-6 In puncto Grafik wird es selbstverständlich nicht bei diesem kargen Schnelldiagramm bleiben. Welche Optionen EXCEL im Diagramm-Teil für Sie bereit hält, erfahren Sie im nächsten Kapitel.

Erst einmal werden im Folgeabschnitt die Techniken beschrieben, Ihre Bildschirmpräsentation zu Papier zu bringen.

5.2 Ausdruck von Tabellen

Nachdem Sie so viel Zeit investiert haben, Ihre Tabellen zu erstellen, zu berechnen und auf dem Bildschirm zu präsentieren, ist es Zeit für deren Ausdruck. Eine Tabelle kann während ihrer Bearbeitung gedruckt werden oder nachdem sie gespeichert wurde, sie kann als Ganzes oder in Teilen zu Papier gebracht werden, sie kann als Entwurf schnell ausgegeben werden oder als Präsentation mit allen zugehörigen Layouteinstellungen. Vom Nadel- bis zum Postscript-Drucker und Plotter unterstützt EXCEL eine Vielzahl von Ausgabegeräten. Diese und noch andere Möglichkeiten der Druckausgabe werden Ihnen nachfolgend vorgestellt - von der einfachen Druckausgabe bis zu Techniken einer umfassenden Layoutgestaltung.

Die Drucktechniken werden exemplarisch anhand der Break-Even-Tabelle gezeigt.

Eine Musterlösung finden Sie auf der Übungsdiskette unter dem Namen BREAK5.XLS gespeichert.

Einfache Druckausgabe der gesamten Tabelle

Wir gehen davon aus, daß ein oder mehrere Drucker während der Installation von WINDOWS angegeben wurden und die entsprechenden Druckertreiber zur Verfügung stehen.

Falls nicht, lesen Sie bitte im Abschnitt "Drucker installieren" nach, wie neue Drucker hinzugefügt werden.

Druck-Basistechniken

Wenn der Drucker angeschlossen und eingeschaltet sowie die zu druckende Datei geöffnet ist, können Sie mit dem Druck beginnen. Der Ausdruck von Tabellen erfolgt über den Befehl

<*Drucken*> im <*Datei*>-Menü.

VORGEHEN: AUSDRUCK DER GESAMTTABELLE

- Rufen Sie den Befehl <*Datei Drucken*> auf. EXCEL zeigt Ihnen eine Dialog-Box für den eingestellten Standarddrucker an.

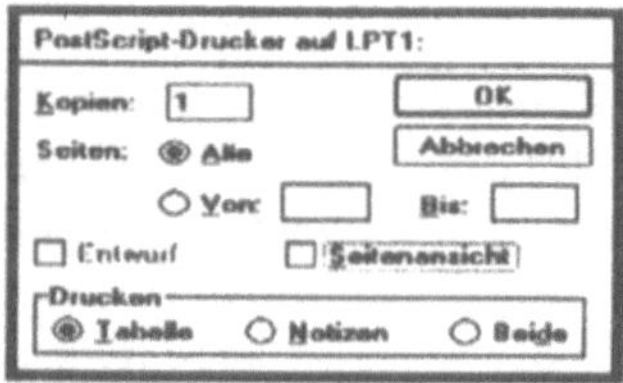

Drucker-Dialogbox

- Einstellen können Sie, wie oft die Tabelle gedruckt werden soll, ob alle Seiten oder nur bestimmte, und ob diese Seiten in Entwurfs- oder gleich in Präsentationsqualität ausgegeben werden.

- Mit <*Ok*> wird Ihr Druckauftrag gestartet.

- Um zeitraubende Fehldrucke zu vermeiden, lohnt es, die Option '*Seitenansicht*' zu wählen. Sie erhalten eine Layout-Kontrolle und können bei Einverständis mit einem Klick auf die Schaltfläche '*Drucken*' starten oder vor Ausdruck Änderungen im Layout oder im Druckbereich vornehmen.

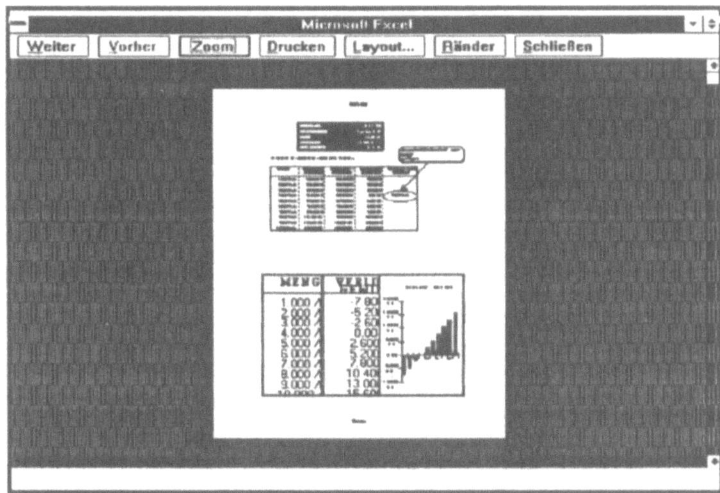

Abb. 5-5: Layoutkontrolle über die Seitanansicht

Layoutkontrolle

Wenn Sie von vornherein eine Layoutkontrolle einbeziehen, können Sie auch einen anderen Weg gehen. Rufen Sie als Erstes den Befehl <*Datei Seitenansicht*> auf und starten Sie bei Einverständnis den Druckvorgang über die Schaltfläche '*Drucken*'.

Die Layoutkontrolle zeigt, daß EXCEL zunächst alle Tabellen der Datei mit den Drucker-Standardeinstellungen zum Ausdruck anbietet. Teile der Tabelle, die nicht mehr auf die Seite passen, werden automatisch auf die Folgeseiten verschoben. Wenn die Tabelle auf mehrere Seiten verteilt wird, kann mit den Schaltflächen '*Weiter*' und '*Vorher*' vor- und zurückgeblättert werden.

✎ Lupe und Zoom

Die Tabelle wird so klein angezeigt, damit die Aufteilung auf dem Papier deutlich wird. Um sich an bestimmte Felder zu erinnern kann mit Hilfe der Lupe (Klick) oder der Schaltfläche '*ZOOM*' die Anzeige vergrößert und wieder verkleinert werden.

Druck-Manager oder Spooler

Sie können mehrere Druckaufträge nacheinander starten und dennoch sofort die Bearbeitung Ihrer Tabelle fortsetzen. Die Verwaltung der Druckjobs übernimmt ein Druck-Manager (Spooler). Der Spooler wird automatisch aufgerufen - es sei denn, Sie hätten das über die Drucker-Systemsteuerung ausgeschlossen. Normalerweise verwaltet der Spooler ihre Druckaufträge in einer Warteschlange, ohne daß Sie eingreifen müssen.

Lediglich wenn ein abgebrochener Druckvorgang wieder aufgenommen werden soll, können Sie per Doppelklick auf das Spooler-Symbol den Druck-Manager anweisen, den Druckvorgang fortzusetzen.

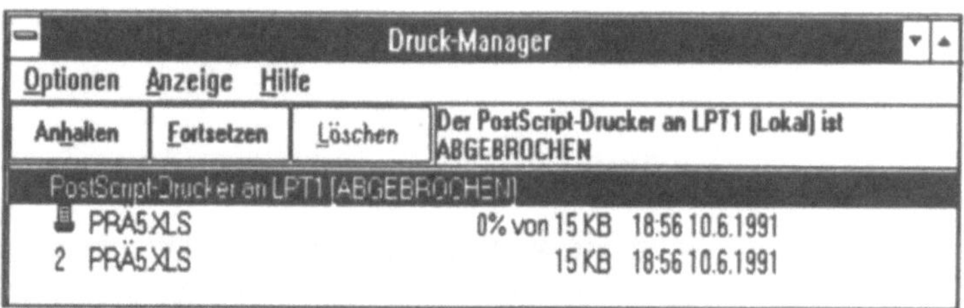

Abb.5-6: Im Druck-Manager werden abgebrochene Druckvorgänge fortgesetzt

☞ Es kann vorkommen, daß ein Druckvorgang aufgrund einer Störung (z.B. kein Papier, Drucker nicht eingeschaltet usw.) abgebrochen wurde. Wenn der Druckauftrag nicht von alleine wieder aufgenommen wird, weisen Sie die Fortsetzung im Spool-Programm an! Starten Sie den Druck nicht noch einmal, er würde nur zum zweiten Mal in die Warteschlange gesetzt (s.o.), ohne daß sich der Druck fortsetzte.

In den meisten Fällen werden Sie sich nicht mit dem Sofortangebot von EXCEL zufrieden geben und besondere Druckbereiche, Seitenumbrüche, Randeinstellungen, Hoch- oder Querformat, Kopf- und Fußzeilen etc. selbst bestimmen wollen. Darum geht es in den folgenden Abschnitten.

Druckbereich und manueller Seitenumbruch

Um bestimmte Druckbereiche und manuelle Seitenumbrüche einzurichten, greifen Sie auf Druckbefehle im <*Optionen*>-Menü zurück.

Druckbereich

Die erste Entscheidung, die Sie zu treffen haben ist, ob Sie das gesamte Arbeitsblatt drucken wollen oder nur Teile daraus. Für die Ausgabe von bestimmten Bereichen müssen diese festgelegt werden. Objekte zählen mit zum markierten Bereich und werden nicht speziell markiert.

Aufgabe: Der Bereich der Dateneingabe und die Break-Even-Tabelle sollen ausgedruckt werden.

VORGEHEN: DRUCKBEREICH BESTIMMEN

- Markieren Sie den Bereich, der ausgedruckt werden soll:B2:Φ29.
- Wählen Sie den Befehl <*Optionen Druckbereich festlegen*>.

Nach diesem Befehl merkt sich EXCEL den Druckbereich und legt dafür den vorgeschriebenen Namen "Druckbereich" an, was Sie mit dem Befehl <*Formel Namen festlegen*> kontrollieren können (dort können Sie auch den Druckbereich löschen). Zudem werden automatisch Seitenumbrüche angelegt, die Sie im Arbeitsblatt an den gestrichelten Linien erkennen.

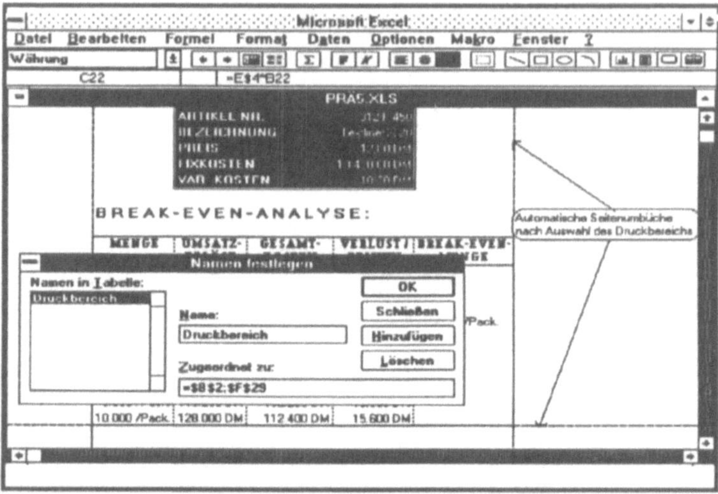

Abb. 5-7: Der Druckbereich wird von EXCEL automatisch als Name festgelegt.

EXCEL erlaubt nur jeweils einen Druckbereich. Mehrere Druckbereiche müssen nacheinander festgelegt werden, wobei der alte automatisch überschrieben wird.

Manueller Seitenumbruch

Die automatischen Seitenumbrüche entprechen nicht immer unseren Vorstellungen. Mit manuellen Seitenumbrüchen bestimmen Sie, welcher Teil der Tabelle auf welcher Seite gedruckt wird.

VORGEHEN: MANUELLE SEITENUMBRÜCHE

- Wählen Sie die Position aus, an der der Seitenumbruch erfolgen soll.
- Durch den Befehl <*Optionen Seitenwechsel festlegen*> werden oberhalb des Feldes und links davon Seitenumbrüche eingezogen.

Über die Seitenansicht können Sie kontrollieren, daß EXCEL

den von Ihnen festlegten Druckbereich mit den Seitenumbrüchen zum Ausdruck anbietet.

Seiten-Layout

Ohne weitere Optionen würde EXCEL für den Ausdruck auf die Standardeinstellungen für Ränder, Papiergröße sowie Kopf- und Fußzeilen zurückgreifen. Zwei Wege führen zu den Layout-Optionen:

- über den Befehl <*Datei Layout*>, der Ihnen eine entprechende Dialog-Box anzeigt;
- über den Befehl <*Datei Seitenansicht*> und die Schaltfläche <*Layout*>, der zur gleichen Dialog-Box führt.

In Bildschirm der Seitenansicht laufen alle Drucktechniken zusammen und unterstützen so ein durchgehendes Verfahren. Beschrieben wird von daher der Weg über die Seitenansicht.

VORGEHEN: SEITEN-LAYOUT FESTLEGEN

- Wählen Sie den Befehl <*Datei Seitenansicht*>. Angezeigt wird Ihnen der Druckbereich mit Standard-Layouteinstellungen.

- Durch einen Klick auf die Schaltfläche '*Ränder*' werden sowohl die Seitenränder als auch die Spaltenbreiten eingezogen.

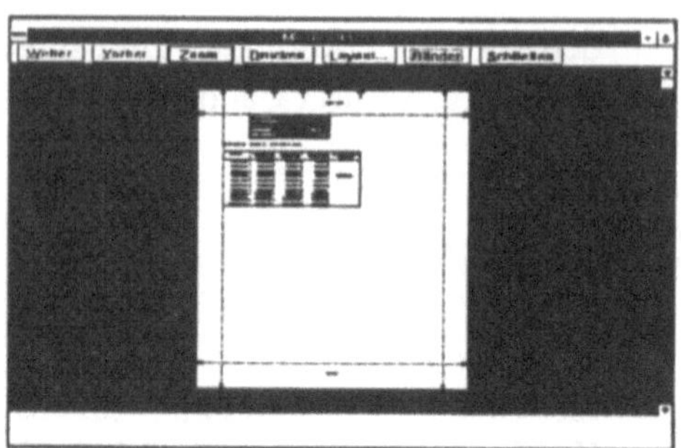

In der Seitenansicht können Seitenränder und Spaltenbreiten verändert werden

✎ Ränder

- Mit der Maus - Zeiger wird zum Links-Rechts-Pfeil - können Sie die Seitenränder durch Ziehen verkleinern oder vergrößern. Selbst die Spaltenbreiten lassen sich so verändern. EXCEL passt die neuen Einstellungen sofort an.

- Über die Schaltfläche '*Layout*' kommen Sie zur Dialog-Box, in der die veränderten Randeinstellungen bereits angezeigt werden.

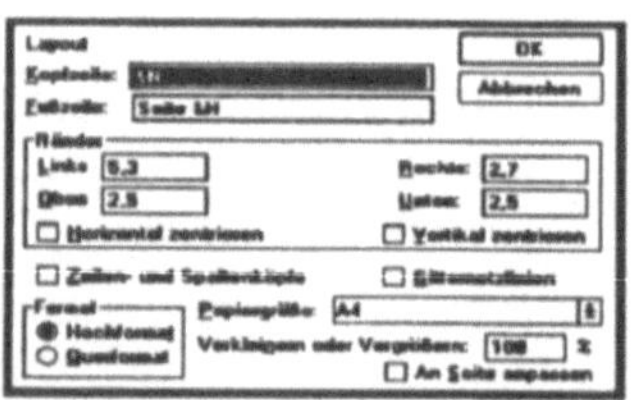

Layout-Dialogbox

◁▶ II–9

- Als Kopfzeile wird das aktuelle Datum linksbündig eingestellt (Code:&L&D). Als Fußzeile wird linksbündig die "Abt.:Controlling", zentriert der Dateiname (Code:&Z&N) und rechtsbündig der "Bearbeiter: H.Goodwill" ausgegeben.

- Der Ausdruck von Zeilen- und Spaltenköpfen sowie Gitternetzlinien ist für unsere schöne Tabelle überflüssig und wird nicht angekreuzt.

- Durch einen Klick wird das automatische Zentrieren der Tabelle - horizontal wie vertikal - angekreuzt.
- Zudem wurde der Ausdruck im Querformat festgelegt.

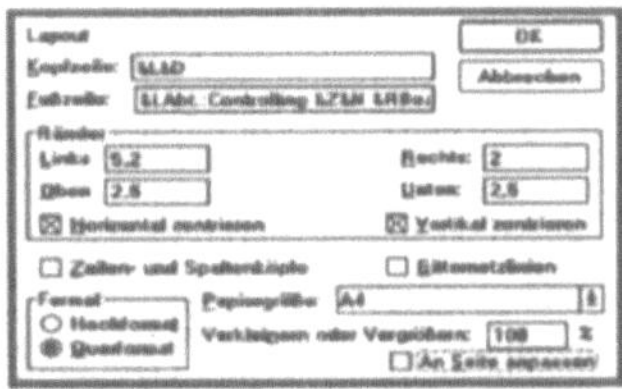

Das Layout der Taelle wird festgelegt

- Bestätigen Sie Ihre Einstellungen mit *<OK>* und sofort wird Ihnen die Layoutkontrolle den Erfolg Ihrer Bemühungen zeigen.

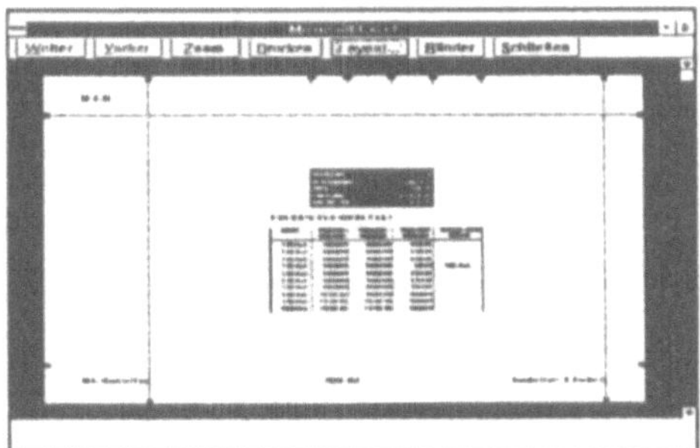

Abb. 5-8: Seitenansicht nach den Layout-Einstellungen

☞ Die Möglichkeit, Tabellen zu vergrößern, zu verkleinern oder die Größenanpassung EXCEL zu überlasssen, besteht nicht bei allen Druckern. Die Optionen werden dann grau angezeigt und stehen nicht zur Wahl.

Drucker-Installation und -Standardeinstellungen

EXCEL setzt Ihre Druckeinstellungen in Anweisungen an den speziellen Drucker um. Damit der Drucker diese Anweisungen versteht, wird zur Vermittlung ein Programm zwischengeschaltet, das als Druckertreiber bezeichnet wird. Jedem Druckertreiber sind Standard-Druckeinstellugen (Papiergröße, Format etc) zugeordnet, die Sie über EXCEL einsehen und verändern können. Normalerweise geben Sie während der Installation von WINDOWS den oder die von Ihnen eingesetzten Drucker an und die Druckertreiber werden von der Diskette kopiert und sind verfügbar.

Sollte kein Drucker angegeben worden sein oder ein weiterer Drucker hinzugefügt werden, müssen Sie den Drucker installieren.

Drucker installieren

Um im nachhinein einen Drucker zu installieren, einen neuen Drucker hinzuzufügen oder die Druckeranschlüsse zu ändern, gehen Sie über die Systemsteuerung.

VORGEHEN: NEUE DRUCKER HINZUFÜGEN

- Im <*Anwendungs-System*>-Menü wählen Sie den Befehl <*Ausführen*>.

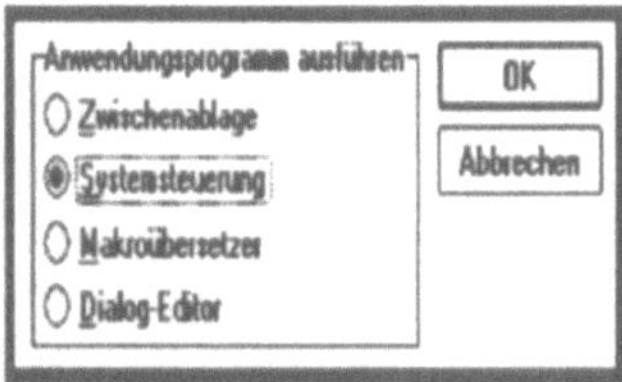

Dialogbox im <System>-Menü von EXCEL

- Die Option '*Systemsteuerung*' ruft das WINDOWS-Fenster für die Systemsteuerung auf. Mit einem Doppelklick auf das Drucker-Symbol öffnen Sie die Dialog-Box.

- Es werden Ihnen die bereits installierten Drucker mit den Anschlüssen angezeigt.

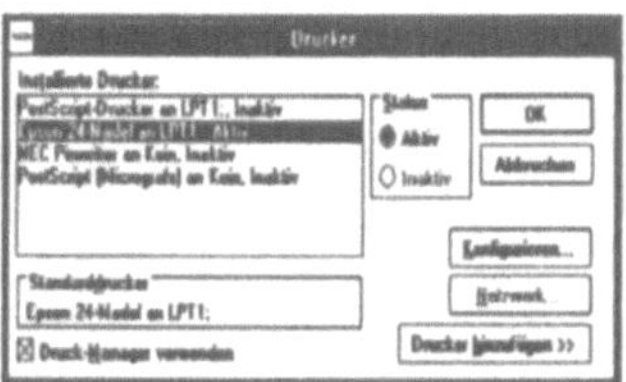

In der Drucker-Dialogbox werden die installierten Drucker mit den Anschlüssen angezeigt

- Wenn Sie auf die Schaltfläche '*Drucker hinzufügen*' klicken, wird Ihnen eine Liste der Drucker angezeigt.

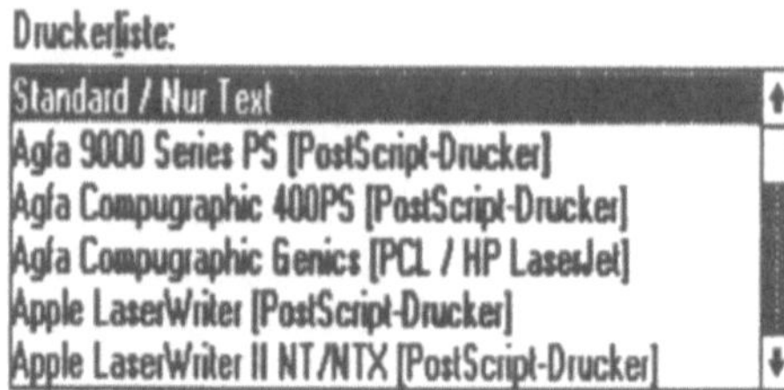

Druckerliste

- Wählen Sie den Namen Ihres neuen Druckers aus dieser Liste und klicken Sie auf die Schaltfläche '*Installieren*'.
- Sie werden aufgefordert die Einrichtungsdiskette 5 mit den Druckertreibern in das Diskettenlaufwerk A: einzulegen.
- Nachdem der Druckertreiber von der Diskette kopiert wurde, klicken Sie auf die Schaltfläche '*Konfigurieren*'.

Den Anschluß für den neuen Drucker festlegen

- Wählen Sie die Druckerschnittstelle für den Drucker aus der Liste der Anschlüsse (LPT1, LPT2,...) aus und bestätigen Sie mit <*OK*>.
- Der neue Drucker mit dem gewählten Anschluß wird in die Liste der installierten Drucker aufgenommen und Sie müssen nur noch einstellen, ob dieser Drucker aktiv oder inaktiv sein soll. Beenden Sie die Installation mit <*OK*>.

Druckeranschlüsse ändern

Über die gleiche Dialog-Box nehmen Sie auch Änderungen der Anschlüsse für bereits installierte Drucker vor.

VORGEHEN: DRUCKERANSCHLÜSSE ÄNDERN

- Wählen Sie unter den installierten Druckern den Namen des Druckers aus, für den der Anschluß geändert werden soll.
- Klicken Sie auf die Schaltfläche '*Konfigurieren*'.
- Wählen Sie die Druckerschnittstelle aus der Liste der Anschlüsse (LPT1, LPT2,...) aus und bestätigen Sie mit <*OK*>.
- Wenn Sie zwei Drucker an einen Anschluß legen, müssen Sie einen als aktiv, den oder die anderen als inaktiv einstellen.

Nachdem alle Einstellungen vorgenommen wurden, kann die Systemsteuerung geschlossen werden.

Druck-Standardeinstellungen

Layout

Wenn Sie nicht fortlaufend die Druckereinstellungen über das Layout ändern, ist es sinnvoll, vor dem Ausdruck Ihrer Tabelle einige Standardeinstellungen vorzunehmen bzw. zu überprüfen. Im EXCEL-Menü finden Sie dazu den Befehl <*Datei Druckerkonfiguration*>.

VORGEHEN: DRUCKER EINRICHTEN

- Wählen Sie den Befehl <*Datei Druckerkonfiguration*> und Sie erhalten die Liste der installierten Drucker.

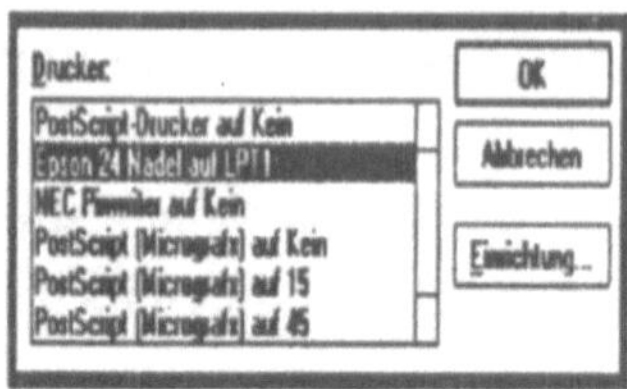

Liste der installierten Drucker

Nach Auswahl des Druckers bestätigen Sie entweder mit <*OK*> oder nehmen weitere Standardeinstellungen vor.

- Über die Schaltfläche '*Einrichtung*' wird eine Dialog-Box aufgerufen, in der Sie die Standardeinstellungen für den Ausdruck festlegen.

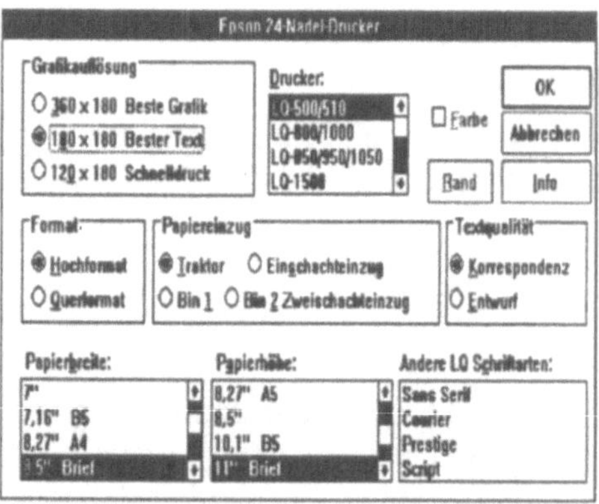

Festlegen der Standard-Einstellungen

Für jeden Druckertyp wird eine spezielle Dialog-Box mit den möglichen Einstellungen angezeigt.

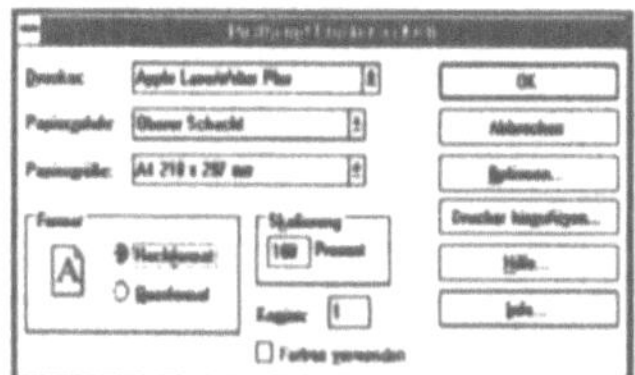

- Wählen Sie den speziellen Drucktyp, die Papiergröße und das Druckformat (Hoch- oder Querformat) aus. Die Standard-Papiergrößen richten Sie individuell über die Optionen '*Papierbreite*' und '*Papierhöhe*' aus.

- Bestätigen Sie Ihre Einstellungen mit <*OK*> oder <*Return*>, um mit dem Ausdruck zu beginnen.

6

Diagramme erstellen, präsentieren, drucken

Dieses Kapitel vermittelt

- *die Grundlagen, um Diagramme zu erstellen, Beschriftungen mit Hilfe der Diagramm-Menüs einzufügen und Grafiken in Präsentationsqualität aufzubereiten;*
- *die verschiedenen Techniken, um aus jeder beliebigen Tabelle das gewünschte Diagramm zu erstellen;*
- *eine Übersicht über die Grafiktypen und deren Funktion;*
- *wie Diagramm-Dateien gespeichert, geschützt und geöffnet werden, wie mit Mustervorlagen zur Übernahme von Formaten gearbeitet wird und wie Diagramme in verschiedener Größe zu drucken sind.*

Im ersten Abschnitt werden Ihnen anhand der Break-Even-Tabelle die Basistechniken zum Erstellen und Formatieren von Diagrammen vorgestellt. Die Formate sind so gewählt, daß kein Farbbildschirm vorausgesetzt wird. Der zweite Abschnitt vermittelt Techniken für das Erstellen von Diagrammen über das Standardverfahren hinaus. Unabhängig davon, wie Ihre Tabelle aufgebaut ist, sind Sie danach in der Lage, die jeweils effiziente Technik einzusetzen. Die unterschiedlichen Diagrammtypen und der Ausdruck von Grafiken stehen am Ende des Kapitels.

Wie bereits bei der Präsentation von Tabellen, werden Ihnen eigenes Testen und Experimentieren die Einarbeitung erleichtern.

6.1 Diagramm-Basistechniken

In diesem Abschnitt werden Basistechniken vorgestellt, die Sie jederzeit durch die vielfältigen Angebote von EXCEL bereichern können. Anhand der grafischen Umsetzung der Break-Even-Tabelle in ein Liniendiagramm wird ein Standardverfahren entwickelt.

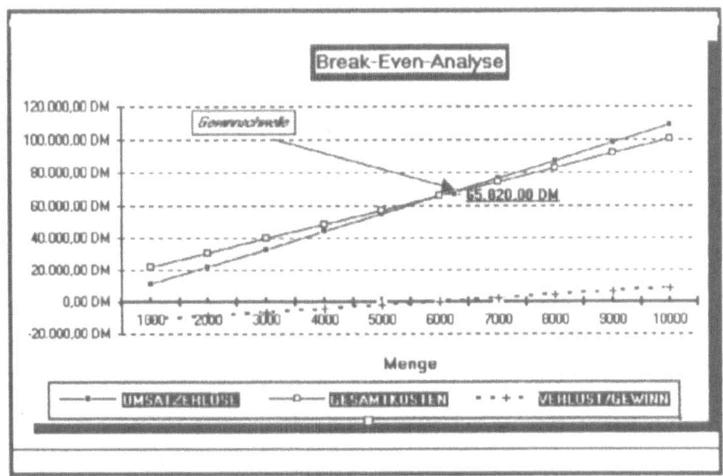

Abb. 6-1: Break-Even-Diagramm - Basistechniken

☞

> EXCEL verwendet für die Achsen der Grafik die Bezeichnungen:
> Rubrikenachse für X-Achse
> Größenachse für Y-Achse

Erstellen eines Diagramms - Standardverfahren

Um ein Diagramm zu erstellen, muß zunächst die entsprechende Tabelle geöffnet werden. Öffnen Sie die Datei mit Ihrer Break-Even-Tabelle.

BREAK4.XLS

Auf der Übungsdiskette finden Sie die Break-Even-Tabelle unter dem Namen BREAK4.XLS gespeichert.

Aufgabe: Die Break-Even-Tabelle soll in ein Diagramm umgesetzt werden, in dem Erlöse und Kosten als Linien dargestellt werden und auf dessen Rubrikenachse die Menge ablesbar ist.

VORGEHEN: EIN DIAGRAMM ERSTELLEN

◁▶ I-6.2

- Markieren Sie - beginnend bei der Menge als Rubrikenachse - den Bereich, der in ein Diagramm umgesetzt werden soll: A18:C28. Die mit ausgewählten Spaltenüberschriften (B18:C18) werden später als Legende erscheinen.

<F11>

- Wählen Sie im *<Datei>*-Menü den Befehl *<Neu>* und die Option '*Diagramm*' oder kurz die Funktionstaste *<F11>*.

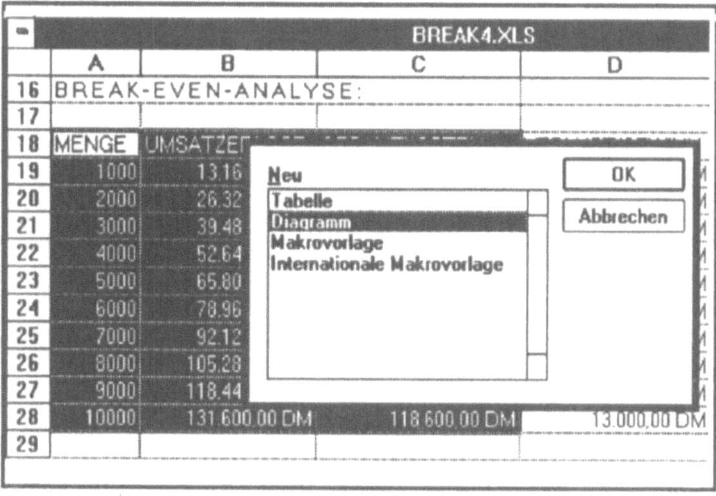

Eine neue Diagrammdatei wird erstellt

- Nach der Bestätigung mit *<OK>* wird eine Dialog-Box angezeigt.

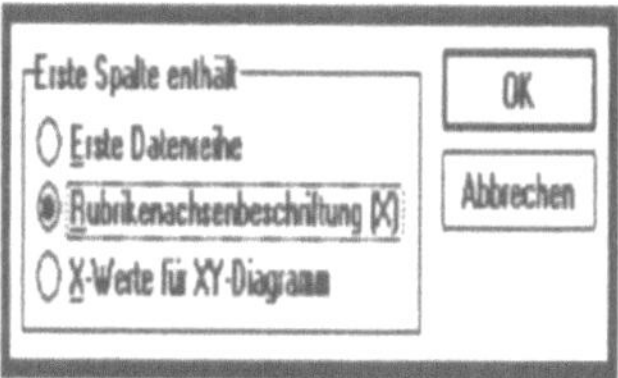

Definition der ersten markierten Spalte

- Teilen Sie EXCEL mit, daß die Menge als erste markierte Spalte die Rubrikenachsenbeschriftung enthält.

Datenreihen

Nach Bestätigung der Option werden die Werte für Erlöse und Kosten als Datenreihen in einem Säulendiagramm angezeigt.

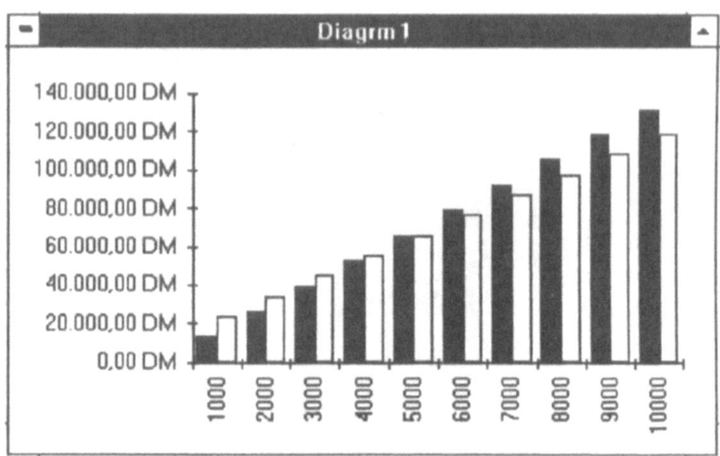

Abb. 6-2: Tabellenwerte werden zuerst in die Diagramm-Vorzugsform umgesetzt

☞ EXCEL übernimmt automatisch alle Zahlenformate (vgl. Achsen) aus der Tabelle!

Nachträglich Datenreihen in das Diagramm kopieren

Bevor wir an die Formatierung des Diagramms gehen, wird gezeigt, wie schnell weitere Tabellenbereiche in ein bestehendes Diagramm zu integrieren sind.

✎ Dateien anordnen

En passent lernen Sie, wie zwei oder mehr Dateien (Tabelle, Diagramm) auf dem Bildschirm angeordnet werden können.

<u>Aufgabe</u>: Die Werte für den Gewinn/Verlust sollen in das Diagramm einbezogen werden.

VORGEHEN: TABELLENBEREICHE KOPIEREN UND IN EIN DIAGRAMM EINFÜGEN

- Um die Angelegenheit zu vereinfachen, lassen Sie zunächst Diagramm und Tabelle auf dem Bildschirm anordnen.

  Wählen Sie im *<Fenster>*-Menü den Befehl *<Alles anordnen>*.

  Die Dateien werden gleichmäßig über den Bildschirm aufgeteilt.

- Welches Dateifenster aktiv ist, sehen Sie am dunkel hinterlegten Dateititel. Mit einem Klick wird die gewünschte Datei aktiviert und der Titelhintergrund wechselt.

- Klicken Sie auf das Tabellenfenster und markieren Sie den Verlust/Gewinn-Bereich D18:D28.

- Wählen Sie den Befehl *<Bearbeiten Kopieren>*.

- Aktivieren Sie mit einem Klick das Diagramm-Fenster und fügen Sie die Datenreihe ein mit *<Bearbeiten Einfügen>* oder kurz mit *<Return>*.

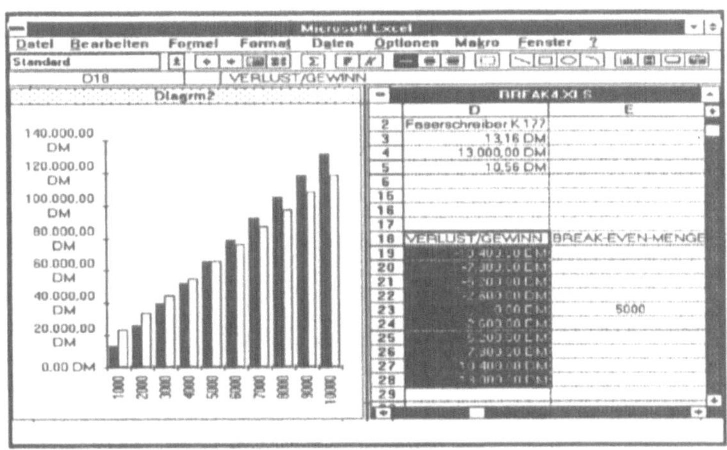

Abb. 6-3: Eine neue Datenreihe wird in das Diagramm kopiert

Durch einfaches Kopieren können Sie Wertebereiche aus der Ausgangs- oder jeder anderen Tabelle in einem Diagramm zusammenfassen.

Aktualisierung von Diagrammen

Diagramme mit EXCEL zu erstellen geht nicht nur schnell, darüber hinaus zeigen die Grafiken immer den aktuellen Stand der Tabelle.

◁▶ I-8.3 Obwohl EXCEL dem Diagramm ein eigenes Datei-Fenster zuordnet, bleiben Tabelle und Diagramm miteinander verknüpft, so daß auf jede Änderung der Tabelle automatisch eine Aktualisierung des Diagrammss erfolgt.

☞ Analog dazu, daß EXCEL mit dem vorläufigen Namen Tab1 für das Tabellenfenster startet, beginnt das Diagramm-Fenster mit dem Titel Diagrm1. Mit jeder neuen Grafik wird dieser Titel hochgezählt (Diagrm2, Diagrm3,...).

Um die Aktualisierung von Tabelle und Diagramm zu prüfen, führen Sie die Break-Even-Analyse für ein anderes Produkt durchführen. Nehmen Sie z.B. die Produktnummer 312 F 144 für Stenostifte und Sie werden sehen, daß die Tabelle neu berechnet wird und das Diagramm sich entsprechend anpaßt.

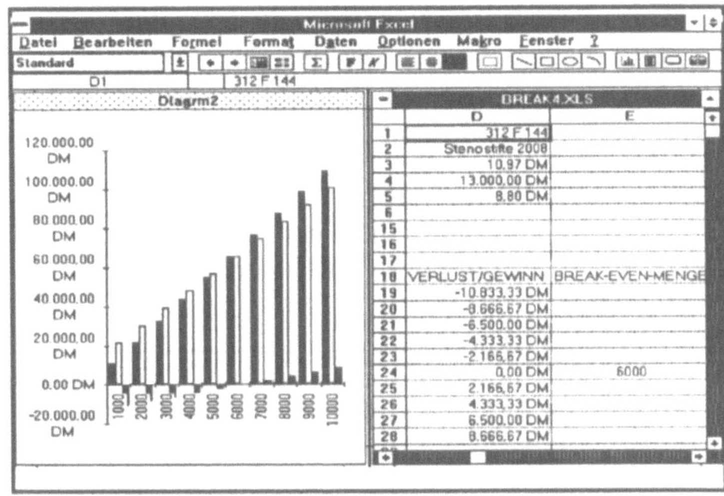

Abb. 6-4: Die Verknüpfung mit der Tabelle führt zur automatischen Aktualisierung des Diagramms

Diagramm-Menü

Dem neu erstellten Diagramm wird nicht nur ein eigenes Datei-Fenster zugewiesen, sondern zur Bearbeitung steht eine veränderte Menüzeile bereit.

Abb. 6-5: Neue Menüs zur Bearbeitung von Diagrammen

Neben den bekannten Menüs finden Sie drei neue: Muster, Diagramm und Format. Ohne ins Detail zu gehen, lassen sich die Menübefehle in ihren Funktionen grob einteilen.

◁▶ I-6.3 <*Muster*>-Menü:

enthält Befehle, die das Muster des Diagramms, d.h. den Grafiktyp festlegen.

<Diagramm>-Menü:

enthält zum größten Teil Befehle, die Beschriftungen und Erklärungen in das Diagramm einfügen und die somit für das Verständnis der Grafik zweckdienlich sind.

<Format>-Menü

enthält Befehle, um Diagramme zu gestalten und in Präsentationsqualität aufzubereiten.

☞ Die Zeichen- und Objektsymbole der Symbolleiste sind im Diagramm-Fenster nicht einsetzbar !

Im Rahmen dieses Abschnitts über die Basistechniken werden Sie ausgewählte Befehle aus jedem der drei Menüs kennenlernen. Die hier gewählte Abfolge, zuerst den Grafiktyp festzulegen, dann die notwendigen Beschriftungen einzufügen und zum Schluß das Diagramm zur Präsentation aufzubereiten ist gleichsam eine Empfehlung, um sich nicht in den Vielfältigkeiten der Gestaltungsangebote zu verlieren.

Muster des Diagramms bestimmen - Grafiktyp

◁▶ I-6.3

Das Säulendiagramm ist sicherlich eine Möglichkeit, den vorliegenden Sachverhalt grafisch darzustellen. Das ist nicht immer so, denn nicht jeder Grafiktyp ist in der Lage, die fachspezifische Fragestellung richtig umzusetzen. EXCEL stellt 5 Grundtypen mit jeweils einer Reihe von Untertypen zur Wahl. Über das *<Muster>*-Menü ist es eine leichte Sache, den Diagrammtyp zu ändern.

Aufgabe: Die Break-Even-Grafik soll als Liniendiagramm mit horizontalem Gitternetz dargestellt werden.

VORGEHEN: DAS DIAGRAMM-MUSTER ÄNDERN

- Klicken Sie auf das <*Muster*>-Menü. Die Grundtypen der Grafik stehen im Pull-Down-Menü zur Wahl. An dem kleinen Häkchen erkennen Sie, daß momentan das Säulendiagramm aktiv ist.

- Klicken Sie auf den Befehl <*Linien*> und es werden die Untertypen des Liniendiagramms angezeigt. Den markierten Untertyp bietet EXCEL als Standard an.

- Wählen Sie mit einem Doppelklick die Nummer 4 mit dem horizontalen Gitternetz.

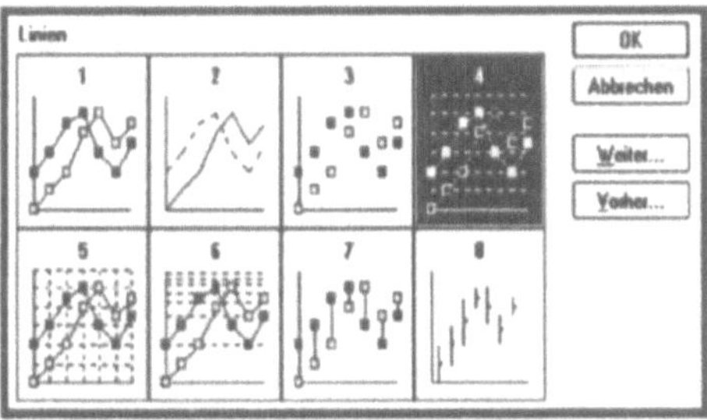

Die Wahl fällt auf ein Liniendiagramm mit Gitternetz

EXCEL zeigt nach dieser Wahl sofort den veränderten Grafiktyp auf dem Bildschirm an.

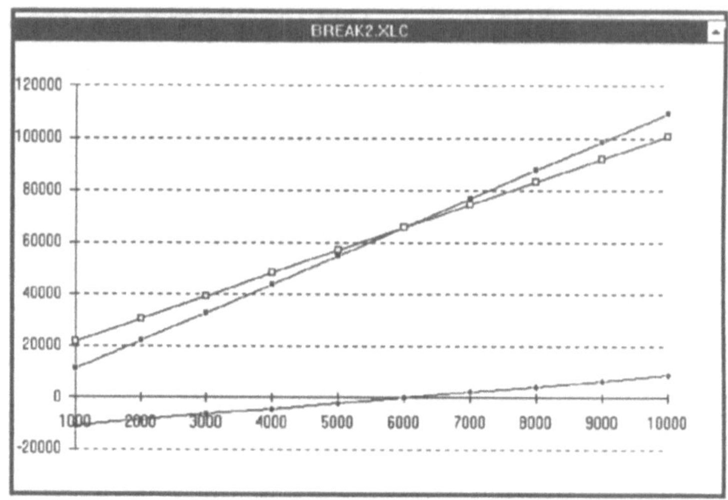

Abb. 6-6: Nach Auswahl des Musters wird sofort der neue Diagrammtyp angezeigt

☞ Neu erstellte Grafiken werden zunächst in der '*Vorzugsform*' dargestellt. Standardmäßig ist das Säulendiagramm als Vorzugsform eingestellt. Über <*Muster Vorzugsform festlegen*> können Sie einen anderen Typ als Vorzugsform bestimmen.

Die grafische Darstellung von Erlösen, Kosten und Gewinn als Linien läßt den Break-Even-Punkt besser erkennen. Verständlich wird die Grafik für Außenstehende aber erst durch erklärende Beschriftungen.

Beschriftungen für die Verständlichkeit des Diagramms zuordnen

Auf den ersten Blick sollte durch eine Legende erkennbar sein, welche Linie welche Werte darstellt. Daß an der Rubrikenachse Mengeneinheiten ablesbar sind, ist für die Analyse von Wichtigkeit. Eine Überschrift und die Hervorhebung der Gewinnschwelle gehören zum Erklärungsstandard.

Befehle zum Einfügen dieser Erklärungen finden Sie im

<*Diagramm*>-Menü.

Aufgabe: Das Diagramm soll durch eine Legende, eine Überschrift und die Bezeichnung der Rubrikenachse aussagekräftiger werden.

VORGEHEN: LEGENDE, TITEL UND ACHSENBEZEICHNUNG IN DAS DIAGRAMM EINFÜGEN

- Rufen Sie das <*Format*>-Menü auf und wählen Sie den Befehl <*Legende einfügen*>.

  Da in der Tabelle die Spaltenüberschriften B18:C18 mit markiert waren, kann EXCEL die Legende sofort einfügen.

- Mit dem Befehl <*Diagramm Text zuordnen*> werden Überschrift und Bezeichnung eingefügt.

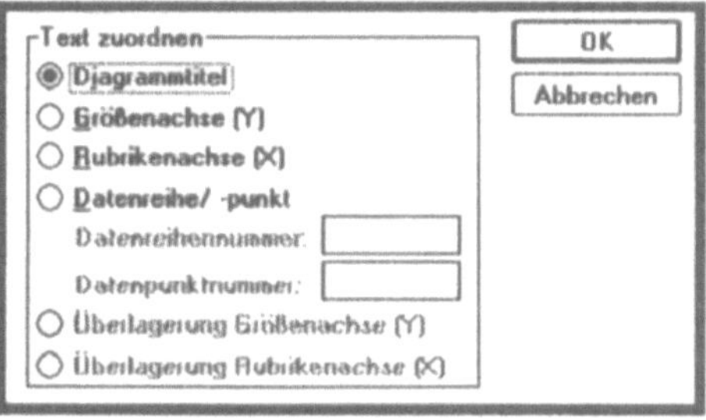

Text zuordnen

- Wählen Sie die Option '*Diagrammtitel*'. Auf dem Bildschirm erscheint über der Grafik die Bezeichnung "Titel", die mit Quadraten markiert ist.

- In der Bearbeitungszeile erscheint ebenfalls der Text "Titel", der sofort verschwindet, wenn Sie als Überschrift "Break-Even-Analyse" eingeben und mit <*Return*> bestätigen.

- Wählen Sie wieder den Befehl <*Diagramm Text zuordnen*>, dieses Mal die Option '*Rubrikenachse*'. Unter der Rubrikenachse wird ein X in Quadraten angezeigt.

- Geben Sie als Bezeichnung der X-Achse ein: "Menge".

✎ Auswahl

Wie bei der Tabelle müssen im Diagramm diejenigen Bereiche, die bearbeitet werden sollen, vorab ausgewählt werden. Die Bereichsauswahl in der Tabelle wurde durch den markierten Hintergrund kenntlich.

Im Diagramm werden die zu bearbeitenden Diagrammteile mit einem Klick ausgewählt und die Auswahl wird durch die Quadrate deutlich.

Aufgabe: Die Gewinnschwelle soll durch einen Pfeil, einen Hinweis und die Anzeige des Wertes hervorgehoben werden.

VORGEHEN: PFEIL, FREIEN TEXT UND DATENPUNKT EINFÜGEN

- Wählen Sie im <*Diagramm*>-Menü den Befehl <*Pfeil einfügen*>. In der oberen linken Ecke des Diagramms wird der Pfeil eingefügt, der am Anfang und Ende eine Auswahlmarkierung aufweist.

- Um den Pfeil in die richtige Position und Größe zu bringen,

  - ziehen Sie mit der Maus die Spitze des Pfeils so, daß er auf den Schnittpunkt von Erlösen und Kosten zeigt <*Format Verschieben*>;
  - ziehen Sie mit der Maus am Ende des Pfeils, um die genehme Größe festzulegen <*Format Größe*>.

- Schreiben Sie als Kommentar in die Bearbeitungszeile den Text: "Gewinnschwelle" und schließen Sie die Eingabe mit *<Return>* ab.

- Der frei eingegebene Text wird in der Mitte des Bildschirms angezeigt. Mit der Maus ziehen Sie den Kommentar an das Ende des Pfeils.

- Rufen Sie den Befehl *<Diagramm Text zuordnen>* auf. Wählen Sie die Option '*Datenreihe/-punkt*'.

- Wir haben drei Datenreihen (Erlöse, Kosten, Gewinn). Jede Datenreihe setzt sich aus den einzelnen Werten, den Datenreihenpunkten zusammen. Geben Sie als *Datenreihennummer* eine 1 ein (für Erlöse), als *Datenpunktnummer* eine 6 (Erlöswert für Break-Even-Menge).

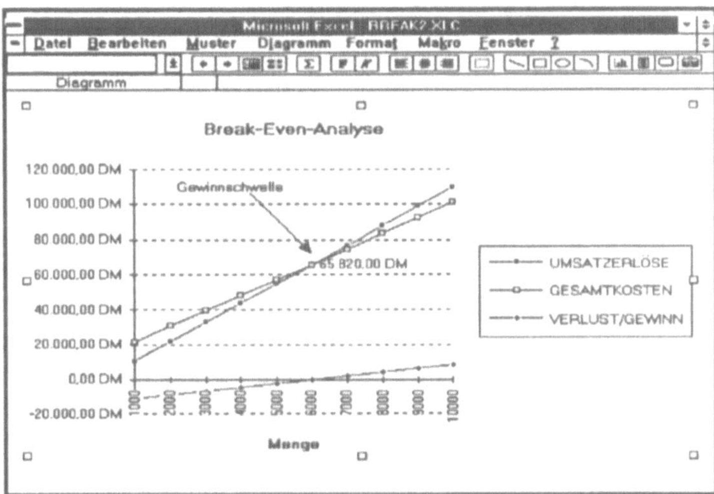

Abb. 6-7: Diagramm mit eingefügtem Text

☞

> Titel und Achsenbeschriftung können nicht wie der frei eingegebene Text oder die Legende bewegt werden. Z.B. könnte die Achsenbezeichnung "Menge" nur als freier Text an den rechten Rand der Achse versetzt werden.

Löschen von Diagrammteilen

Die oben beschriebene Auswahlmarkierung bei Diagrammen bekommt dann Bedeutung, wenn Teile der Grafik gelöscht werden sollen.

Wird zum Beispiel der Pfeil wieder gelöscht, ist der erste Schritt, ihn mit einem Klick zu markieren. Danach rufen Sie das *<Diagramm>*-Menü auf und finden den Umschalt-Befehl *<Pfeil löschen>*. Analog schaltet der Befehl *<Diagramm Legende einfügen>* um in *<Diagramm Legende löschen>*.

Freie Texte löschen Sie nach der Markierung, indem Sie den Text in der Bearbeitungszeile vollständig mit *<Entf>* löschen und mit *<Return>* bestätigen.

BREAK1.XLC

Auf der Übungsdiskette finden Sie den Zwischenstand des Diagramms unter dem Namen BREAK1.XLC gespeichert.

Diagramm-Formate

Bereits durch das Einfügen von Texten sind einige Formatierungsvorschläge von EXCEL übernommen worden (z.B. Titel mit größerer Fettschrift). Auch der Pfeil wurde bereits in Größe und Position verändert. Die speziellen Formatierungsbefehle gehen weit darüber hinaus und sind im *<Format>*-Menü zusammengefaßt. Im folgenden wird eine kleine Auswahl der vielen Möglichkeiten vorgestellt.

Legende

<u>Aufgabe</u>: Die Legende soll unterhalb der Rubrikenachse in weißer 8er-Schrift und einem benutzerdefinierten Rahmen angezeigt werden.

VORGEHEN: LEGENDE FORMATIEREN

- Wählen Sie die Legende zur Bearbeitung mit einem Klick aus.

- Mit einem Doppelklick oder über den Befehl <*Muster*> im <*Format*>-Menü rufen Sie die Dialog-Box auf, um den Rahmen festzulegen.

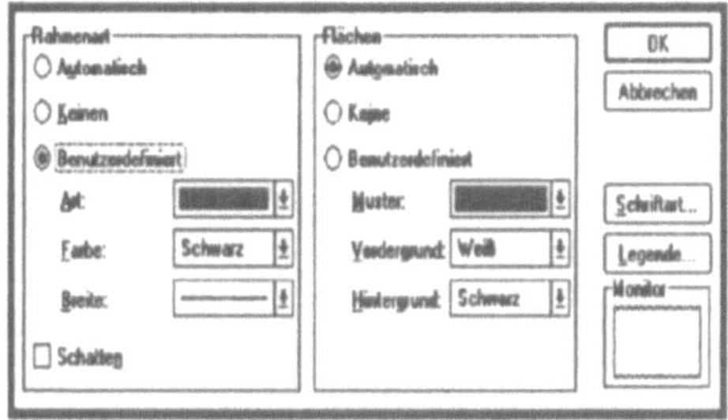

Rahmen und Muster für die Legende bestimmen

- Stellen Sie Art, Farbe und Breite des Rahmens nach Belieben aus den Listen zusammen. Das Feld '*Monitor*' zeigt Ihnen vorab das Ergebnis.

- Wenn Sie wie im Beispiel die Flächen nicht mit einem Muster ausfüllen wollen, gehen Sie gleich weiter zur nächsten Formatierung.

- Klicken Sie auf die Schaltfläche '*Schriftart*' und Sie erhalten eine Dialog-Box um Schriftart, -größe und -farbe einzustellen.

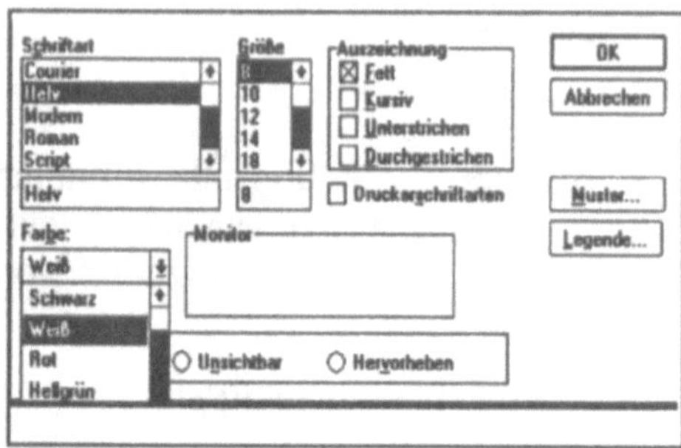

Schriftarten für die Legende festlegen

- Nach dieser Einstellung klicken Sie auf die Schaltfläche '*Legende*' und Sie erhalten eine Dialog-Box um die Legende zu positionieren.

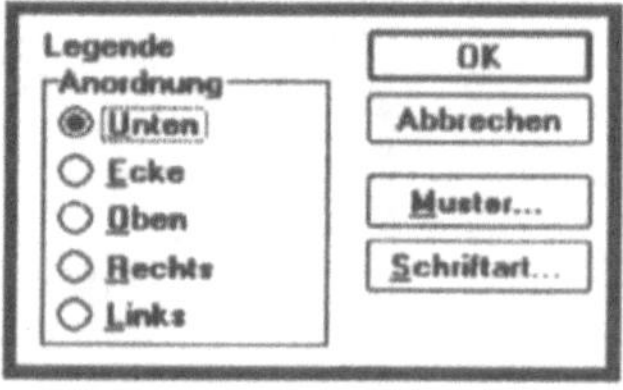

Dialogbox Legende

Klicken Sie auf die Option '*Unten*' und schließen Sie die Formatierung mit <*Ok*> ab.

Alternativ zum Menü können Sie mit der Maus die Legende an die von Ihnen gewünschte Stelle ziehen.

☞ Jeder Formatierungsbefehl kann für sich aufgerufen werden: <*Format Muster*>, <*Format Schriftart*>, <*Format Legende*>. Oft ist das beschriebene Verfahren günstiger, über die Schaltflächen in den Dialog-Boxen die jeweils nächste Formatierung vorzunehmen.

Achsen

Muster, Schriftart und -anordnung sowie die Skalierung können für die Achsen festgelegt werden.

Aufgabe: Die Beschriftung der Rubrikenachse soll als 8er-Schrift bestimmt, die Achse selbst soll stärker betont werden. Die Achsenbeschriftung wird horizontal statt vertikal ausgerichtet und der Schnittpunkt mit der Größenachse soll bei 0 liegen.

VORGEHEN: FORMATIERUNG DER ACHSEN

- Wählen Sie mit einem Klick die Rubrikenachse zur Bearbeitung aus. Am Anfang und Ende der Achse müssen Quadrate erscheinen.
- Öffnen Sie mit einem Doppelklick oder dem Befehl <*Format Muster*> die Dialog-Box. Nehmen Sie eine zunehmende Stärke und nach innen angezeigte Hilfsteilstriche.

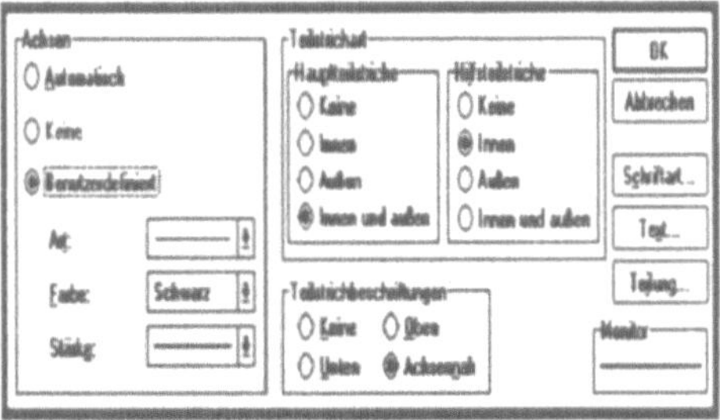

Eine verstärkte Linie und Hilfsteilstriche werden für die X-Achse festgelegt

- Gehen Sie über die Schaltfläche '*Schriftart*' und wählen Sie eine 8er-Schrift aus der Größenliste.
- Klicken Sie auf die Schaltfläche '*Text*' und wählen Sie die horizontale Anordnung des Textes.

Die Mengewerte werden horzizontal geschrieben

- Klicken Sie auf die Schaltfläche '*Teilung*'. In der Dialogbox wählen Sie die Option '*Größenachse schneidet zwischen Rubriken*', woraufhin die Rubrikenachse mit dem 0-Punkt beginnt.

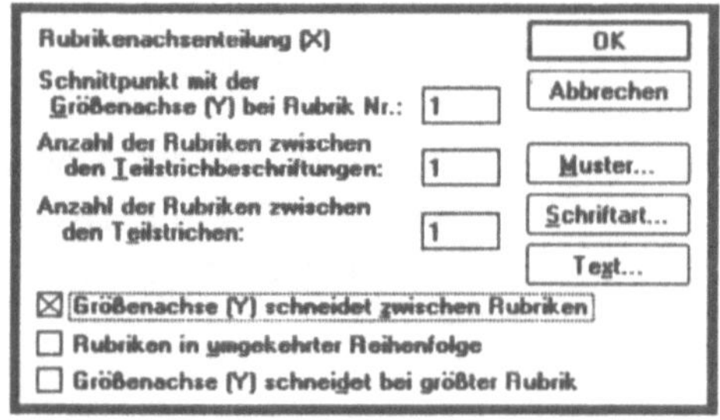

Rubrikenachseneinteilung für ein Liniendiagramm

◁▶ I-6.3

Das gleiche Verfahren können Sie auf die Formatierung der Größen- oder Y-Achse anwenden. Die Dialog-Box für die Teilung wird sich insofern unterscheiden, als es sich um eine echte Skalierung mit Höchst- und Niedrigstwerten handelt. Die Rubrikenachse des Liniendiagramms zeigt keine echte Skalierung an, sondern übernimmt einfach die Mengenbeschriftungen aus der Tabelle.

Diagrammtitel und freier Text

Zugeordnete Schrift, wie Titel und Datenpunktanzeige, können nicht bewegt, aber formatiert werden.

<u>Aufgabe</u>: Die Überschrift soll mit einem einfachen Rahmen mit Auszeichnung dargestellt werden. Der Kommentar- als freier Text - wird kursiv in einer 8er-Helvetica Schrift und mit einfachem Rahmen angezeigt; der Datenpunkt in einer fett-kursiven 8er-Schrift.

VORGEHEN: DIAGRAMMTITEL, DATENPUNKT, FREIEN TEXT FORMATIEREN

Break-Even-Analyse

- Wählen Sie mit einem Klick die Überschrift zur Bearbeitung aus.

- Öffnen Sie mit einem Doppelklick oder dem Befehl <*Format Muster*> die Dialog-Box.

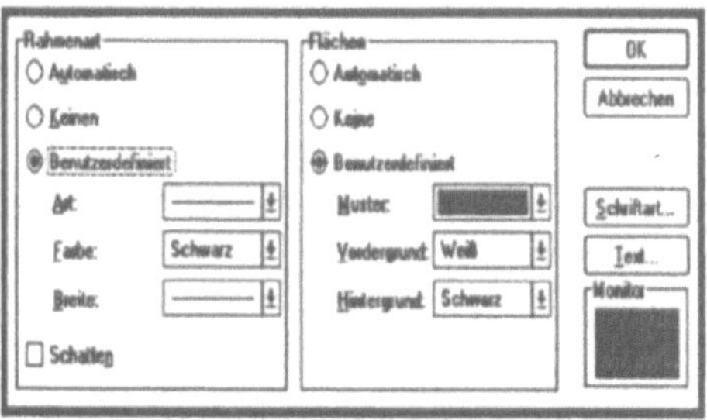

<Format Muster>-Dialogbox

Bestimmen Sie aus der Liste eine benutzerdefinierte Fläche.

- Gehen Sie weiter über die Schaltfläche '*Schriftart*'. Schriftgröße und -art werden nicht verändert. Als Auszeichnung wird mit einem Klick die Optionen '*Fett*' angekreuzt (was auch über den F-Button in der

Symbolleiste erreicht werden kann). Bestätigen Sie mit <*OK*>.

- Wählen Sie mit einem Klick die Zahl des Datenpunktes aus und rufen Sie den Befehl <*Format Schriftart*> auf.
- Legen sie eine 8er-Schrift mit den Optionen '*Fett*' und '*Unterstrichen*' fest. Bestätigen Sie mit <*OK*>.
- Wählen Sie mit einem Klick den Kommentar - den freien Text - zur Bearbeitung aus.
- Öffnen Sie mit einem Doppelklick oder dem Befehl <*Format Muster*> die Dialog-Box.
- Setzen Sie den Rahmen auf automatisch und wählen Sie dann die Schaltfläche '*Schriftart*'.
- Legen Sie eine 8er-Schrift mit der Option '*Kursiv*' fest (oder über den K-Button) und bestätigen Sie mit <*OK*>.

Datenreihen, Diagramm und Diagrammfläche

Diagramm

Als Muster von Datenreihen lassen sich die Linie als auch die Punktmarkierung bestimmen. Als Diagramm wird die gesamte Fläche bezeichnet. Die Auswahl erfolgt durch einen Klick auf einen freien Bereich außerhalb der Achsen oder durch den Befehl <*Diagramm Diagramm auswählen*>. Die Diagrammfläche beinhaltet den durch die Achsen begrenzten Bereich des Gesamtdiagramms. Die Auswahl erfolgt durch einen Klick auf einen freien Bereich innerhalb der Achsen oder durch den Befehl <*Diagramm Diagrammfläche auswählen*>.

Aufgabe: Die Gewinnlinie soll verstärkt und gestrichelt angezeigt werden mit einem +-Zeichen als Punktmarkierung. Um die Diagrammfläche wird ein Schatten ohne Rahmen gelegt.

VORGEHEN: DATENREIHE UND GESAMTDIAGRAMM FORMATIEREN

- Wählen Sie mit einem Klick die Gewinnlinie zur Bearbeitung aus. An Anfang, Mitte und Ende der Linie erscheinen Quadrate.

- Öffnen Sie mit einem Doppelklick oder dem Befehl <*Format Muster*> die Dialog-Box.

- Legen Sie als Linienart eine gestrichelte Linie fest und verstärken Sie die Linie etwas (Option: '*Stärke*').

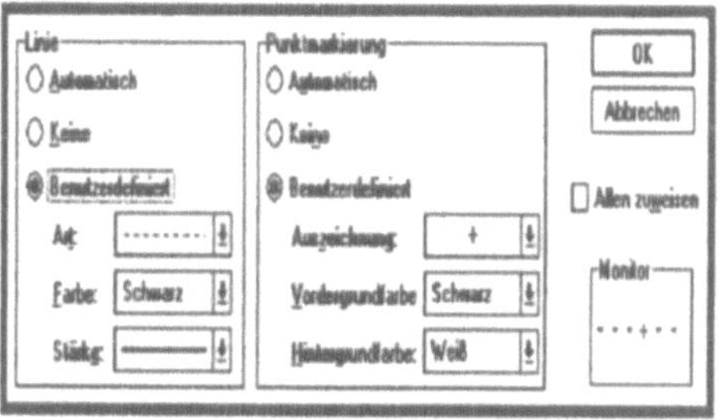

Linien und Punktmarkierung für die Gewinnkurve

- In der Punktmarkierung wählen Sie als *Auszeichnung* ein +-Zeichen mit schwarzem Vordergrund und weißem Hintergrund.

- Wählen Sie mit einem Klick auf die freie Fläche (links oben) außerhalb der Achsen das Diagramm aus. Die Markierungsquadrate werden um das gesamte Diagramm gelegt.

- Öffnen Sie mit einem Doppelklick auf eines der Quadrate oder dem Befehl <*Format Muster*> die Dialog-Box.

- Als Rahmen wählen Sie mit einem Klick die Option '*Keinen*' und die Option '*Schatten*'. Bestätigen Sie das Format mit <*OK*>.

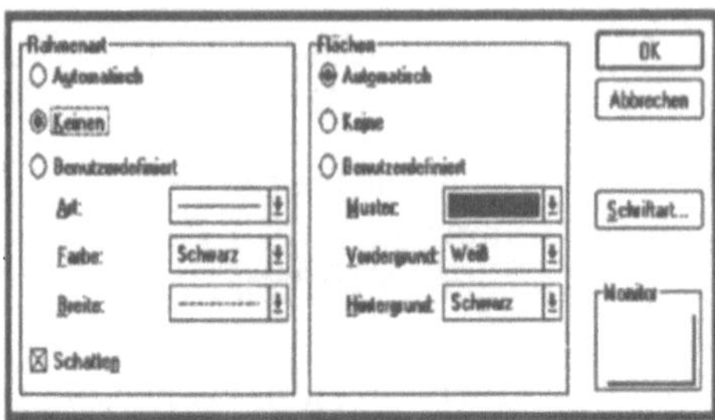

Der unsichtbare Rahmen des Diagramms erhält einen Schatten

BREAK.XLC

Auf der Übungsdiskette finden Sie das fertige Diagramm unter dem Namen BREAK.XLC gespeichert.

Das Ergebnis der vorgestellten Basistechniken liegt in Abbildung 6-1 vor. Wie Sie an der Vielzahl der Formtierungsoptionen in den Dialog-Boxen gesehen haben, erschöpft sich die Präsentation von Grafiken nicht in den gewählten Befehlen. Weitere Formatierungen, die spezifisch für bestimmte Diagrammtypen sind, werden Sie im folgenden (6.3) noch kennenlernen.

◁▶ II-9

In der Befehlsübersicht des Teil II finden Sie weitere Optionen. Ansonsten bleibt es dabei, daß Sie sich durch eigenes Experimentieren am ehesten einarbeiten.

Grafik-Objekte erstellen

Mit EXCEL können sowohl Diagramme in eigenen Dateifenstern als auch Diagramme als Objekt im Arbeitsblatt erzeugt werden.

◀▷ Objekte I-5

Bevor die einzelnen Techniken zur Diagrammerstellung besprochen werden, soll das gleiche Fallbeispiel in Bezug auf ein Grafik-Objekt nachvollzogen werden.

Bei der Behandlung der Basistechniken wurde die Break-Even-Tabelle per Bereichsauswahl und mit dem Befehl

<*Datei Neu*> in ein Diagramm umgesetzt. Wichtig ist dabei die Tatsache, daß eine neue Datei (!) erzeugt wurde, die für sich abgespeichert und gedruckt werden kann. Bei gleicher Bereichswahl hätte auch ein Grafik-Objekt. erstellt werden können.

Aufgabe: Umsetzung der Break-Even-Tabelle in ein Grafik-Objekt

VORGEHEN: GRAFIK-OBJEKTE ERSTELLEN

- Markieren Sie den umzusetzenden Tabellenbereich A18:C22.

- Klicken sie auf das Grafiksymbol in der Symbolleiste.
- Aus dem Zeiger wird ein Plus-Zeichen mit dem Sie an die gewünschte Postion im Arbeitblatt gehen. Dann öffnen Sie durch Ziehen mit der Maus nach rechts unten das Objekt.
- In der Dialog-Box bestimmen Sie die Mengenspalte als Beschriftung der Rubrikenachse und bestätigen mit <*OK*>.

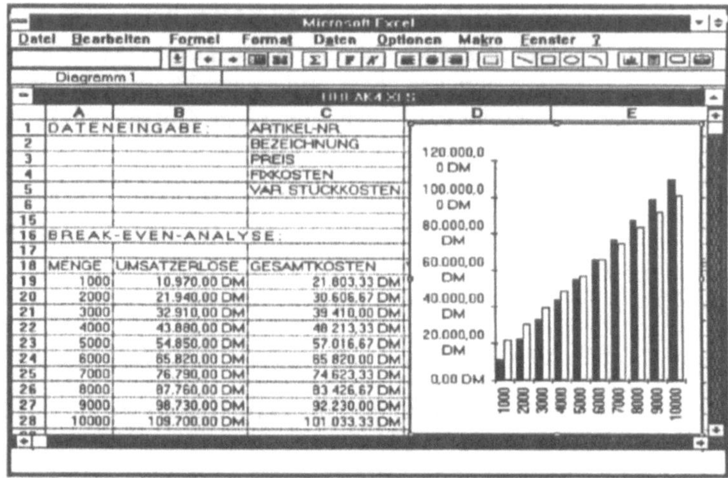

Abb. 6-8: Grafik-Objekt als Teil des Tabellenfenstes

Das Grafik-Objekt kann wie jedes andere Objekt bewegt und in der Größe verändert werden. Angezeigt wird Ihnen das Säulendiagramm als Vorzugsform. Um Muster und Formatierung zu ändern, wird mit einem Doppelklick das Diagramm-Menü aufgerufen.

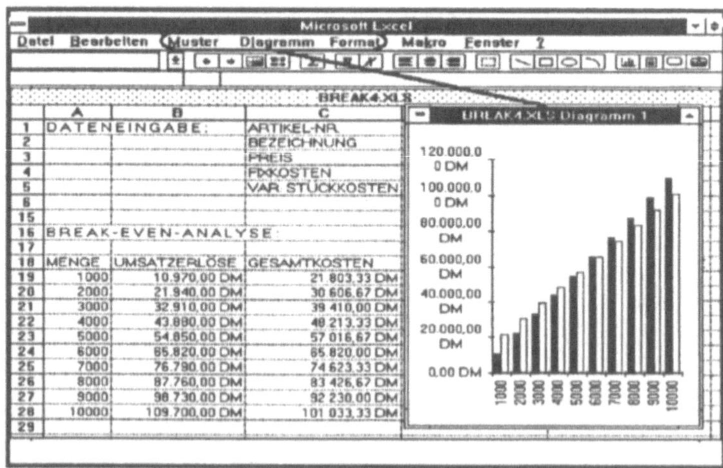

Abb. 6-9: Mit einem Doppelklick wird aus dem Grafik-Objekt ein Dateifenster mit Diagramm-Menüs

Das Diagramm wird in einem Dateifenster angezeigt und kann formatiert werden. Die Änderungen in Muster und Format werden im Objekt des Arbeitsblattes automatisch übernommen.

☞ Beachten Sie bitte, daß Ihr Diagramm in zwei Formen existiert: als Objekt und als eigene Datei. Als Objekt ist das Diagramm Teil des Arbeitsblattes und wird zusammen mit der Tabelle in einer Datei gespeichert. Als verknüpfte Grafik-Datei wird das Diagramm unter eigenem Namen gespeichert. Sie können ohne weiteres nach der Änderung das Diagrammfenster schließen. Ihr Objekt im Arbeitsblatt bleibt erhalten und wird mit der Tabelle gespeichert und gedruckt.

Grafik-Objekte werden wie verknüpfte Grafik-Dateien automatisch aktualisiert, d.h wenn sich die Berechnungsgrundlage ändert, passt sich das Diagramm an.

6.2 Techniken der Grafikerstellung

Nicht immer können Sie Ihre Tabellen so aufbauen, daß ohne weiteres - wie im Fallbeispiel - ein Diagramm erstellt werden kann. Sie werden in diesem Abschnitt Techniken kennenlernen, die es Ihnen erlauben, jede beliebige Tabelle in eine grafische Darstellung umzusetzen.

Welche Techniken werden wann eingesetzt ?

Grundsätzlich gilt: je "grafikgerechter" die Tabelle aufgebaut ist, je einfacher und schneller können die Werte in ein Diagramm umgesetzt werden. "Grafikgerecht" soll heißen, man wählt die Tabellenbereiche aus und erstellt direkt das gewünschte neue Diagramm. Bei einem für die Grafikerstellung hinderlichen Tabellenaufbau haben Sie zwei Möglichkeiten:

- Über Kopieren und Ausschneiden setzen Sie die Tabellenbereiche so zusammen, daß die neue Grafik automatisch in die richtige Form gebracht wird.
- Sie belassen die Tabellen wie sie sind und wenden eine indirekte, mehr manuell gesteuerte Technik der Grafikerstellung an.

1. Technik: Bereichsauswahl

Die direkte Technik ist, über die Bereichsauswahl das Diagramm zu bestimmen. Wie müssen Bereiche aussehen, damit EXCEL automatisch das gewünschte Basisdiagramm daraus erstellt ? Davon handelt die erste Technik der Grafikerstellung.

Es ist die einzige Technik, mit der nicht nur ein Diagramm als neue Diagramm-Datei erstellt werden kann, sondern ebenso ein Grafik-Objekt .

2. Technik: Kopieren

Je nach dem wie Ihre Tabelle aufgebaut ist, führt die Bereichstechnik nicht weiter. Die zweite Technik, die Kopiertechnik, zeigt sich flexibler, dafür weniger schnell. Die Bedeutung der ausgewählten Bereiche wird nicht der Standardinterpretation von EXCEL überlassen, sondern wird über eine Dialog-Box gesteuert.

3. Technik: Funktion DATENREIHE

Sind Ihre Tabellen so aufgebaut, daß Sie sich die Werte aus allen möglichen Bereichen des Arbeitsblattes zusammensuchen müssen, kommt die dritte Technik zum Zuge. Über die Funktion DATENREIHE steht Ihnen eine aufwendige, dafür aber äußerst flexible Technik zur Verfügung.

Erstellen von Diagramm-Dateien und -Objekten über die Auswahl von Bereichen

Die Break-Even-Tabelle war so aufgebaut, daß die erste Spalte (Menge) als Beschriftung der Rubrikenachse vorgesehen war, die Folgespalten als Datenreihen und die Spaltentitel (Umsatzerlöse; Gesamtkosten; Verlust/Gewinn) als Namen der Datenreihen (=Legende). EXCEL übernahm diese Einteilung aufgrund der getroffenen Bereichsauswahl !

Wenn Diagramme automatisch über die Bereichsauswahl erstellt werden, ist der Vergleich der Spalten- und Zeilenanzahl das entscheidende Kriterium. Ist die Tabelle höher als breit (Spalten<Zeilen), werden die Spalten als Datenreihen interpretiert. Ist die Tabelle breiter als hoch (Zeilen<Spalten), werden die Zeilen als Datenreihen interpretiert. Im folgenden werden die möglichen Fällen aufgelistet. Berücksichtigt wird, ob Texte als Namen der Datenreihen mit ausgewählt werden und welche Diagramme entstehen, wenn die Anzahl der Spalten und Zeilen gleich ist.

(1)Bereiche, die mehr Zeilen als Spalten enthalten

- Der Bereich enthält Datenreihennamen

Spalten< Zeilen

Der ausgewählte Bereich (hier:A18:C22) besteht aus 5 Zeilen und 3 Spalten. EXCEL geht davon aus, daß die Spalten in Datenreihen umzusetzen sind.

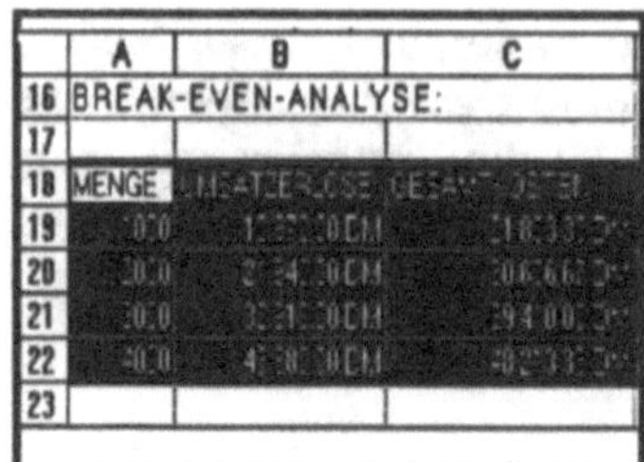

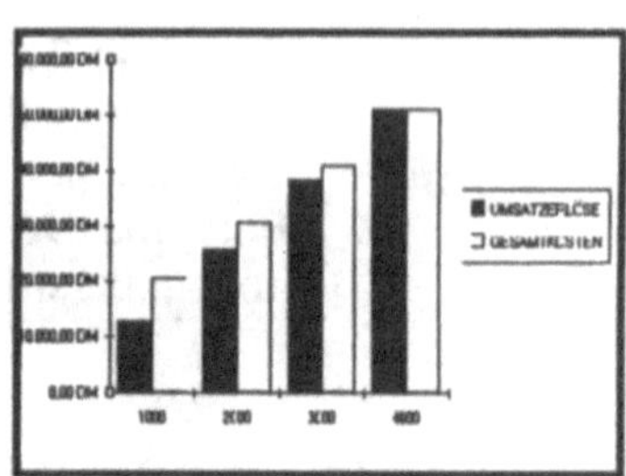

Nach Betätigen von *<F11>* oder Wahl des Befehls *<Datei Neu>* wird in der Dialog-Box die erste markierte Spalte als Beschriftung für die Rubrikenachse angegeben.

- <u>Der Bereich enthält nur Spaltentitel über den Datenreihen</u>

Ist über der ersten markierten Spalte ein <u>leeres Feld</u>, interpretiert EXCEL diese Spalte automatisch als Rubrik. Es wird keine Dialog-Box zur Interpretation der ersten markierten Spalte zwischengestaltet.

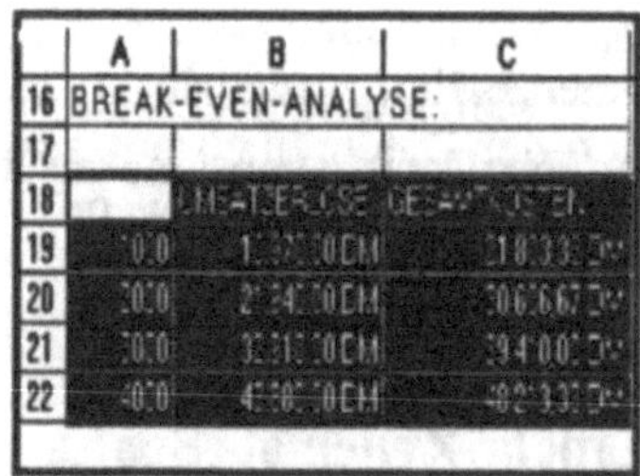

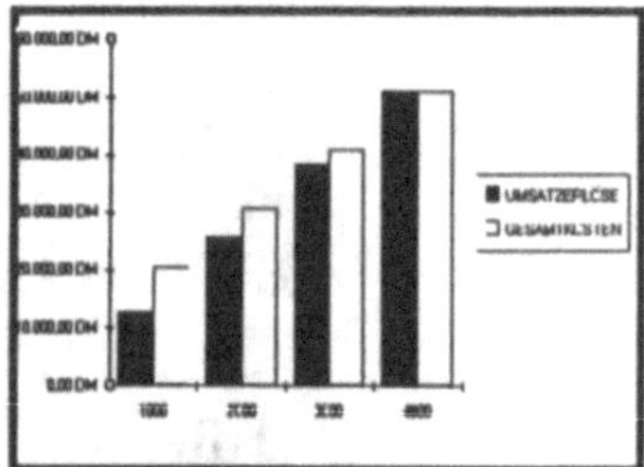

- <u>Bereich ohne Spaltentitel über den Datenreihen</u>

Wird in der Dialog-Box die erste Spalte als Rubrik angegeben, setzt EXCEL den Bereich A19:A22 als Beschriftung der X-Achse um. Als Legende erscheint die Standardbezeichnung: Reihe1, Reihe2.

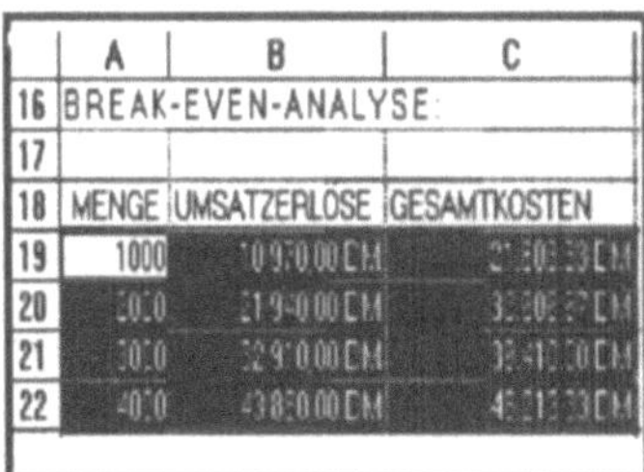

	A	B	C
16	BREAK-EVEN-ANALYSE:		
17			
18	MENGE	UMSATZERLÖSE	GESAMTKOSTEN
19	1000	[illegible]	[illegible]
20	[illegible]	[illegible]	[illegible]
21	[illegible]	[illegible]	[illegible]
22	[illegible]	[illegible]	[illegible]

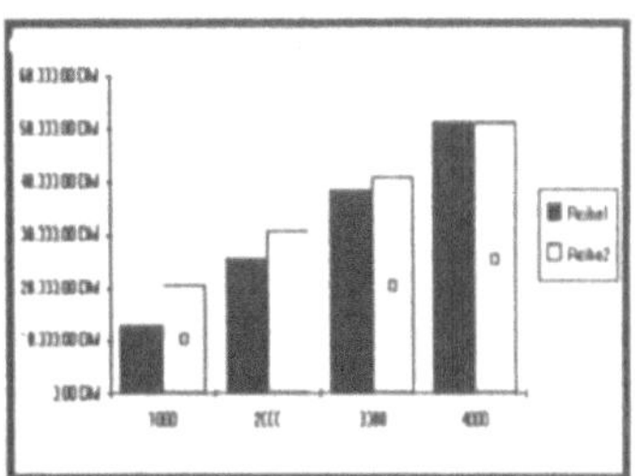

- <u>Die Auswahl besteht aus einem Mehrfachbereich</u>

Besteht die Absicht, nur bestimmte Spalten aus der Tabelle grafisch umzusetzen, kann ein Mehrfachbereich markiert werden. Erst die Spalte der Rubrikenbeschriftung, dann mit gehaltener <*Strg*>-Taste die gewünschten Datenreihen.

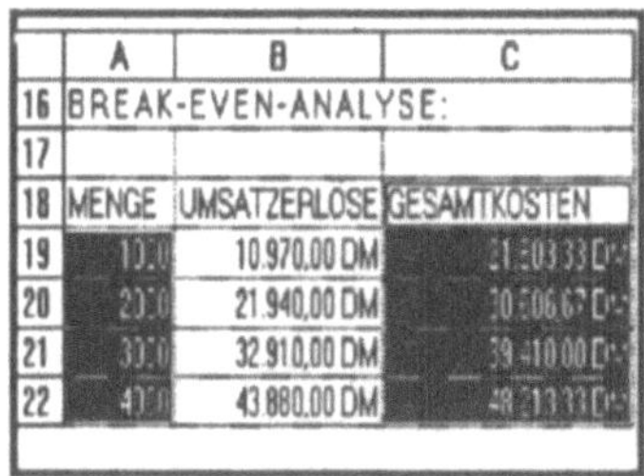

	A	B	C
16	BREAK-EVEN-ANALYSE:		
17			
18	MENGE	UMSATZERLÖSE	GESAMTKOSTEN
19	[illegible]	10.970,00 DM	[illegible]
20	[illegible]	21.940,00 DM	[illegible]
21	[illegible]	32.910,00 DM	[illegible]
22	[illegible]	43.880,00 DM	[illegible]

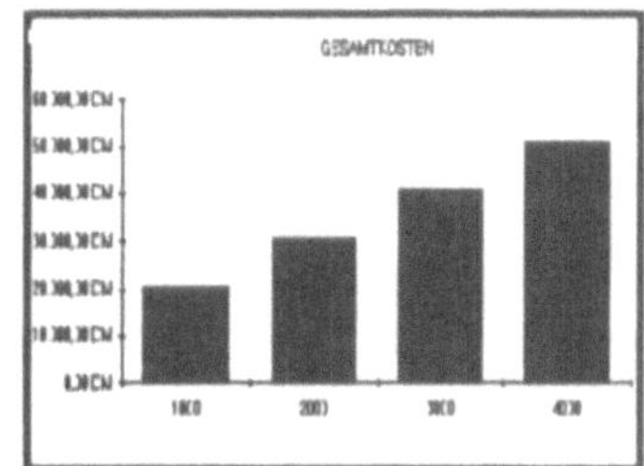

Wird der Titel "MENGE" in A18 mit markiert oder als Rubrik der Bereich A19:A22 ausgewählt, wird die Dialog-Box zwischengeschaltet. Ein Rubrikenbereich A18:A22 ohne Titel in A18 wird sofort umgesetzt.

(2)Bereich, der mehr Spalten als Zeilen enthält

Zeilen< Spalten

Ist die Tabelle anders angeordnet, besteht der Bereich aus mehr Spalten als Zeilen, gilt die analoge Interpretation wie unter (1).

Die Dialog-Box fragt statt der ersten Spalte die Bedeutung der ersten Zeile ab.

(3)Bereich mit gleicher Anzahl von Spalten und Zeilen

- Bereich enthält Spaltentitel

Zeilen= Spalten

Das Diagramm wird ohne Dialog-Box sofort erstellt. Die erste Zeile A18:C18 wird zur Rubrik, die zwei Folgezeilen (A19:C19;A20:C20) werden als Datenreihen umgesetzt. Als Legende erscheint die Standardbezeichnung: Reihe1; Reihe2.

	A	B	C
16	BREAK-EVEN-ANALYSE:		
17			
18	MENGE	UMSATZERLÖSE	GESAMTKOSTEN
19	1000	10.970,00 DM	21.803,33 DM
20	2000	21.940,00 DM	30.606,67 DM
21	3000	32.910,00 DM	39.410,00 DM
22	4000	43.880,00 DM	48.213,33 DM

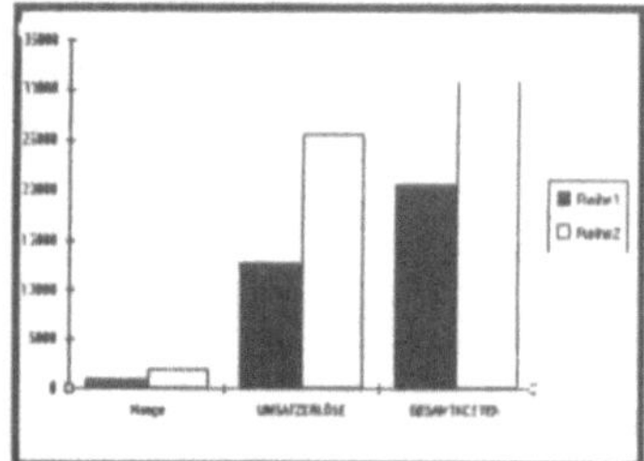

- Bereich ohne Spalten- und Zeilentitel

Es wird die Dialog-Box zwischengeschaltet. Entweder es wird ein Diagramm mit den drei Zeilen als Datenreihen erstellt (A19:C19;A20:C20;A21:C21). Oder A19:C19 wird als Rubrik genommen und die beiden Folgezeilen als Datenreihen.

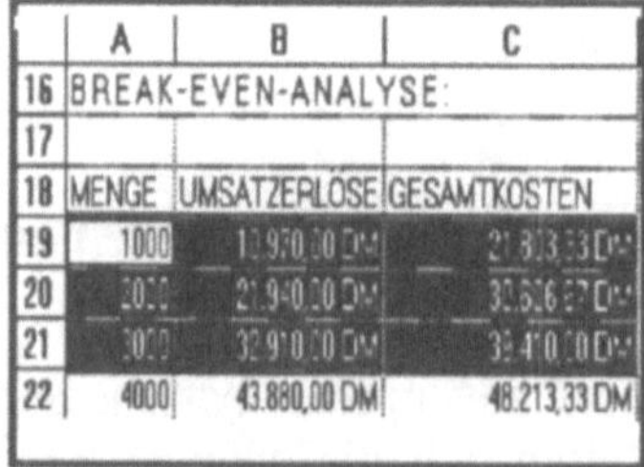

	A	B	C
16	BREAK-EVEN-ANALYSE:		
17			
18	MENGE	UMSATZERLÖSE	GESAMTKOSTEN
19	1000	10.970,00 DM	21.803,33 DM
20	2000	21.940,00 DM	30.606,67 DM
21	3000	32.910,00 DM	39.410,00 DM
22	4000	43.880,00 DM	48.213,33 DM

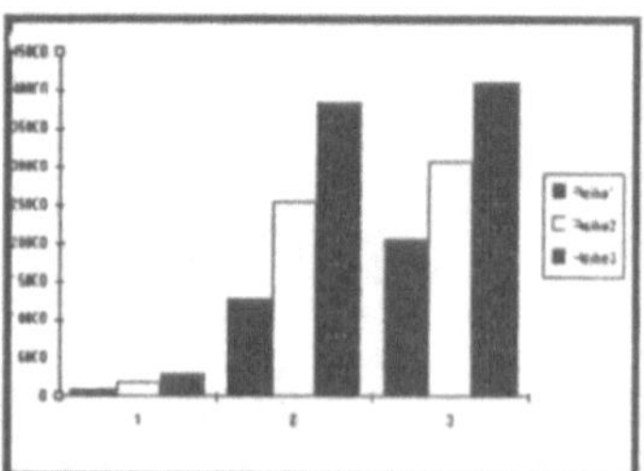

Wie angemerkt, kann es schon einige Routine erfordern, aus jeder Bereichsauswahl das richtige Diagramm zu erstellen.

Erstellen von Diagrammen über das Kopieren von Inhalten

Die Kopiertechnik ist zwar weniger schnell als die reine Bereichstechnik, dafür aber flexibler. Über eine zwischengeschaltete Dialog-Box kann die Bereichsauswahl manuell interpretiert werden.

Es kann entschieden werden, ob

- die Zeilen oder Spalten zu Datenreihen zusammengefasst werden;
- die erste Spalte/Zeile als Rubrikenachse umgesetzt wird;
- die Spalten-/Zeilentitel als Namen der Datenreihen übernommen werden.

Nehmen wir als Beispiel eine bekannte Bereichsauswahl. Die automatische EXCEL-Interpretation heißt: die Titel werden als Rubrikenbeschriftung eingesetzt, die 2 Zeilen als Datenreihen.

	A	B	C
16	BREAK-EVEN-ANALYSE:		
17			
18	MENGE	UMSATZERLÖSE	GESAMTKOSTEN
19	1000	10.970,00 DM	21.803,33 DM
20	2000	21.940,00 DM	30.606,67 DM
21	3000	32.910,00 DM	39.410,00 DM
22	4000	43.880,00 DM	48.213,33 DM

Aufgabe: Im ausgewählten Bereich soll die erste Spalte als Beschriftung der Rubrikenachse umgesetzt werden, die beiden anderen Spalten als Datenreihen mit den Spaltentiteln als Legende.

VORGEHEN: KOPIEREN VON DATENREIHEN

- Markieren Sie den Bereich, einschließlich der Rubrikenachse, der in ein Diagramm umgesetzt werden soll:A18:C20.

- Kopieren Sie den Bereich mit *<Bearbeiten Kopieren>*.
- Mit *<F11>* erstellen Sie ein leeres Diagramm-Fenster.
- Wählen Sie im *<Bearbeiten>*-Menü den Befehl *<Inhalte einfügen>*.

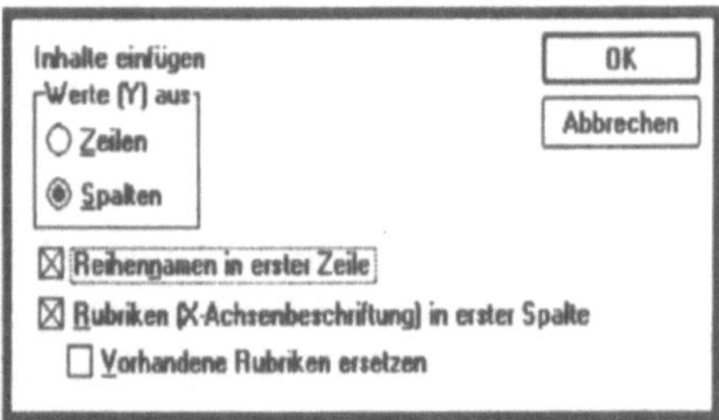

- Wählen Sie die Option '*Spalten*', damit EXCEL die Spalten und nicht die Zeilen als Datenreihen interpretiert. Die Reihennamen (=Legende) stehen in der ersten Zeile, die Beschriftung der Rubrikenachse steht in der ersten Spalte.
- Mit *<OK>* bestätigt, wird Ihnen die angestrebte Grafik gezeigt.

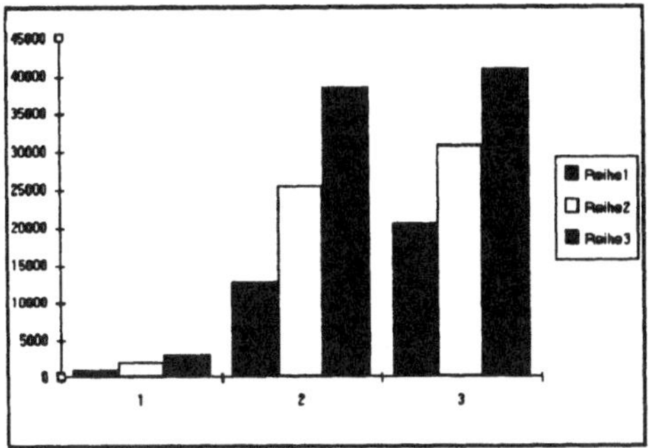

Abb. 6-10: Datenreihen - in leeres Diagramm-Fenster kopiert

Erstellen von Diagrammen mit Hilfe der DATENREIHEN-Funktion

Die Kopiertechnik ist immer noch an zusammenhängende Bereiche (auch bei Mehrfachauswahl) gebunden. Die Grafikfunktion DATENREIHE ist im Vergleich dazu eine mühsame Technik, dafür aber äußerst flexibel. Darüberhinaus gibt der Aufbau der Funktion Aufschluß über den Hintergrund, wie EXCEL Tabellen in Diagramme umsetzt.

● Syntax

=DATENREIHE (Name der Datenreihe;Rubriken;Werte der Datenreihe;Nummer der Datenreihe)

Setzen wir die Funktion in einem Beispiel um.

Datenreihen können in die Bearbeitungszeile eingetippt werden oder über das Menü mit Hilfe des Befehls <*Diagramm Datenreihe bearbeiten*> eingegeben werden.

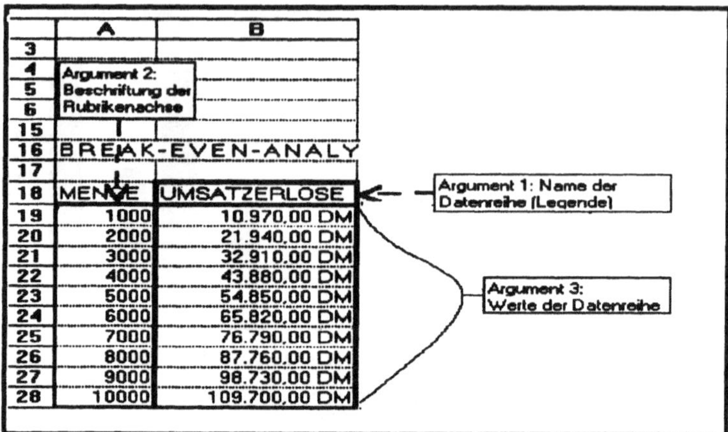

Abb. 6-11: Die Argumente der Datenreihenfunktion

VORGEHEN: DIE DATENREIHEN-FUNKTION MANUELL EINGEBEN

- Wählen Sie irgendein leeres Feld aus.
- Erstellen Sie mit *<F11>* oder über *<Datei Neu>* ein leeres Diagramm-Fenster.
- Lassen Sie zur besseren Handhabung Tabellen- und Diagramm-Fenster nebeneinander anordnen mit *<Fenster Alles anordnen>*.
- Beginnen Sie in der Bearbeitungszeile des Diagramm-Fensters (!) die Funktion zu schreiben:

  =DATENREIHE(

  Das erste Argument der Funktion ist der Name der Datenreihe. Klicken Sie auf das Feld B18 im Tabellenfenster. In der Bearbeitungszeile wird eingetragen BREAK4.XLS!$B$18.

  Geben Sie ein Semikolon ein.

  Das zweite Argument der Funktion ist die Rubrikenachse. Markieren Sie den Bereich A19:A28.

Eingetragen wird: BREAK4.XLS!$A$19:$A$28.

Geben Sie ein Semikolon ein.

Das dritte Argument der Funktion sind die Werte der Datenreihe selbst. Markieren Sie im Tabellen-Fenster den Bereich B19:B28. Eingetragen wird: BREAK4.XLS!$B$19:$B$28.

Geben Sie ein Semikolon ein.

Das vierte Argument der Funktion ist die Reihenfolgenummer. Als erste Datenreihe wird eine 1 eingegeben.

=DATENREIHE(BREAK.XLS!$B$18;BREAK4.XLS!
$A$19:$A$28;BREAK4.XLS!$B$19:$B$28;1)

- Bestätigen Sie die Funktion mit <*Return*> und als Ergebnis wird Ihnen die zusammengestellte Grafik angezeigt.

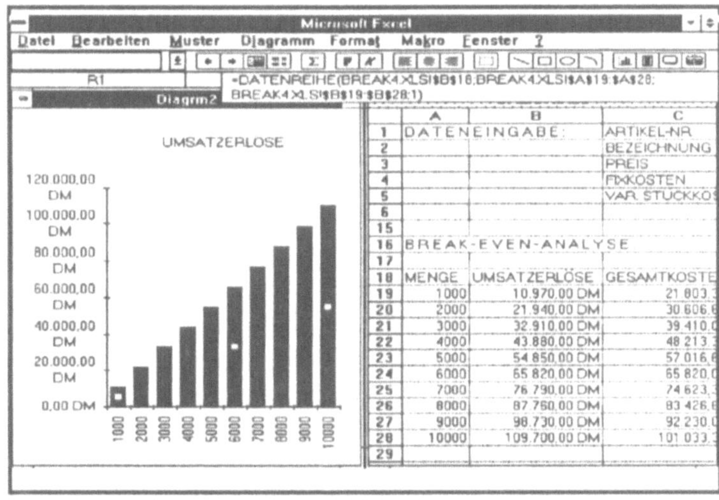

Abb. 6-12: Für jede Datenreihe wird eine Funktion eingegeben

Für jede Datenreihe muß eine weitere Funktion eingegeben werden !

Datenreihe für die Gesamtkosten:

=DATENREIHE(BREAK.XLS!$C$18;BREAK4.XLS!$A$1 9:$A$28;BREAK4.XLS!$C$19:$C$28;2)

Zum gleichen Ergebnis kommen Sie über den Befehl *<Datenreihen bearbeiten>* im *<Diagramm>*-Menü.

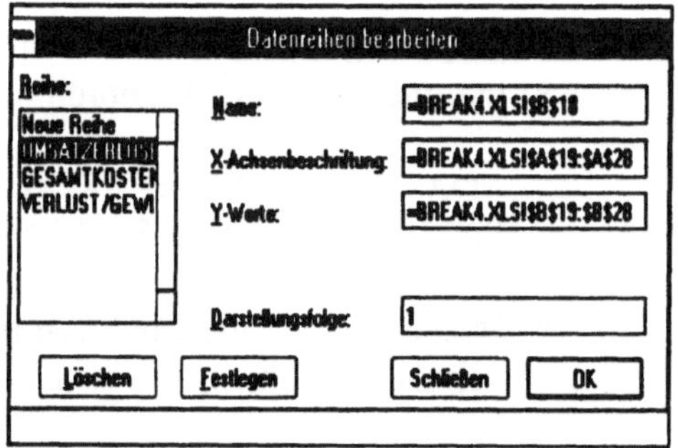

Abb. 6-13: Dialog-Box zur Bearbeitung von Datenreihen

Um eine neue Datenreihe hinzuzufügen, wählen Sie aus der Liste *Neue Reihe*, legen die Datenreihe über die Eingabefelder fest und bestätigen über die Option '*Festlegen*'. Sie müssen z.B. für den Namen nicht unbedingt Bezüge aus der Tabelle angeben bzw. markieren. Sie können einen beliebigen Text eingeben.

✎ Datenreihen bearbeiten

DATENREIHEN-Funktionen können jederzeit manuell oder über das Menü verändert oder gelöscht werden. Manuell markieren Sie die zu verändernde Datenreihe, woraufhin die Funktion in der Bearbeitungszeile angezeigt wird und editiert bzw. gelöscht werden kann. Über das Menü wählen Sie aus der Liste von *<Diagramm Datenreihe bearbeiten>* die zu verändernde Datenreihe. In den Eingabefeldern editieren Sie, über die Schaltfläche '*Löschen*' löschen Sie die Datenreihe.

☞ Wenn Sie die DATENREIHEN-Funktion manuell bearbeiten, müssen Sie mögliche Texte - z.B. für die Legende - in Anführungstriche setzen, z.B: =DATENREIHE("Erlöse 1990";BREAK4.XLS!$A$19:$A$28;BREAK4.XLS!$B$19:$B$28;1)

◁▶ I-8.3

Die DATENREIHEN-Funktion erlaubt, aus jedem Bereich Ihrer Tabelle die gewünschten Werte oder Texte herauszuholen. Es wird eine Verknüpfung zwischen Diagramm- und Tabellen-Datei hergestellt. Als Verknüpfung wird der Name der Datei <u>und</u> die Bereichsauswahl angegeben. Z.B. das erste Argument der Funktion BREAK4.XLS!$B$18 weist EXCEL an, den Namen der Datenreihe aus dem Bereich B18 in der Datei BREAK4.XLS zu holen. Das Ausrufezeichen bezeichnet einen "externen Bezug", d.h. das Diagramm bezieht seine Daten aus einer anderen Datei - der Tabelle.

☞ Jede Technik zum Erstellen von Diagrammen greift auf die DATENREIHEN-Funktion zurück. Bei der Bereichs- und Kopiertechnik werden die Funktionen nur automatisch aufgebaut. Klicken Sie auf eine Datenreihe in einem automatisch erstellten Diagramm und Sie werden die gleiche Funktion in der Bearbeitungszeile sehen und bei Bedarf editieren oder löschen.

6.3 Muster von Diagrammen - Grafiktypen und ihre Besonderheiten

Die verschiedenen Grafiktypen werden über das <*Muster*>-Menü gewählt. Viele der angebotenen Muster sind selbsterklärend, deshalb wird im folgenden nur auf wesentliche Eigenschaften und Spezifika der Abgrenzung eingegangen. Sie können wählen zwischen Flächen-, Säulen-, Linien-, Kreis- und Punktdiagrammen. Diese Formate sind in Verbund- bzw. Mischdiagrammen zu kombinieren. Säulen-, Flächen-, Kreis- und Liniendiagramme können in 3D-Sicht dargestellt werden.

Säulen- und Balkendiagramme

Säulen- und Balkendiagramme ziehen Vergleiche zwischen den Elementen der Datenreihe; Balken mit vertikaler Anordnung, Säulen mit horizontaler. Die Untertypen von Säulen- und Balkendiagramm stimmen weitgehend überein.

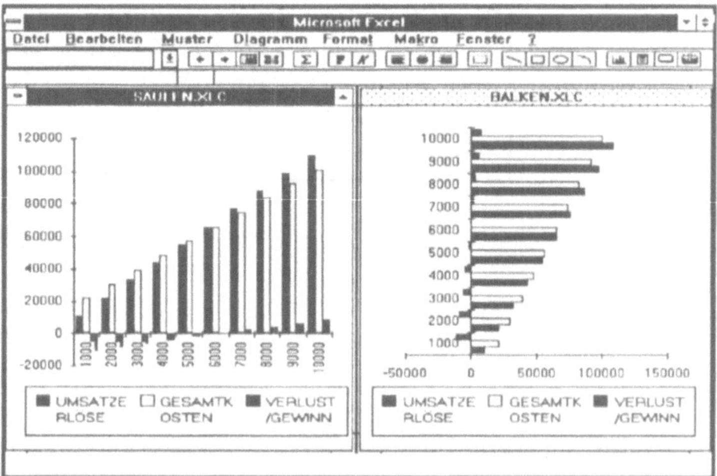

Abb. 6-14: Horizontale Anordnung des Säulendiagramms, vertikale Anordnung des Balkendiagramm

Untertypen von Säulen- und Balkendiagrammen

1 Einfaches Balken-/Säulendiagramm
2 Balken-/Säulendiagramm für eine Datenreihe mit unterschiedlichen Mustern
3 Gestapeltes Balken-/Säulendiagramm
4 Überlapptes Balken-/Säulendiagramm
5 Gestapeltes 100% Balken-/Säulendiagramm
6 Balken-/Säulendiagramm mit vertikalen/horizontalen Gitternetzlinien
7 Balken-/Säulendiagramm mit Größenbeschriftungen
8 Säulendiagramm ohne Zwischenraum (=Stufendiagramm)

Linien- und Punktdiagramme

Linien- und Flächengrafik sind ähnlich in der Aussage. Linien- und Punktdiagramm scheinen im Aussehen auf den ersten Blick gleich.

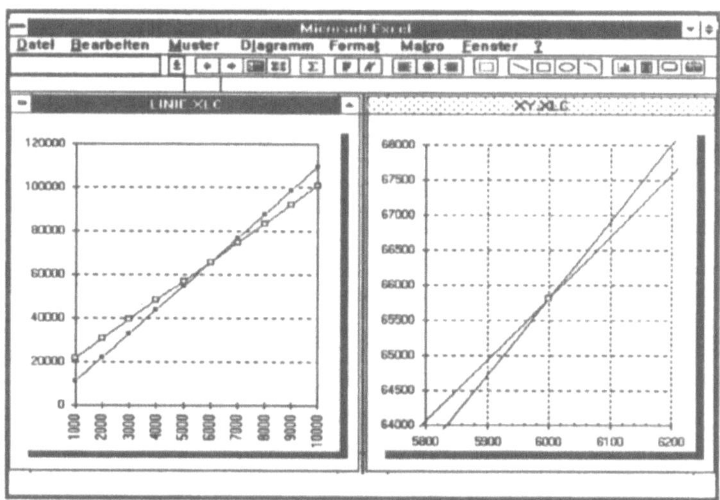

Abb. 6-15: Beschriftete Rubrikenachse des Liniendiagramms; skalierte X-Achse des Punktdiagramms

Ein entscheidender Unterschied trennt diese beiden Diagramme. Bei der Liniengrafik handelt es sich um eine Beschriftung der Rubrikenachse, die linear nach Anzahl der ausgewählten Felder eingeteilt wird. Eine typische Anwendung wäre eine Zeitachse. Die Rubrikenachse im Punkt- oder XY-Diagramm hingegen zeigt eine echte Skalierung, die dementsprechend verändert werden kann (Funktionsgrafik).

Im Menü bemerken Sie den Unterschied an zwei Punkten:

- wenn Sie in der Dialog-Box angeben müssen, ob es sich bei der ersten Zeile/Spalte um die Beschriftung der Rubrikenache oder die XY-Achse handelt;
- wenn Sie den Befehl <*Format Teilung*> aufrufen. Bei der Punktgrafik sind die Dialog-Boxen für X- und Y-Achse identisch, weil beide Achsen Größenachsen sind. Höchst- und niedrigster Wert können manuell eingestellt werden. Bei der Liniengrafik ist das nicht möglich.

Kreisdiagramme und 3D-Ansicht

Das Kreisdiagramm stellt nur eine Datenreihe grafisch dar und zeigt die Elemente der Datenreihe in Relation zur Gesamtheit.

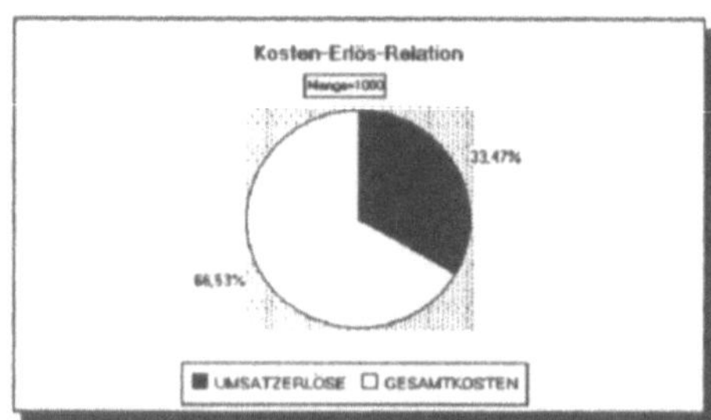

Abb. 6-16: Kreisdiagramm mit Prozentauswertung

Die einzelnen Elemente des Kreises können abgesondert und dadurch hervorgehoben werden. Im <*Muster Kreis*> werden dafür Formate angeboten oder das Element wird mit der Maus angeklickt und durch Ziehen an eine andere Position bewegt.

3D-Kreis

Anhand des Kreises werden wir die Möglichkeiten einer 3D-Ansicht aufzeigen. Der Untertyp 6 von <*Muster 3D-Kreis*> entspricht dem abgebildeten Normalkreis.

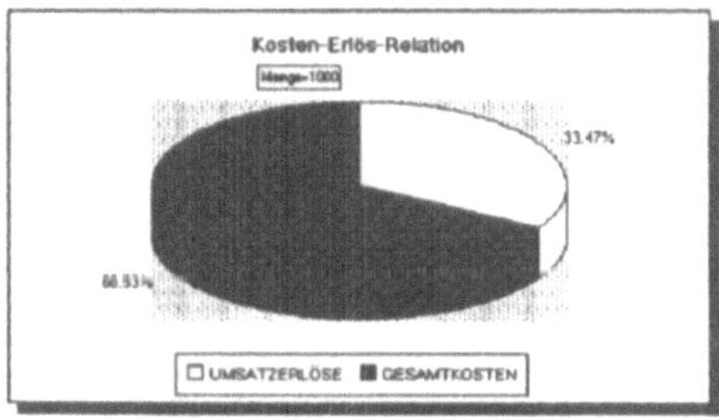

Abb. 6-17: 3D-Ansicht/Kreis mit Standardeinstellungen

Über den Befehl <*Format 3D-Ansicht*> kann eingestellt werden:

- die Betrachtungshöhe: Werte zwischen 10-80
- die Drehung: Werte zwischen 0-360
- die Höhe: Werte zwischen 5-500

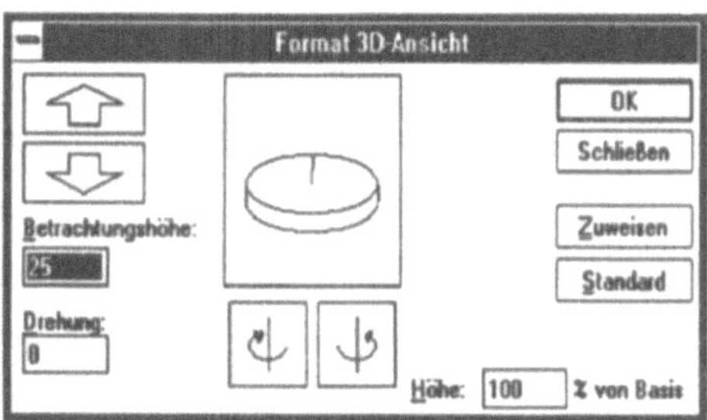

Abb. 6-18: Standardeinstellungen 3D-Kreis

Die Wirkungen der Einstellungen bemerken Sie am besten, wenn Sie die Änderungen einzeln vornehmen.

Der Wert für die Betrachtunghöhe kann entweder eingegeben werden oder Sie klicken zur Änderung mit der Maus auf die Symbole.

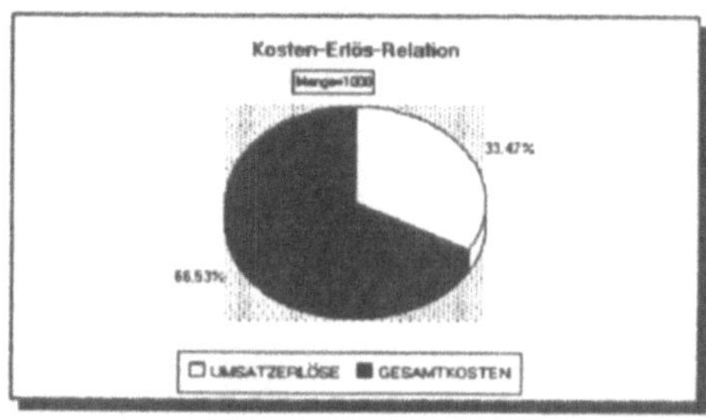

Abb. 6-19: Die Betrachtungshöhe wurde auf 50 erhöht

Die Gradzahl der Drehung geben Sie ein oder nutzen die Symbole.

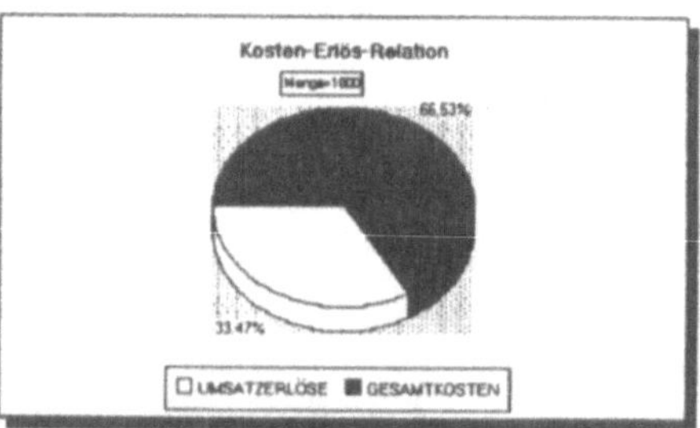

Abb. 6-20: Die Drehung wurde um 150° geändert

Den Wert der Höhe geben Sie ein.

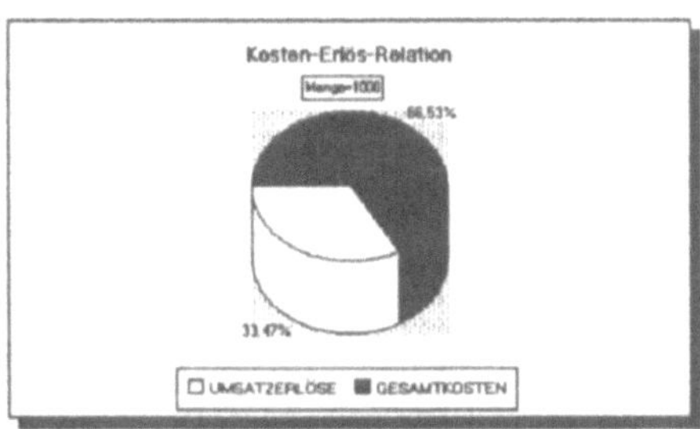

Abb. 6-21: Die Höhe wurde auf 400 eingestellt

Die 3D-Dialog-Box für die anderen Diagramme unterscheidet sich nur unwesentlich.

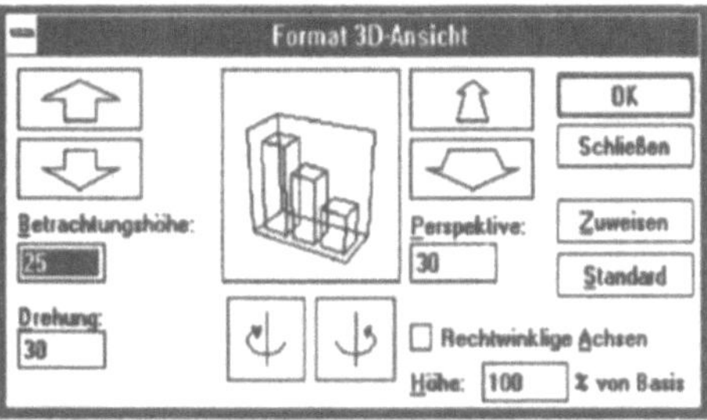

Abb. 6-22: Formatoptionen der 3D-Ansicht/Säulen

Perspektive

Interessant ist die Option '*Perspektive*'. Erst wenn die Option '*Rechtwinklige Achsen*' nicht angekreuzt ist, erscheint diese Möglichkeit. Sie tragen entweder eine Zahl zwischen 0-100 ein und nutzen mit der Maus die Symbole.

Verbunddiagramme

Verbund- oder Mischdiagramme kombinieren die verschiedenen Muster und unterteilen die Datenreihen in das Hauptdiagramm und die Überlagerung.

✎ Reihenverteilung

Die automatische *Reihenverteilung* teilt die Datenreihen wie folgt zu:

2 Datenreihen ===> 1 Hauptdiagramm - 1 Überlagerung

3 Datenreihen ===> 2 Hauptdiagramm - 1 Überlagerung

4 Datenreihen ===> 2 Hauptdiagramm - 2 Überlagerung

5 Datenreihen ===> 3 Hauptdiagramm - 2 Überlagerung

Mit dem Befehl <*Format Überlagerung*> und der Option '*Erste überlagernde Datenreihe*' können Sie manuell angeben mit welcher Datenreihe die Überlagerung beginnen soll.

Standardangebot von EXCEL sind Säulen als Hauptdiagramm und Linien als Überlagerung.

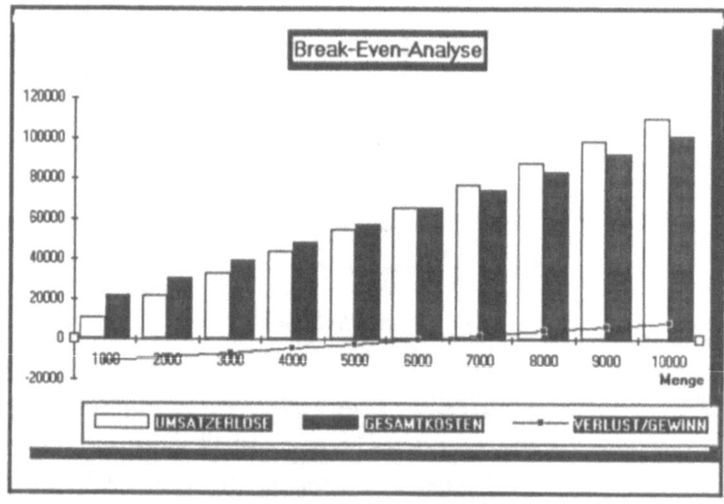

Abb. 6-23: In Hauptdiagramm und Überlagerung eingeteiltes Verbunddiagramm

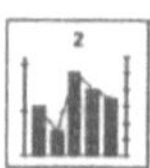

Die Untertypen im <*Muster*>-Menü stellen andere Kombinationen zur Wahl.

Hilfreich ist in manchen Fällen eine zweite Größenachse.

Zum Beispiel wurde in Abbildung 6-24 der Gewinn der zweiten Größenachse zugeordnet.

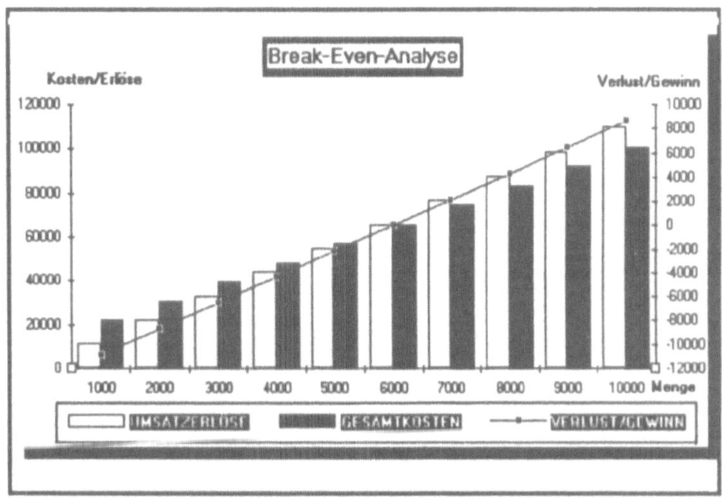

Abb. 6-24: Das Format 2 des Verbunddiagramms ordnet die Überlagerung der zweiten Größenachse zu

Wem die angebotenen Kombinationen im <*Muster*>-Menü nicht ausreichen, kann über den Befehl <*Format Hauptdiagramm*> bzw. <*Format Überlagerung*> jede denkbare Zusammenstellung wählen.

6.4 Speichern, Öffnen und Drucken von Diagrammen

◄▷ I-4 I-5.2

Die in den Kapiteln über das Speichern, Öffnen und Drucken von Tabellen beschriebenen Verfahren und Befehle treffen im wesentlichen auch auf Diagramme zu. Einige Punkte sind zu ergänzen.

Speichern und Öffnen von Diagrammen

Wenn es sich um ein Grafik-Objekt handelt, wird das Diagramm zusammen mit der Tabelle gespeichert. Neu erstellte Diagramme in einem Dateifenster werden mit dem Befehl *<Datei Speichern unter>* bzw. zur Aktualisierung mit *<Datei Speichern>* auf Diskette/Festplatte gesichert.

✎ XLC

Tabellen-Dateien werden von EXCEL automatisch mit der Dateinamenerweiterung XLS versehen. Diagramme erhalten die Erweiterung XLC (chart).

Diagrammformate in Mustervorlagen speichern

Diagramme können in verschiedenen Dateiformaten gespeichert werden. Nach dem Befehl *<Datei Speichern unter>* können Sie über die Schaltfläche '*Optionen*' die Liste der *Dateiformate* abrufen.

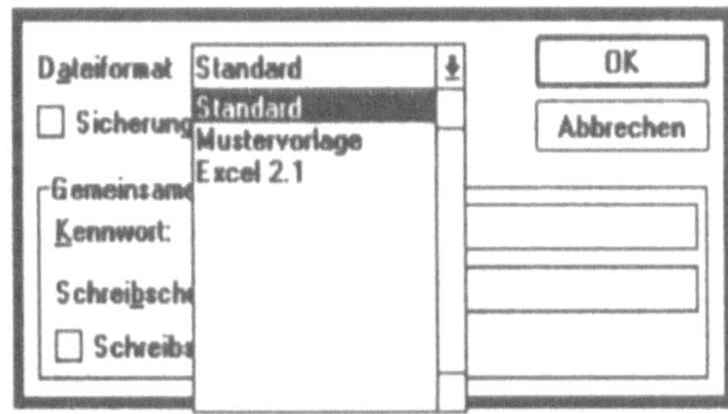

Abb. 6-25: Diagramm-Formate in einer Mustervorlage speichern

Standard ist das XLC-Format. Mit *EXCEL 2.1* wird das Diagramm als XLC-Datei für die ältere EXCEL-Version gesichert.

✎ XLT

Das eigentlich interessante Dateiformat ist die Mustervorlage. Diese Datei erhält die Erweiterung XLT und speichert alle von Ihnen in der Datei vorgenommenen Formatierungen. Anstatt jedes Mal mit der Formatierung von Neuem zu beginnen, übernehmen Sie die Formate aus der Mustervorlage.

Das Verfahren ist einfach. Sie öffnen nach der Tabelle die Mustervorlage mit <*Datei Öffnen*> und kopieren die neuen Datenreihen in das leere Diagramm-Fenster. Die Grafik wird sofort mit Muster und Formaten ausgestattet. Bei vergleichenden Präsentationen mit immer gleichem Aufbau und unterschiedlichen Werten sparen Sie durch Mustervorlagen sehr viel Zeit.

☞ Eine andere Möglichkeit, Formate aus anderen Diagrammen zu übernehmen, geht über das Kopieren. Markieren Sie das fertig gestaltete Diagramm mit dem Befehl <*Diagramm Diagramm auswählen*> und wählen Sie dann den Befehl <*Bearbeiten Kopieren*>. Aktivieren Sie das Basisdiagramm ohne Formate und wählen Sie den Befehl <*Bearbeiten Inhalte einfügen*> und die Option '*Formate*'.

Schutz von Diagrammen

Wie jede andere Datei kann auch ein Diagramm geschützt werden. Mit dem Befehl *<Diagramm Datei schützen>* kann sowohl das Diagramm-Fenster wie das Diagramm selbst vor Änderungen bewahrt werden.

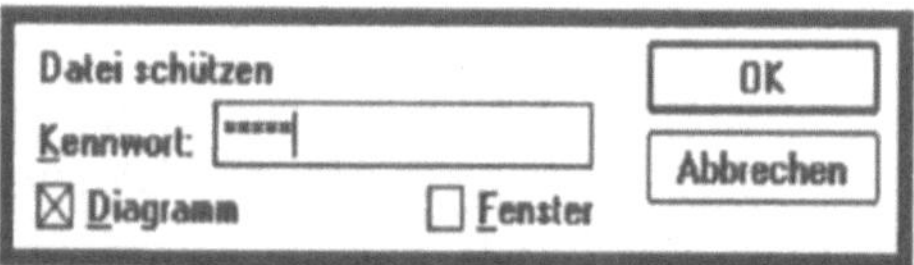

Der Befehl *<Datei schützen>* ist ein Umschalt-Befehl, d.h. wenn ein Schutz eingerichtet wurde, schaltet der Befehl um in *<Dateischutz aufheben>*. Um die beliebige Aufhebung des Schutzes zu verhindern, kann ein Kennwort eingegeben werden. Erst nach Eingabe des Kennwortes kann das Diagramm bearbeitet werden.

Öffnen und Aktualisieren von Diagrammen

Gespeicherte Diagramme werden wie jede andere Datei mit *<Datei Öffnen>* in den Arbeitsspeicher übertragen. Vorab wird EXCEl folgende Meldung anzeigen:

Bedenken Sie bitte, daß Ihre Grafik aus einer Tabelle heraus erstellt wurde und nach wie vor mit dieser verknüpft ist. Wenn diese Meldung erscheint, ist die Tabellen-Datei nicht geöffnet und eventuell haben sich die Werte verändert. EXCEL fragt nach, ob das Diagramm entsprechend dem Tabellenstand aktualisiert werden soll oder nicht.

Drucken von Diagrammen

I-5.2

Bis auf wenige Layout-Optionen unterscheidet sich der Ausdruck von Diagrammen in nichts von den beschriebenen Verfahren für die Tabelle.

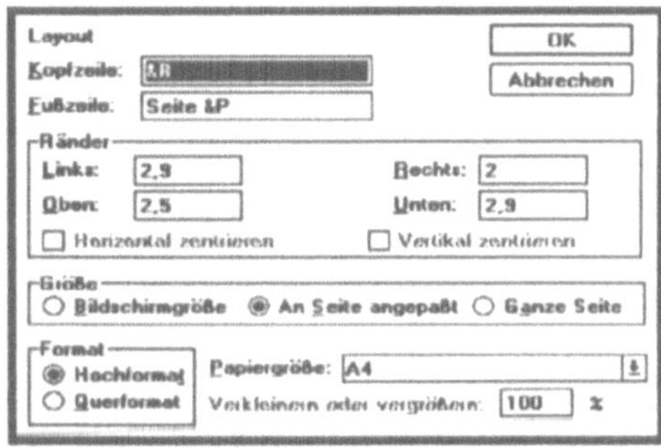

Abb. 6-26: Die Größe der ausgedruckten Diagramme wird in der Layout-Dialog-Box bestimmt

Neu sind in der Dialog-Box des Befehls <*Datei Layout*> die Optionen zum Bestimmen der Diagrammgröße.

Druck größe

In Abbildung 6-27 sehen Sie die Größenunterschiede für die gleiche Grafik. Die Option '*Bildschirmgröße*' erlaubt jede individuelle Größenbestimmung des Diagramms. Mit Hilfe der Fenstertechnik bestimmen Sie am Bildschirm die Größe des Diagramms. Diese Größe wird auf den Druck des Diagramms übertragen.

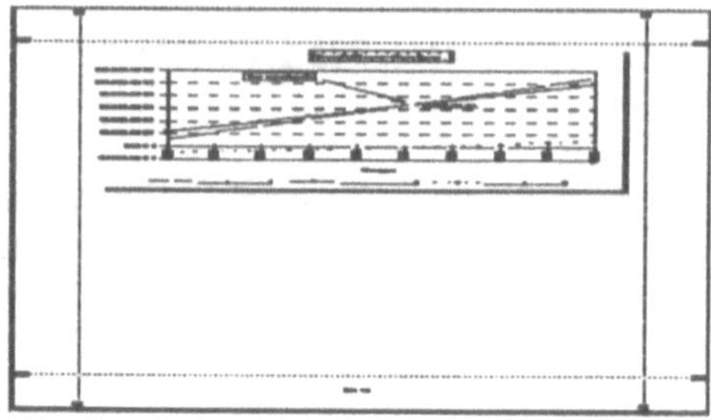

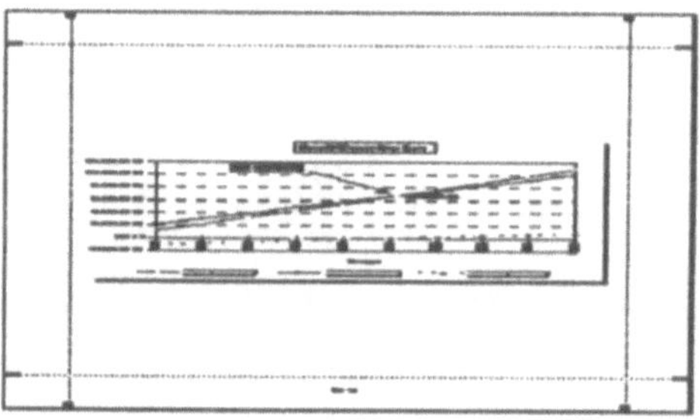

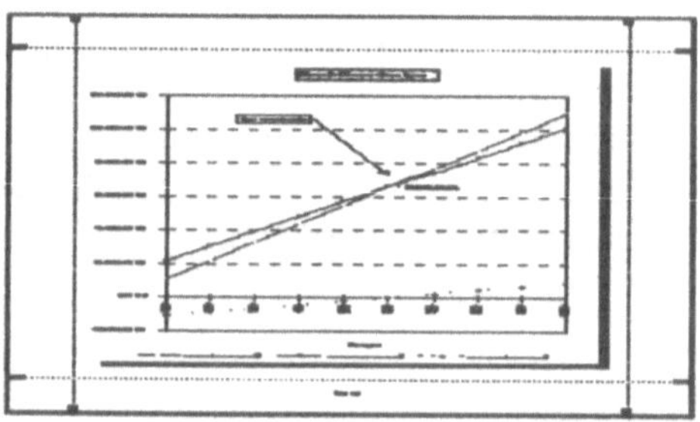

Abb. 6-27: Seitenansicht für die Größenoptionen in Bezug auf das gleiche Diagramm: Bildschirmgröße; An Seite angepaßt; Ganze Seite

7

Datenbank

Sie lernen in diesem Abschnitt:

- *was unter einer EXCEL-Datenbank zu verstehen ist und welche Fachbegriffe in diesem Zusammenhang von Bedeutung sind;*
- *wie Datensätze nach bestimmten Sortierschlüsseln in auf- oder absteigender Reihenfolge geordnet werden können;*
- *die EXCEL-Datenbank einzurichten, abzufragen und die Daten zu pflegen;*
- *Texte, Werte, Formeln und logische Verknüpfungen in Suchkriterien zu verwenden, um präzise Abfragen zu starten;*
- *statistische Datenbankanalysen mit Hilfe von Funktionen durchzuführen.*

Fallbeispiel: Umsatzliste

Zur Aufgabe der Controlling-Abteilung eines europaweit agierenden Konzerns zählt die Überwachung der internationalen Umsatzentwicklung. Die Vertretungsfirmen in den einzelnen Ländern schicken eine monatliche Umsatzmeldung pro Artikel.

Aufgabe des Bearbeiters ist es,

- die Umsatzmeldungen in einer Liste nach laufender Eingangsnummer zusammenzustellen,
- die Liste nach Land und Umsatzhöhe zu ordnen,
- Informationen aus der Umsatzliste über die Verkaufszahlen in einzelnen Ländern und zu bestimmten Artikeln und Monaten zu entnehmen,
- eine statistische Auswertung über die Umsatzentwicklung vorzulegen,

DB1.XLS

Die Umsatzliste ist auf der Übungsdiskette in der Datei DB1.XLS gespeichert.

Begriffsklärung: Datenbank, Datensatz, Feld, Feldnamen

Ausgangspunkt der Datenbank ist eine normale Tabelle, die im Arbeitsblatt mit den bekannten Techniken einzugeben ist. Obwohl die Umsatzliste in Abbildung 7-1 noch keine Datenbank ist, sind einige Punkte beim Aufbau berücksichtigt. Jede Zeile des Arbeitsblattes wird später zu einem Datensatz der Datenbank. Jede Spalte des Arbeitsblattes wird später zu einem Feld der Datenbank. Die Spaltentitel der Tabelle werden zu Feldnamen.

DB1.XLS

	A	B	C	D	E	F	G
1	Umsatzliste Europa 1990 in 1000 DM						
2							
3	Nr.	Artikel	Land	Vertretung	Umsatz	Monat	
4	1	M 12011	Italien	Cima	180	Jan 90	
5	2	M 12011	Frankreich	Lacour	270	Jan 90	
6	3	M 12009	Österreich	Prenzling	120	Jan 90	
7	4	M 12015	Niederlande	Vansloop	220	Jan 90	
8	5	M 12015	Frankreich	Lacour	310	Jan 90	
9	6	M 12009	Niederlande	Vansloop	110	Feb 90	
10	7	M 12011	Frankreich	Lacour	340	Feb 90	
11	8	M 12015	Niederlande	Vansloop	240	Feb 90	
12	9	M 12015	Italien	Cima	240	Feb 90	
13	10	M 12015	Italien	Tramonte	130	Jan 90	
14	11	M 12015	Niederlande	Vansloop	200	Mär 90	
15	12	M 12015	Frankreich	Lacour	320	Mär 90	
16	13	M 12009	Österreich	Prenzling	180	Mär 90	
17	14	M 12011	Frankreich	Lacour	160	Mär 90	
18	15	M 12015	Italien	Cima	190	Jan 90	
19	16	M 12009	Österreich	Prenzling	190	Feb 90	
20	17	M 12011	Italien	Cima	130	Feb 90	

Abb.7-1: Ausriß aus einer Umsatzliste

Wie Sie sehen, ist es zur Verständigung wichtig, sich auf bestimmte Begriffe zu einigen. Die folgende Übersicht enthält Begriffe aus dem Gebiet der Datenbank, wie sie von EXCEL interpretiert werden.

Datenbank: Eine Sammlung von Daten, die EXCEL in einer abfragbaren und sortierbaren Datei verwaltet. Im vorliegenden Bespiel ist es eine Umsatzliste.

Datensatz: Jede Zeile in einer EXCEL Datenbank bildet einen Datensatz. Im abgebildeten Beispiel: jede Umsatzmeldung, von der laufenden Nummer in Spalte A bis zum Umsatzmonat in Spalte F. Eine Datenbanktabelle kann maximal 16382 Datensätze enthalten (=Anzahl der Zeilen im Arbeitsblatt), die sich aus einem oder mehreren Datenfeldern zusammensetzen.

Feld: Jede Spalte in einer EXCEL-Datenbank bildet ein Feld. Eine Datenbanktabelle kann bis zu 256 Felder (=Anzahl der Spalten im Arbeitsblatt) enthalten. Die Einträge in einem Feld können Labels sein oder Werte, also Zahlen, Datumswerte, Formeln oder Funktionen. Jedes Feld erhält einen Feldnamen.

Feldname: Ein Name, der die in einem Feld gespeicherten Daten identifiziert. Die vergebenen Feldnamen müssen in einer Datenbanktabelle einmalig sein. Die Kopfzeile eines Datenbankbereichs enthält die Leiste der Feldnamen.

Die EXCEL-Datenbank ist durch die Beschränkungen des Arbeitsblattes nicht mit der Leistungsfähigkeit spezieller Datenbankprogramme zu vergleichen. In Kombination und als Zusatz zu Tabellenkalkulation und Grafik, zur Verwaltung kleinerer Datenbestände, ist die Datenbank hilfreich, zumal Q+E die Bearbeitung von externen Datenbanken erlaubt.

Alle Befehle, die das Sortieren und die Abfrage von Datensätzen betreffen, finden Sie im <*Daten*>-Menü.

◀▷ I-3 Daten zu ordnen ist keine Anwendung der Datenbank, wird aber in diesem Bereich speziell eingesetzt, um Datensätze zu sortieren.

Datensätze abzufragen bedarf spezieller Befehle, die nur die Arbeit mit Datenbanken betreffen.

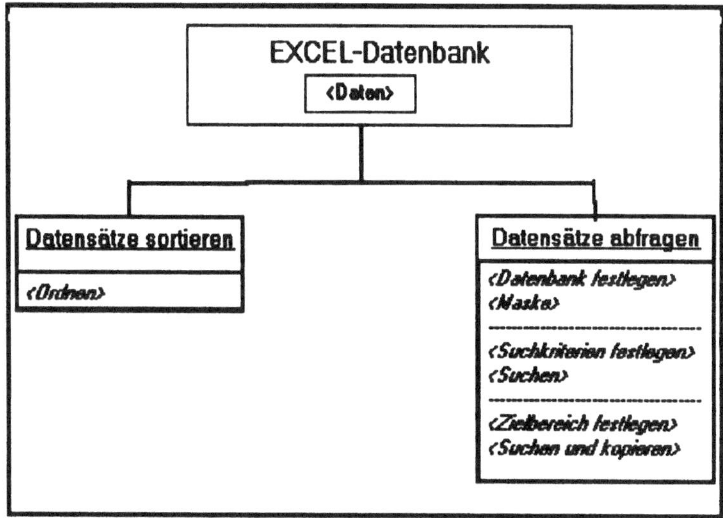

Abb.7-2: Sortieren und Abfragen von Datensätzen sind unterschiedliche Vorgänge

7.1 Sortieren von Datensätzen

Der Befehl <*Ordnen*> im <*Daten*>-Menü ermöglicht, Datensätze nach 3 Sortierschlüsseln in auf- oder absteigender Reihenfolge zu ordnen.

Aufgabe: Die Datensätze sollen nach Ländern in alphabetischer Reihenfolge sortiert werden.

VORGEHEN: ORDNEN VON DATENSÄTZEN NACH EINEM SORTIERSCHLÜSSEL

- Markieren Sie alle Datensätze, die sortiert werden sollen: A4:F23. Beachten Sie bitte, daß die Feldnamen nicht ausgewählt wurden, sie würden sonst einsortiert.
- Rufen Sie das <*Daten*>-Menü auf und wählen Sie den Befehl <*Ordnen*>.

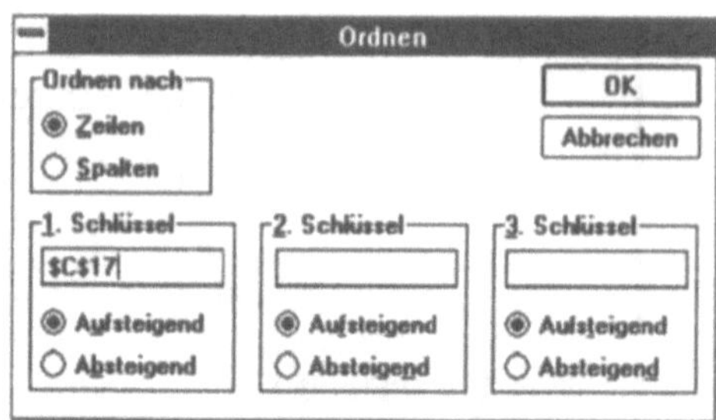

Dialog-Box zum Ordnen von Daten

In der Dialog-Box ist die Option '*Zeilen*' richtig markiert.

- Zum Bestimmen des ersten Schlüssels klicken Sie auf irgendein Land im ausgewählten Sortierbereich. Es reicht 1 Feld ($C$17).

- Die Option '*Aufsteigend*' ist bereits markiert, so daß Sie mit <*OK*> bestätigen können.

Mit EXCEL ist es möglich, Datensätze nach mehr als einem Sortierschlüssel zu ordnen. Die Sortierschlüssel sind hierarchisch angelegt.

Aufgabe: Die Datensätze sollen nach Ländern in alphabetischer Reihenfolge sortiert werden und innerhalb der Länder nach Umsatzhöhe. Die höchsten Umsätze des jeweiligen Landes stehen am Anfang.

VORGEHEN: ORDNEN VON DATENSÄTZEN NACH ZWEI SORTIERSCHLÜSSELN

- Markieren Sie alle Datensätze, die sortiert werden sollen: A4:F23 und rufen Sie den Befehl <*Daten Ordnen*> auf.

- Zum Bestimmen des ersten Schlüssels klicken Sie auf irgendein Land im ausgewählten Sortierbereich.

- Klicken Sie auf das Eingabefeld des zweiten Schlüssels und wählen Sie eine beliebige Umsatzzahl aus dem Sortierbereich.

- Klicken Sie auf die Option '*Absteigend*' und bestätigen Sie mit *<OK>*.

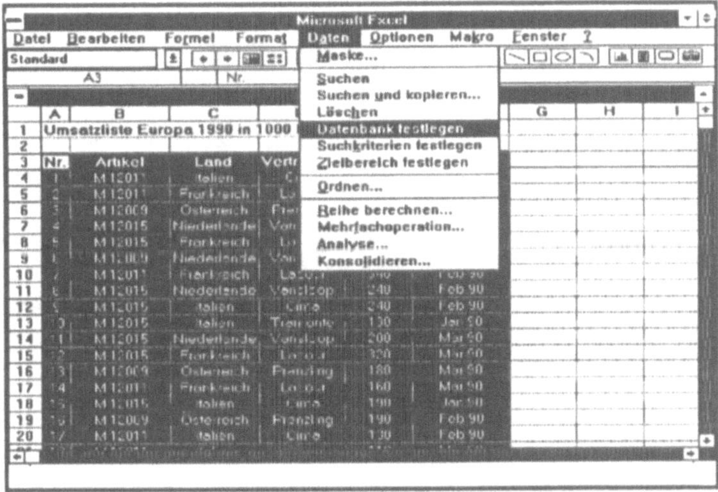

Abb.7-3: Nach Land, Vertretung und Umsatz geordnete Tabelle

Die Hierarchie von Schlüsseln bedeutet: Zuerst werden die Daten nach dem ersten Schlüssel sortiert, innerhalb dieser Reihenfolge nach dem zweiten, innerhalb dieser Ordnung nach dem dritten (s. Abb.7-3). Wenn Sie nach mehr als drei Schlüsseln sortieren wollen, benutzen Sie einen Trick. Ordnen Sie mehrmals und fangen Sie bei den unwichtigsten Schlüsseln an.

☞ Für das Ordnen von Daten spielt die Groß- oder Kleinschreibung von Texten keine Rolle.

Fenster teilen und fixieren

<System Teilen>

Bei größeren Listen ist es oft nützlich, die Feldnamen zu fixieren, um die Datensätze nach oben zu rollen (vgl.Abb.7-3). Sie können sich zu diesem Zweck ein Unterfenster einrichten.

VORGEHEN: EINRICHTEN VON UNTERFENSTERN

- Rufen Sie im Datei-Systemmenü den Befehl *<Teilen>* auf.
- Führen Sie die grauen Linien mit der Maus auf die Trennlinie zwischen den Zeilenköpfen 3 und 4 und klikken Sie. Auf dieser Zeilenhöhe wird der Bildschirm in zwei Fenster geteilt.

  Diese Technik verlangt einige Genauigkeit. Wenn Sie nicht den richtigen Punkt zwischen den Zeilenlinien treffen, werden gleich 4 Fenster eingerichtet. Beginnen Sie mit etwas Geduld von vorn.
- Über die Bildlaufleisten können beide Unterfenster unabhängig gerollt werden.
- Mit dem Befehl *<Optionen Fenster fixieren>* wird das obere Fenster festgesetzt, während das untere frei mit den Bildlaufleisten bewegt werden kann.

☞ Zum Schließen des Unterfensters muß zunächst die Fixierung mit *<Optionen Fensterfixierung aufheben>* rückgängig gemacht werden. Aufgehoben wird das Unterfenster dann mit dem Befehl *<System Teilen>*. Die grauen Linien werden nach rechts außen zum Bildschirmrand bewegt und mit einem Klick verschwindet das Unterfenster.

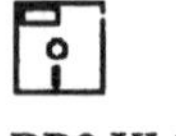
DB2.XLS

Eine Musterlösung finden Sie auf der Übungsdiskette unter dem Namen DB2.XLS gespeichert.

7.2 Pflege des Datenbestandes -Datenbank-Abfragen

Daten zu ordnen zählt zu den Techniken der normalen Tabellenkalkulation. Zwar haben wir den Aufbau unserer Tabelle schon unter dem Blickwinkel einer Datenbank vorgenommen, aber mehr auch nicht.

Abfragen nach den Umsätzen eines bestimmten Landes oder Artikels sind auf dieser Ebene noch nicht möglich. Abfragen setzen voraus, daß EXCEL weiß, welche Daten wo zu suchen sind. Anders formuliert: die Tabelle muß zuerst als Datenbank festgelegt werden.

Die Datenbank einzurichten ist eine Grundvoraussetzung für die Datenpflege mit EXCEL. Die Umsatzliste muß stets auf dem neuesten Stand sein. Überflüssige Einträge müssen gelöscht, neue hinzugefügt werden können und Veränderungen innerhalb der Einträge möglich sein. Für alle diese oft mühseligen Aspekte der Datenpflege bietet EXCEL eine Reihe von Vereinfachungen an, die Ihnen im folgenden vorgestellt werden.

◄▷ Abb. 7-2

Es gibt drei Ebenen eine Datenbank zu bearbeiten:

- die Datenbank wird festgelegt. Mittels einer Datenmaske können einzelne Datensätze bearbeitet werden;
- die Datenbank und die Suchkriterien werden festgelegt. Die gesuchten Datensätze werden in der Datenbank angezeigt;
- die Datenbank, die Suchkriterien und der Zielbereich werden festgelegt. Die gesuchten Datensätze werden in einen besonderen Zielbereich kopiert.

Die Verfahren der drei Ebenen werden im folgenden beschrieben.

Datenbank festlegen und Datensätzen bearbeiten

Es wird damit begonnen, die Umsatztabelle als Datenbank festzulegen und die einzelnen Datensätze mittels einer Maske zu bearbeiten.

VORGEHEN: FESTLEGEN EINER DATENBANK UND AUFRUF DER MASKE

- Markieren Sie alle Datensätze und die Feldnamen: A3:F23.

  Ohne Feldnamen in der Auswahl wird EXCEL Ihre Abfragen nicht bearbeiten können !

- Wählen Sie im *<Daten>*-Menü den Befehl *<Datenbank festlegen>*.

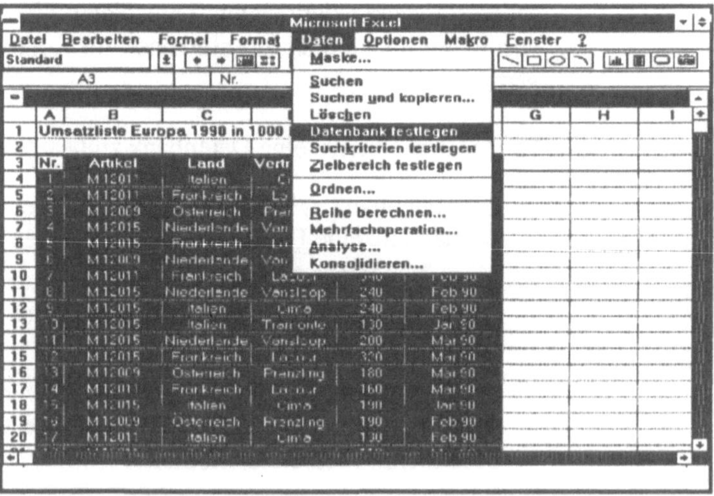

Zur Datenbank gehören alle Datensätze und die Feldnamen

- Rufen Sie den Befehl *<Daten Maske>* auf.

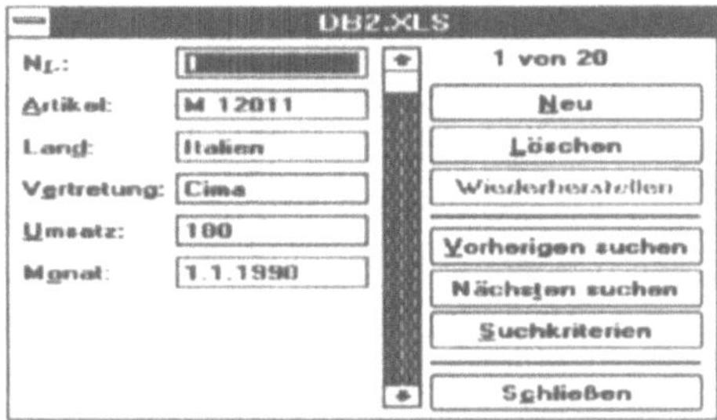

Abb. 7-4: Automatisch generierte Datenmaske

Es erscheint eine automatisch generierte Maske, in der Sie einzelne Datensätze einsehen, ändern, hinzufügen, löschen sowie suchen können.

☞ Es hat den Anschein als würde der Befehl <*Datenbank festlegen*> nichts bewirken. Aber ohne diese Festlegung könnte die Maske nicht aufgerufen werden. EXCEL vermerkt diesen Bereich unter dem Namen '*Datenbank*', was Sie durch den Befehl <*Formel Namen festlegen*> überprüfen können.

Im rechten oberen Teil der Maske wird angezeigt, welcher von den zur Datenbank gehörigen Datensätzen angezeigt wird (1 von 20).

Einsehen von Datensätzen:

Blättern können Sie in der Datenbank nach vorn mit der Option '*Nächsten suchen*', zurück mit der Option '*Vorherigen suchen*'. Das gleiche geht auch mit der Bildlaufleiste (Pfeile: jeweils ein Datensatz; Ziehen des Quadrates: eine Reihe von Datensätzen).

Editieren/Ändern von Datensätzen:

Die Felder des angezeigten Datensatzes können jederzeit editiert, d.h. geändert werden. Die einzelnen Eingabefelder aktivieren Sie mit der Maus oder gehen Sie mit der <*Tab*>-Taste (!) weiter.

Hinzufügen und Löschen von Datensätzen:

Der Befehl <*Löschen*> entfernt den Datensatz aus der Datenbank. Der Befehl <*Neu*> fügt der Datenbank den eingegebenen Datensatz hinzu. Der Datenbankbereich wird automatisch angepasst.

Zur Dateneingabe werden leere Felder eröffnet. Gehen Sie mit der <*Tab*>-Taste oder einem Mausklick von Feld zu Feld und schließen Sie erst nach vollständiger Eingabe des Datensatzes mit <*Return*> ab.

Suchen von Datensätzen:

Die Option <*Suchkriterien*> führt zu einer veränderten Maske, in die Suchkriterien zum Auffinden bestimmter Datensätze eingegebenen werden können.

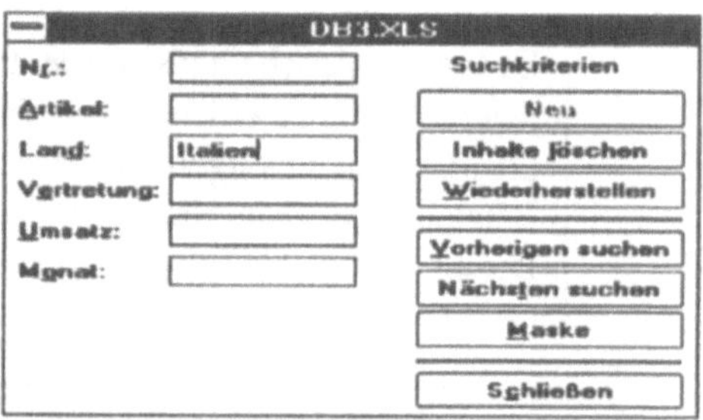

Abb. 7-5: Datenmaske zum Suchen von Datensätzen.

In Abb. 7-5 sehen Sie im Eingabefeld für die Länder das Suchkriterium "Italien" eingegeben. Mit der Schaltfläche <*Nächsten suchen*> wird der jeweils nächste übereinstimmende Datensatz angezeigt. Mit der Schaltfläche <*Vorherigen suchen*> wird der vorhergehende übereinstimmende Datensatz angezeigt. Suchen können Sie auch nach Werten, z.B. Anzeige der Datensätze mit einem Umsatz über 300.

Gesucht werden Datensätze mit einem Umsatz >300

◁▶ I-7.3

Im Abschnitt 7.3 werden die möglichen Suchkriterien ausführlich behandelt.

Von den gefundenen Datensätzen aus kommen Sie über die Schaltfläche <*Suchkriterien*> und <*Maske*> zurück.

◁▶ II-9

Wenn die Standard-Maske nicht Ihren Ansprüchen genügt, besteht die Möglichkeit eine eigene Anwender-Maske zu entwickeln (s. DB3M.XLS).

DB3.XLS

Eine Musterlösung finden Sie auf der Übungsdiskette unter dem Namen DB3.XLS gespeichert.

Suchkriterien festlegen und Anzeige der gesuchten Datensätze in der Datenbank

Es besteht die Möglichkeit, die gesuchten Datensätze direkt in der Datenbank anzeigen zu lassen. Voraussetzung ist nicht nur eine festgelegte Datenbank, sondern ein eingerichteter Kriterienbereich. In diesen Kriterienbereich werden konkrete Suchkriterien eingetragen, nach denen die Datenbank abgefragt wird.

VORGEHEN: EINRICHTEN EINES KRITERIENBEREICHS

- Kopieren Sie die Feldnamen der Datenbank A3:F3 in einen freien Teil des Arbeitsblattes rechts neben der Datenbank.
- Markieren Sie die kopierten Feldnamen und eine leere Zeile.
- Wählen Sie den Befehl <*Daten Suchkriterien festlegen*>.

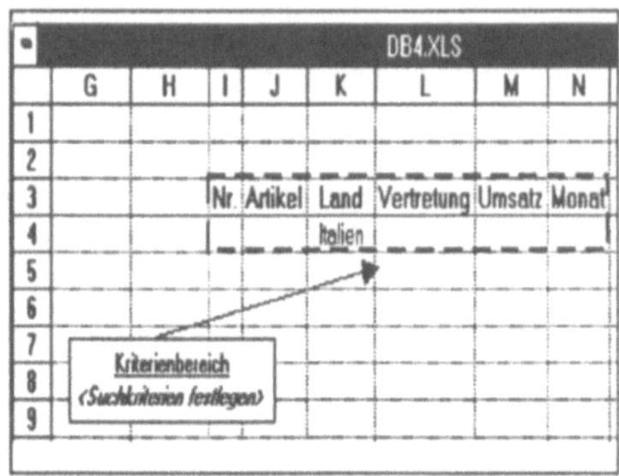

Abb. 7-6: Zweizeiliger Kriterienbereich

Es ist sinnvoll, den Kriterienbereich nicht unter der Datenbank anzulegen, um Platz für die Eingabe weiterer Datensätze zu lassen.

Aufgabe: Lassen Sie sich alle Umsätze aus Italien in der Datenbank suchen und anzeigen

VORGEHEN: ANZEIGEN DER GESUCHTEN DATENSÄTZE IN DER DATENBANK

- Geben Sie im Kriterienbereich direkt unterhalb des Feldnamens 'Land' das konkrete Suchkriterium "Italien" ein.

- Wählen Sie den Befehl *<Daten Suchen>*.

- Angezeigt wird der erste übereinstimmende Datensatz in der Datenbank. Mit der *<Pfeiltaste unten>*/*<Pfeiltaste oben>* oder den Pfeilen der *<Bildlaufleiste>* können Sie in den gefundenen Datensätzen blättern.

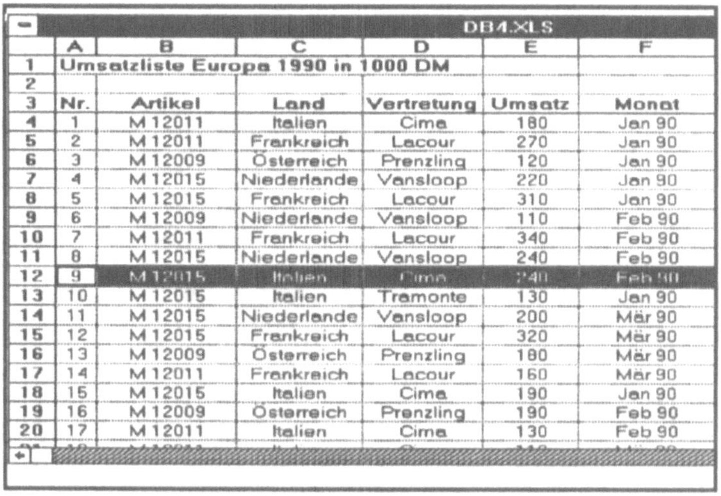

	A	B	C	D	E	F
1	Umsatzliste Europa 1990 in 1000 DM					
2						
3	Nr.	Artikel	Land	Vertretung	Umsatz	Monat
4	1	M 12011	Italien	Cima	180	Jan 90
5	2	M 12011	Frankreich	Lacour	270	Jan 90
6	3	M 12009	Österreich	Prenzling	120	Jan 90
7	4	M 12015	Niederlande	Vansloop	220	Jan 90
8	5	M 12015	Frankreich	Lacour	310	Jan 90
9	6	M 12009	Niederlande	Vansloop	110	Feb 90
10	7	M 12011	Frankreich	Lacour	340	Feb 90
11	8	M 12015	Niederlande	Vansloop	240	Feb 90
12	9	M 12015	Italien	Cima	240	Feb 90
13	10	M 12015	Italien	Tramonte	130	Jan 90
14	11	M 12015	Niederlande	Vansloop	200	Mär 90
15	12	M 12015	Frankreich	Lacour	320	Mär 90
16	13	M 12009	Österreich	Prenzling	180	Mär 90
17	14	M 12011	Frankreich	Lacour	160	Mär 90
18	15	M 12015	Italien	Cima	190	Jan 90
19	16	M 12009	Österreich	Prenzling	190	Feb 90
20	17	M 12011	Italien	Cima	130	Feb 90

Abb.7-7: Die gesuchten Datensätze werden in der Datenbank angezeigt

<Entf>

Um Datensätze nach einem neuen Kriterium anzeigen zu lassen, wird das alte Kriterium gelöscht (!) und das neue eingegeben. Entfernen Sie das Suchkriterium "Italien" und geben unterhalb des Feldnamens 'Umsatz' das neue Suchkriterium >300 ein. Über *<Daten Suchen>* werden Ihnen die übereinstimmenden Datensätze mit einem Umsatz über 300000 DM angezeigt.

☞ EXCEL vermerkt den Kriterienbereich unter dem vorgeschriebenen Namen *'Suchkriterien'*. Mit dem Befehl *<Formel Namen festlegen>* lassen sich Name und Bereich überprüfen.

Löschen von Datensätzen

In der Datenmaske werden einzelne Datensätze gelöscht. Mit einem Kriterienbereich können alle Datensätze gelöscht werden, die mit dem eingegebenen Suchkriterium übereinstimmen.

Nach dem Aufruf des Befehls *<Daten Löschen>* holt EXCEL noch einmal Ihr Einverständnis ein.

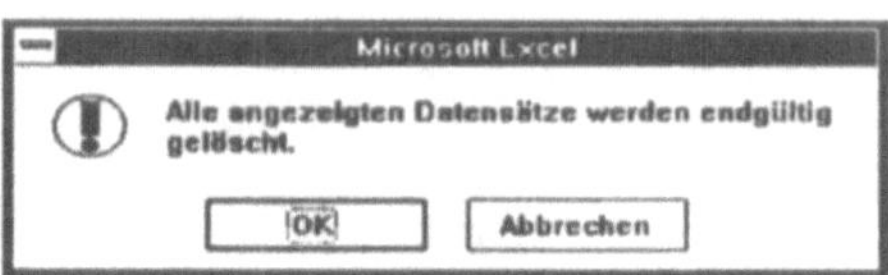

Sicherheitsabfrage bevor die Datensätze gelöscht werden

Zielbereich festlegen und Ausgabe der gesuchten Datensätze

In der Praxis ist es oft notwendig, die gesuchten Datensätze nicht nur anzeigen zu lassen, sondern auch zu kopieren, um damit weiterzuarbeiten. Voraussetzung ist eine festgelegte Datenbank, ein festgelegter Kriterienbereich und ein Zielbereich.

Im Zielbereich werden die gesuchten Datensätze ausgegeben. Es gibt zwei Möglichkeiten den Zielbereich zu bestimmen:

- der Zielbereich wird für jede Abfrage neu ausgewählt;
- der Zielbereich wird festgelegt.

VORGEHEN: ZIELBEREICH AUSWÄHLEN UND ABFRAGE STARTEN

- Geben Sie das Suchkriterium "Italien" unterhalb des Feldes 'Land' im Kriterienbereich ein.
- Kopieren Sie die Feldnamen in einen freien Bereich des Arbeitsblattes. Am besten Sie legen den Zielbereich unterhalb des Kriterienbereichs an.
- Markieren Sie die Zeile mit den kopierten Feldnamen und kopieren Sie die gesuchten Datensätze mit *<Daten Suchen und kopieren>* in den Zielbereich.

Sollen identische Datensätze mit ausgegeben werden ?

- Für jede neue Abfrage mit einem anderen Suchkriterium muß der Zielbereich markiert sein !

	H	I	J	K	L	M	N
1							
2							
3		Nr.	Artikel	Land	Vertretung	Umsatz	Monat
4				Italien			
5							
6							
7							
8		Nr.	Artikel	Land	Vertretung	Umsatz	Monat
9		1	M 12011	Italien	Cima	180	Jan 90
10		9	M 12015	Italien	Cima	240	Feb 90
11		10	M 12015	Italien	Tramonte	130	Jan 90
12		15	M 12015	Italien	Cima	190	Jan 90
13		17	M 12011	Italien	Cima	130	Feb 90
14		18	M 12011	Italien	Cima	110	Mär 90
15		20	M 12015	Italien	Tramonte	110	Feb 90
16							

Abb.7-8: Die gesuchten Datensätze werden im Zielbereich ausgegeben

Jedes Abfrageergebnis kann mit dieser Technik in einen eigenen Ausgabebereich kopiert werden; hier die Umsätze aus Italien, dort diejenigen aus Frankreich.

Oft besteht dazu keine Notwendigkeit und es reicht aus, immer den gleichen Bereich für die Ausgabe festzulegen.

VORGEHEN: ZIELBEREICH FESTLEGEN UND ABFRAGE STARTEN

- Markieren Sie die Zeile mit den kopierten Feldnamen und wählen Sie den Befehl *<Daten Zielbereich festlegen>*.

- Mit dem Befehl *<Daten Suchen und kopieren>* starten Sie die Abfrage.

Ein festgelegter Zielbereich muß bei neuen Abfragen nicht markiert werden.

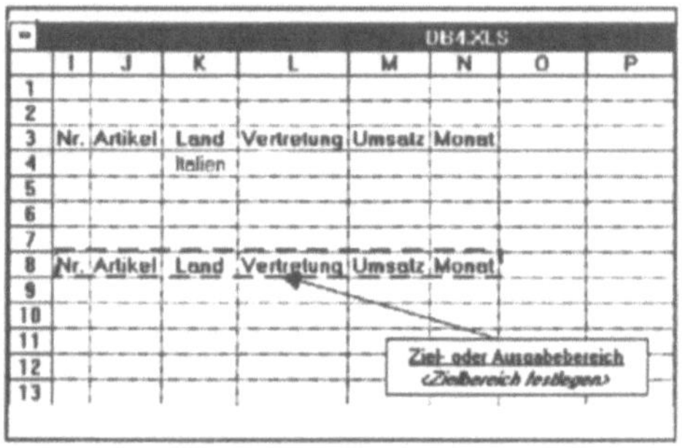

Abb.7-9: Einzeiliger Zielbereich

Wenn Sie den Zielbereich festlegen, speichert EXCEL den Bereich unter dem Namen 'Zielbereich'. Mit dem Befehl *<Formel Namen einfügen>* und der Option '*Liste einfügen*' können Sie sich die Datenbanknamen mit Feldadressen in einen freien Bereich kopieren lassen.

Datenbank	=$A$3:$F$23
Suchkriterien	=$I$3:$N$4
Zielbereich	=$I$8:$N$8

EXCEL vergibt für die drei Datenbankbereiche vorgeschriebene Namen

Wenn wie im vorliegenden Beispiel lediglich die Feldnamen als Zielbereich bestimmt werden, nimmt EXCEL den darunterliegenden Bereich bis zum unteren Rand des Arbeitsblattes als potentielle Ausgabe. Speichern Sie von daher keine anderen Daten unterhalb des so definierten Ausgabebereichs oder beschränken Sie ihn von vornherein auf eine bestimmte Anzahl von Zeilen. Sollten nicht alle übereinstimmenden Datensätze in diesen beschränkten Ausgabebereich passen, gibt EXCEL die Meldung aus: "Zielbereich ist voll".

Analog zum Suchen der Datensätze wird eine neue Abfrage gestartet, indem das alte Suchkriterium gelöscht, das neue eingegeben und mit *<Daten Suchen und kopieren>* die Datenbank abgefragt wird.

Kriterien- und Ausgabebereich gestalten

Kriterien- und Ausgabebereich wurden bislang durch einfaches Kopieren der Feldnamen der Datenbank in freie Bereiche des Arbeitsblattes eingerichtet. Nun sind beide Bereiche weder daran gebunden, alle Feldnamen der Datenbank aufzuführen, noch ist die Reihenfolge der Feldnamen vorgeschrieben. So könnte sich beispielsweise der Kriterienbereich auf den Feldnamen 'Land' beschränken und der Zielbereich in der Reihenfolge 'Vertretungsfirma', 'Land', 'Umsatz' angeordnet sein.

Bedingung für beide Bereiche ist jedoch, daß die in Kriterien- und Zielbereich verwandten Feldnamen genau mit denen der Datenbanktabelle übereinstimmen !

DB4

	J	K	L	M
1				
2				
3	Land		Datenbank	=$A$3:$F$23
4	Italien		Suchkriterien	=$J$3:$J$4
5			Zielbereich	=$J$8:$L$8
6				
7				
8	Vertretung	Land	Umsatz	
9	Cima	Italien	180	
10	Cima	Italien	240	
11	Tramonte	Italien	130	
12	Cima	Italien	190	
13	Cima	Italien	130	
14	Cima	Italien	110	
15	Tramonte	Italien	110	

Abb.7-10: Feldnamen von Kriterien- und Zielbereich müssen übereinstimmen

DB4.XLS

Eine Musterlösung finden Sie auf der Übungsdiskette unter dem Namen DB4.XLS gespeichert.

7.3 Suchkriterien - gezielter Zugriff auf Daten

Sie haben gesehen, daß Texte (Italien) und Werte (>300) als Suchkriterien eingegeben werden können. Es folgt eine Übersicht über Suchkriterien, mit denen Sie präzise Informationen aus der Datenbank herausfiltern können.

Text und Wert als vergleichende Suchkriterien

"Italien" war das Beispiel für einen Text als Suchkriterium. EXCEL prüft alle Datensätze der Datenbank auf Übereinstimmung mit dem Kriterium. Es ist keine exakte Überprüfung. Der Vergleich bezieht sich darauf, ob die Eingaben im Feld 'Land' mit dem Kriterientext beginnen !

Text mit Stellvertreterzeichen

Die Abfrage hätte mit dem Suchkriterium "Ita" oder auch nur mit "I" gestartet werden können.

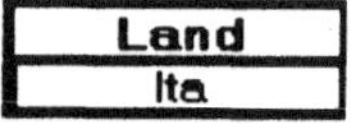

Land
Ita

EXCEL vergleicht, ob die Eingaben im Feld 'Land' mit dem Kriterientext "Ita" beginnen.

✎ Textjoker

Darüber hinaus besteht die Möglichkeit, Joker (Stellvertreterzeichen) einzusetzen, wenn ein oder mehrere Zeichen unbekannt sind.

Stellvertreterzeichen für Textsuche:	
?	entspricht einem einzelnen Zeichen
*	entspricht mehreren Zeichen

Ist z.B. eine Zahl der Arktikelnummer unbekannt, wird an die Stelle ein Fragezeichen geschrieben.

Die unbekannte dritte Zahl der Artikel-Nr. wird durch ein ?-Zeichen ersetzt

Für mehr als ein unbekanntes Zeichen werden mehrere Fragezeichen verwendet oder es wird das Sternchen (*) als Joker geschrieben.

Gesucht werden alle Eingaben im Feld 'Artikel', die mit "M" beginnen und mit "5" enden.

Die Stellvertreterzeichen gelten nur für einen Text als Suchkriterium, nicht bei Werten ! Logische Operatoren gelten für Text und Wert als Suchkriterium.

Text und Wert mit vergleichenden Operatoren

Nicht nur für Werte (>300) können die logischen Operatoren angewendet werden.

Gesucht werden alle Länder, die alphabetisch nach den Niederlanden liegen

Übersicht:	Vergleichende Operatoren
=	gleich
<	kleiner
<=	kleiner gleich
>	größer
>=	größer gleich
<>	ungleich

Mit Hilfe eines Operatoren findet auch der - etwas umständliche - exakte Vergleich statt, z.B.: ="=Niederlande". Nur Länder mit genauer Übereinstimmung werden gesucht.

✎ Datumsabfragen

Daß die Umsätze unserer Datenbank als Werte mit Hilfe der Operatoren leicht abgefragt werden können, liegt auf der Hand. Aber auch die Datumseingaben im Feld 'Monat' lassen sich so überprüfen.

Gesucht werden Eingaben im Feld 'Monat', die nach dem 1.2.90 liegen

☞

> EXCEL verfügt über eine Datumsarithmetik. Dateneingaben werden, wenn sie in einem Standardformat (z.B 30.9.50 oder 30-Sep-50) erfolgen, als Datum angezeigt und gleichzeitig in eine serielle Zahl umgesetzt. Diese serielle Zahl ist nichts anderes als die Anzahl der Tage gerechnet vom 1.1.1900. Diese Zahl im Hintergrund des Datums macht es möglich, mit Datumseingaben zu rechnen.

✎ Berechnetes Kriterium

Mit Datumsabfragen lassen sich leicht Terminüberwachungen durchführen. Z.B. können alle Umsatzmeldungen ausgegeben werden, die 30 Tage nach dem Stichtag eingegangen sind.

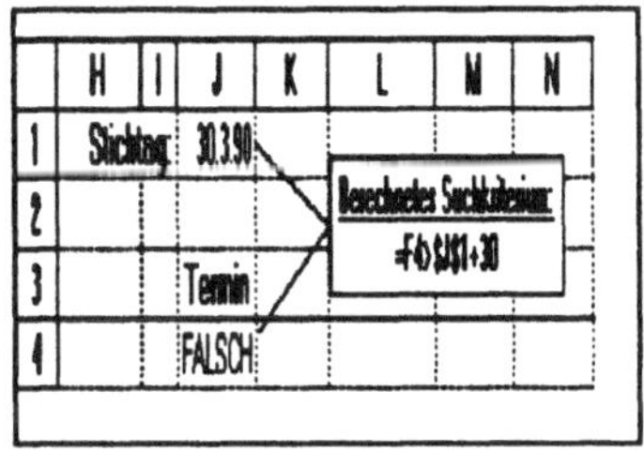

Gesucht werden alle Eingaben im Feld 'Monat', die 30 Tage nach dem Stichtag liegen

Zu beachten ist:

- Im Kriterienbereich muß ein neuer - von den Feldnamen der Datenbank verschiedener - Feldname eingegeben werden ('Termin').
- Das Kriterium "30 Tage nach dem Stichtag" wird in die Formel J1-30 umgesetzt.
- Damit handelt es sich um ein berechnetes Kriterium, das einen Bezug zum abgefragten Feld des ersten Datensatzes herstellen muß: =F4>J1+30.
- Da der Stichtag außerhalb der Datenbank liegt, muß die Feldadresse absolut angegeben werden: =F4>$J$1+30.

Kombinierte Suchkriterien - UND/ODER-Verknüpfungen

Voraussetzung für neue Abfragen war bislang, das alte Suchkriterium zu löschen. Im folgenden lernen Sie, Abfragen mit mehreren Suchkriterien zu starten. Je nach dem Ziel der Abfrage werden die Suchkriterien durch eine UND- oder eine ODER-Verknüpfung kombiniert. Beide Verknüpfungen können über 2 Techniken hergestellt werden.

UND-Verknüpfung

Werden im Kriterienbereich zwei oder mehr Suchkriterien nebeneinander in der gleichen Zeile eingetragen, so handelt es sich automatisch um eine UND-Verknüpfung. Gesucht werden Datensätze, die mit allen eingegebenen Suchkriterien übereinstimmen.

Land	Umsatz
F	>300

Gesucht werden alle Datensätze mit Frankreich als Land und einem Umsatz über 300

Diese Art der UND-Verknüpfung kann auch in Bezug auf ein Feld angewandt werden. Z.B. können so alle Datensätze abgefragt werden, in denen der Umsatz zwischen 300 und 350 liegt. Der Feldname 'Umsatz' muß verdoppelt werden, um die beiden Endpunkte des gesuchten Wertebereichs zu benennen.

Umsatz	Umsatz
>300	<350

Gesucht werden alle Datensätze mit einem Umsatz zwischen 300 und 350

✎ UND-Funktion

Mehrere Suchkriterien lassen sich auch mit Hilfe von logischen Funktionen verbinden.

=UND(Wahrheitswert1;Wahrheitswert2;...)

Die Funktion UND gibt als Ergebnis den Wahrheitswert WAHR aus, wenn alle Argumente der Funktion WAHR sind.

Legen wir die gleiche Abfrage wie oben zugrunde, daß alle Datensätze mit einem Umsatz zwischen 300 und 350 abgefragt werden sollen.

=UND(E4>300;E4<350)

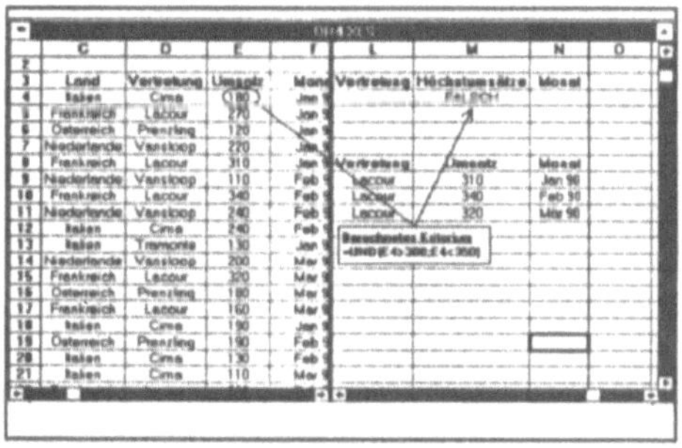

Gesucht werden alle Datensätze mit einem Umsatz zwischen 300 und 350

Wie bereits bei der Terminüberwachung muß im Kriterienbereich ein neuer Feldname eingegeben werden ('Höchstumsätze'). In den Argumenten der Funktion wird als Bezug das abgefragte Feld des ersten Datensatzes genommen (E4). Die Anzeige der Funktion lautetet "FALSCH", weil der erste überprüfte Datensatz nicht mit dem Kriterium übereinstimmt. EXCEL geht nacheinander alle Datensätze der Datenbank durch und gibt alle Datensätze mit dem Prüfergebnis "WAHR" aus.

ODER-Verknüpfung

Die ODER-Verknüpfung wird analog zur UND-Verknüpfung hergestellt, zuerst über die Eingabe mehrerer Suchkriterien, dann mit Hilfe der ODER-Funktion.

Bei der Eingabe mehrerer Suchkriterien ist der entscheidende Unterschied zur UND-Verknüpfung, daß die Kriterien untereinander in verschiedenen Zeilen einzugeben sind.

✎ Kriterienbereich erweitern

Beachten Sie bitte, daß unser Kriterienbereich bislang aus zwei Zeilen bestand. Für die Abfrage mit einer ODER-Verknüpfung muß der Kriterienbereich - um eine Zeile erweitert - neu festgelegt werden (I3:N5) !

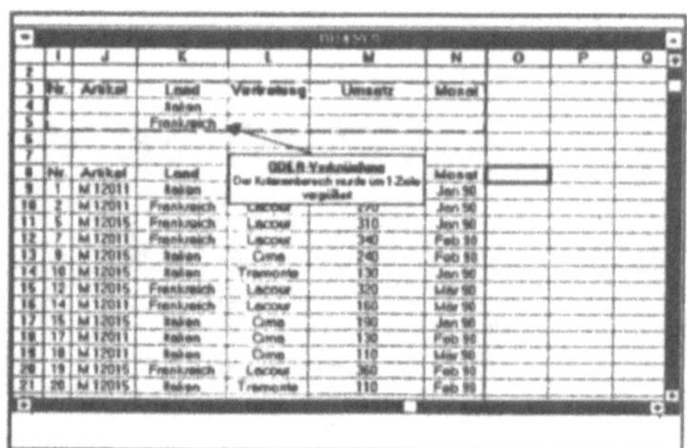

Gesucht werden alle Datensätze mit dem Land Italien oder Frankreich

☞

> Sprachgebrauch und logische Abfrage bei ODER-Verknüpfungen führen leicht zu Mißverständnissen. Gesucht werden alle Datensätze, die dem Kriterium "Italien" oder dem Kriterium "Frankreich" entsprechen. Ausgegeben werden alle Datensätze mit Italien und Frankreich.

✎ ODER-Funktion

Eine ODER-Verknüpfung läßt sich auch mit Hilfe der logischen Funktion herstellen.

=ODER(Wahrheitswert1;Wahrheitswert2;...)

Die Funktion ODER gibt als Ergebnis den Wahrheitswert WAHR aus, wenn ein Argument der Funktion WAHR ist.

Sollen alle Datensätze mit Umsätzen über 300 oder unter 120 gesucht werden, muß zuerst ein neuer Feldname im Kriterienbereich eingegeben werden ('Höchst-und Niedrigstumsätze') und darunter die Funktion:

=ODER(E4>300;E4<120)

Höchst-und Kleinstumsätze
FALSCH

Übereinstimmend sind solche Datensätze, auf die eine der Bedingungen zutrifft.

7.4 Statistische Auswertungen mit Datenbankfunktionen

EXCEL stellt spezielle Datenbank-Funktionen zur Verfügung, mit denen statistische Auswertungen durchzuführen sind. In kürzester Zeit können Fragen nach den Gesamtumsätzen, Mittelwerten oder der Standardabweichung beantwortet werden.

Die allgemeine Schreibweise der Datenbank-Funktionen lautet:

● Syntax @DBFunktion(Datenbankbereich;Datenbankfeld;Kriterienbereich).

<u>Aufgabe</u>: Der Gesamtumsatz für Italien soll mit Hilfe einer Datenbank-Summenfunktion berechnet werden

VORGEHEN: EINGABE DER DATENBANK-SUMMENFUNKTION

- Tragen Sie im Kriterienbereich unter dem Feldnamen 'Land' das Suchkriterium "Italien" ein.

- Wählen Sie ein freies Feld aus, in das Sie die Funktion eingeben können.

- Geben Sie die Funktion ein:
  =DBSUMME(A3:F23;"Umsatz";I3:N5)

  Als Ergebnis wird Ihnen der Gesamtumsatz für Italien ausgegeben.

Das auszuwertende Feld können Sie eingeben, indem Sie:

- den Feldnamen in Anführungsstrichen setzen: "Umsatz"
  oder
- die Nummer der auszuwertenden Spalte angeben: 5.

Wenn Sie als Suchkriterium "Frankreich" eingeben, wird die Funktion neu berechnet und zeigt den Gesamtumsatz für Frankreich an.

Funktionen von EXCEL einfügen lassen

Über den Befehl <*Formel Funktion einfügen*> können Sie die Eingabe der Funktionen EXCEL übertragen.

Erinnern Sie sich daran, daß EXCEL bereits für Datenbankbereich wie Kriterienbereich die Namen 'Datenbank' bzw. 'Suchkriterien' vergeben hat. Nutzen Sie diesen Vorzug.

VORGEHEN: DIE SUMMENFUNKTION DER DATENBANK EINFÜGEN

- Das Suchkriterium ist eingegeben, das freie Feld für die Funktion gewählt.

- Rufen Sie den Befehl <*Formel Funktion einfügen*> auf und markieren Sie aus der Liste die Funktion: DB-SUMME.

  Wenn Sie ein "d" eintippen, beginnt die Anzeige der Liste mit der ersten Funktion, die mit einem "d" beginnt!

- Klicken Sie auf die Option '*Argumente*', die normalerweise die allgemeine Schreibweise der Funktion ausgibt.

  In der Bearbeitungszeile wird eingetragen: =DBSUMME(DATENBANK;DATENBANKFELD; SUCHKRITERIEN)

  Im Fall der Datenbank-Funktionen stimmen zwei allgemeine Argumente immer mit den konkreten überein: Datenbank; Suchkriterien.

- Eingetragen wird nur noch das auszuwertende Datenbankfeld und die Funktion kann bestätigt werden.

Dieses Verfahren ist auf alle Datenbank-Funktionen anwendbar. Wie die Summenfunktion beginnen alle Datenbankfunktionen mit einem "DB".

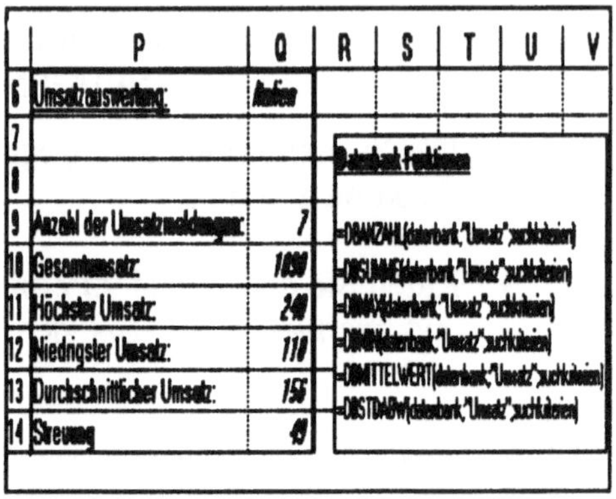

	P	Q	R–V
6	Umsatzauswertung:	[illegible]	
7			
8			Datenbank-Funktionen
9	Anzahl der Umsatzmeldungen:	7	=DBANZAHL(datenbank;"Umsatz";suchkriterien)
10	Gesamtumsatz:	1090	=DBSUMME(datenbank;"Umsatz";suchkriterien)
11	Höchster Umsatz:	240	=DBMAX(datenbank;"Umsatz";suchkriterien)
12	Niedrigster Umsatz:	110	=DBMIN(datenbank;"Umsatz";suchkriterien)
13	Durchschnittlicher Umsatz:	156	=DBMITTELWERT(datenbank;"Umsatz";suchkriterien)
14	Streuung	49	=DBSTDABW(datenbank;"Umsatz";suchkriterien)

Abb. 7-11: Auswertung der Italienumsätze mit Hilfe von Datenbank-Funktionen

☞ Die Funktionen werden für jedes neue Suchkriterium neu berechnet. Um die alten Ergebnisse zu behalten, können die Funktionen kopiert und als Werte eingefügt werden. Markieren Sie die Funktionen und wählen Sie <*Bearbeiten Kopieren*>. Wählen Sie einen freien Bereich zum Einfügen der Funktionen aus. Rufen Sie den Befehl <*Bearbeiten Inhalte einfügen*> auf und markieren Sie die Option '*Werte*'. Danach können Sie das neue Suchkriterium eingeben, ohne daß die alten Ergebnisse überschrieben würden.

DB5.XLS

Eine Musterlösung finden Sie auf der Übungsdiskette unter dem Namen DB5.XLS gespeichert.

8

Konsolidieren und Verknüpfen von Dateien - Datentransfer

Sie lernen in diesem Abschnitt:

- *eine Mustervorlage als Schema für den gleichartigen Aufbau von Dateien zu erstellen und einzusetzen.*
- *Dateien in einer Arbeitsgruppe zusammenzufassen und zu bearbeiten.*
- *Daten aus mehreren Dateien einzulesen und zu konsolidieren.*
- *Dateien durch externe Bezüge miteinander zu verknüpfen.*
- *Daten zwischen EXCEL und anderen Anwendungen einzulesen und zu verarbeiten.*

Dieses Kapitel gibt einen Überblick über die Möglichkeiten, Daten aus anderen Dateien einzulesen und in andere Dateien zu schreiben. Es geht um das Kombinieren und Konsolidieren von Daten, wobei es sich um EXCEL-Dateien oder um Dateien aus anderen Anwendungen handeln kann.

8.1 Dateien mit gleichem Tabellenraster - Arbeitsguppen und Mustervorlagen

Tabellenaufbau, -formatierung und Dateneingabe zählen zu den zeitaufwendigen Beschäftigungen. Von daher sollte jede Möglichkeit wahrgenommen werden, bereits erstellte Tabellen wiederzuverwenden oder gleich zu Beginn einen gleichen Tabellenaufbau für mehrere Dateien festzulegen. Quartalsrechnungen sind ein typisches Beispiel für Tabellen, deren Aufbau in der Regel ähnlich oder gleich strukturiert ist.

Beispiel: Quartalsberichte

Die Erlöse für Büroartikel werden monatlich erfasst und in einem Quartalsbericht zusammengestellt.

◄▷ I-2

Jedes Quartal soll nach dem gleichen Tabellenraster aufgebaut und in einer eigenen Datei gespeichert werden.

QUELL1.XLS

Den ersten Quartalsbericht finden Sie auf der Übungsdiskette unter dem Namen QUELL1.XLS gespeichert.

Erlöse	1. Quartal 1990					
Artikel-Nr.	Büroartikel Kurzbezeichnung	Januar DM	Februar DM	März DM	Summe DM	Mittelwert DM
312 F 212	Faserschreiber K 177	1243,50	1123,44	1270,58	3637,52	1212,51
312 F 449	Textliner X 45	4569,86	4248,00	4611,29	13429,15	4476,38
312 F 450	Textliner X2000	5633,48	5534,70	5297,00	16465,18	5488,39
312 F 112	Bleistifte HB	1388,98	1260,67	1122,87	3772,52	1257,51
312 F 121	Farbstifte	1130,22	1170,30	1190,01	3490,53	1163,51
312 F 555	Zeichenstift XFZ	777,60	623,15	785,20	2185,95	728,65
312 F 132	Druckbleistift 0,5 mm	557,89	607,70	899,00	2064,59	688,20
312 F 144	Stenostifte 2008	122,21	122,21	122,21	366,63	122,21
Summe/Büroartikel:		15423,74	14690,17	15298,16	45412,07	15137,36

Abb. 8-1: Bericht für das 1.Quartal

Dateien in Arbeitsgruppen zusammenfassen

Mit EXCEL besteht die Möglichkeit, mehrere Dateien zu einer Arbeitsgruppe zusammenzufassen. Jede Eingabe, jedes Format, jede Änderung in einer Datei wird automatisch in die anderen Dateien übertragen.

Gehen wir davon aus, daß es noch keine Datei gibt, auf die man zurückgreifen könnte.

VORGEHEN: DATEIEN ZU EINER ARBEITSGRUPPE ZUSAMMENFASSEN

- Öffnen Sie für die Quartalsberichte vier neue Dateien mit <*Datei Neu*> und der Option '*Tabelle*' oder kürzer mit: <*Umschalt*>+<*F11*>.

- Wählen Sie im <*Fenster*>-Menü den Befehl <*Arbeitsgruppe*>.

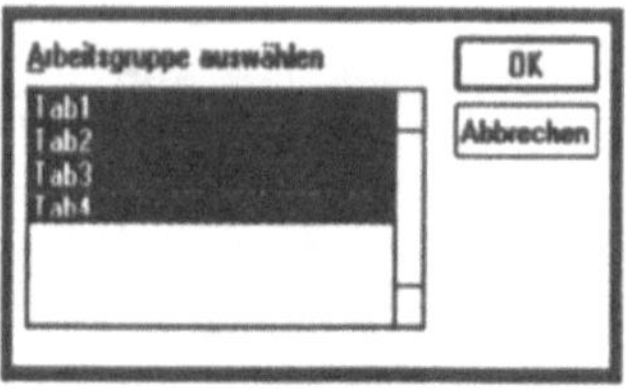

Dialog-Box zum Einrichten von Arbeitsgruppen

- Die markierten Dateien werden zu einer Arbeitsgruppe verbunden. Falls nicht alle Dateien eingebunden werden sollen, wählen Sie mit gedrückter *<Umschalt>*-Taste und einem Klick die gewünschten Dateien aus der Liste.

- Um die Wirkung des Befehls besser verfolgen zu können, lassen Sie sich die Dateien auf dem Bildschirm anordnen. Der Befehl *<Fenster Alles anordnen>* ist umgeschaltet in *<Fenster Arbeitsgruppe anordnen>*.

- Jeder Bearbeitungsschritt in der aktiven Datei wird automatisch auf die anderen drei Dateien übertragen.

Abb. 8-2: Die Eingaben in TAB4 werden in den Dateien TAB1, TAB2 und TAB3 übernommen

Nicht nur Text- und Zahleneingaben, sondern Formeln und Formatierungen werden auf alle Dateien einer Arbeitsgruppe übertragen.

✎ Gruppe auflösen

Aufgelöst wird eine Arbeitsgruppe mit einem Klick auf eine nicht aktive Datei.

Jede Datei kann wie gewohnt für sich unter einem eigenen Namen mit *<Datei Speichern unter>* gesichert werden (QUELL1.XLS, QUELL2.XLS, QUELL3.XLS, QUELL4.XLS). Wenn Sie wissen, daß Sie häufig auf alle vier Berichte gleichzeitig zugreifen werden, speichern Sie alle vier Dateien als Arbeitsbereich.

✎ Arbeitsbereich

Alle Dateien, die als Arbeitsbereich gespeichert werden sollen, müssen geöffnet sein. Wählen Sie den Befehl: *<Datei Arbeitsbereich speichern>*.

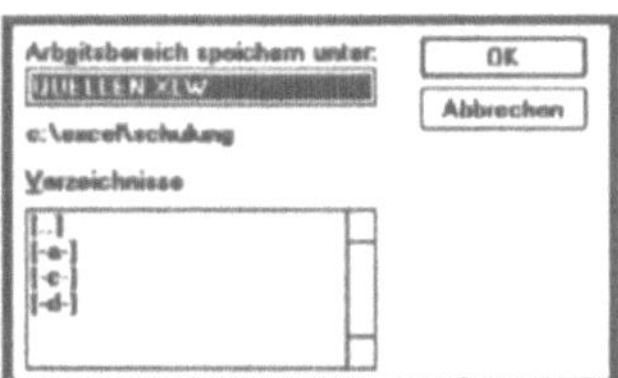

Abb. 8-3: Vier Dateien werden als ein Arbeitsbereich gespeichert

✎ XLW

Eine Arbeitsbereichsdatei erhält von EXCEL automatisch die Endung XLW.

Wenn Sie bei der nächsten Sitzung die XLW-Datei öffnen, werden automatisch alle Quartalsberichte geladen.

☞ Beachten Sie bitte, daß die XLS-Dateien nicht gelöscht werden dürfen! Die XLW-Datei merkt sich nur die Dateinamen und übernimmt nicht die Daten.

Mustervorlagen

Ein anderer Weg, gleichstukturierte Tabellen effektiv aufzubauen, sind Mustervorlagen. Mustervorlagen speichern den Aufbau der Tabellen mit allen gemeinsamen Eingaben, Berechnungen und Formaten in einer besonderen Datei. Die Mustervorlage wird geöffnet und die Quartalsdaten müssen nur noch eingegeben werden.

	A	B	C	D	E
1					
2	Erlöse				
3	Artikel-Nr.	Büroartikel			
4		Kurzbezeichnung	DM	DM	DM
5	312 F 212	Faserschreiber K 177			
6	312 F 449	Textliner X 45			
7	312 F 450	Textliner X2000			
8	312 F 112	Bleistifte HB			
9	312 F 121	Farbstifte			
10	312 F 555	Zeichenstift XFZ			
11	312 F 132	Druckbleistift 0,5 mm			
12	312 F 144	Stenostifte 2008			
13	Summe/Büroartikel:		0,00	0,00	0,00

Abb. 8-4: Mustervorlage für Quartalsberichte

VORGEHEN: MUSTERVORLAGEN ERSTELLEN UND ÖFFNEN

- Erstellen Sie eine Tabelle, die diejenigen Eingaben, Berechnungen und Formate enthält, die für alle Quartalsberichte identisch sind.
- Wählen Sie den Befehl <*Datei Speichern unter*> und die Schaltfläche '*Optionen*'.
- In der Liste der Dateiformate wählen Sie '*Mustervorlage*'.

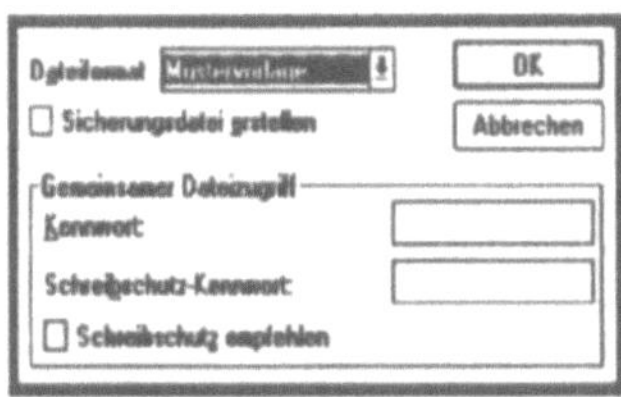

Dateiformat: Mustervorlage wählen

- Bestätigen Sie das Format und speichern Sie mit <*OK*> die Datei.

✎ XLT

Mustervorlagen werden von EXCEL automatisch mit der Dateinamenerweiterung XLT versehen.

Um die Daten des ersten Quartals einzugeben, öffnen Sie die Mustervorlage mit <*Datei Öffnen*>, tragen die Daten ein und speichern als normale XLS-Datei ab. Für das nächste Quartal folgt die gleiche Prozedur.

QUEL-LEN.XLT

Eine Mustervorlage finden Sie auf der Übungsdiskette unter dem Namen QUELLEN.XLT gespeichert.

Daten in eine andere Datei kopieren

In der Praxis wird man sicherlich seine Tabellen planen - aber Einfälle und Änderungen werden häufig erst bei der konkreten Bearbeitung auftreten.

Da mag es einfacher sein, zuerst einen Quartalsbericht nach Wunsch zu erstellen und danach erst die übereinstimmenden Teile auf die anderen Dateien zu übertragen.

Zwei Techniken können eingesetzt werden:

- die normale Kopiermethode, bezogen auf mehrere Dateien;
- Kopieren in Arbeitsgruppen.

Aufgabe: Gehen wir davon aus, daß ein Bericht bereits nach Wunsch erstellt wurde (QUELL1.XLS). Im Aufbau identische Bereiche sollen in neue Dateien für die restlichen Quartale kopiert werden.

Kopiertechnik

Beginnen wir damit, die bekannte Kopiertechnik auf mehrere Dateien anzuwenden.

VORGEHEN: DATEN IN EINE ANDERE DATEI KOPIEREN

- Öffnen Sie den fertigen Quartalsbericht QUELL1.XLS.
- Öffnen Sie eine neue Datei mit *<Datei Neu>* oder *<Umschalt>+<F11>*.
- Lassen Sie mit *<Fenster Alles anordnen>* beide Dateien auf dem Bildschirm anzeigen.
- Markieren Sie den Bereich im fertigen Bericht QUELL1, den Sie in die anderen Dateien übernehmen wollen (A3:B13) und wählen Sie den Befehl *<Bearbeiten Kopieren>*.
- Aktivieren Sie mit einem Klick die andere Datei - Sie bemerken es an der unterlegten Titelleiste der aktiven Datei.
- Wählen Sie das Feld zum Einfügen aus und bestätigen Sie mit *<Return>*.

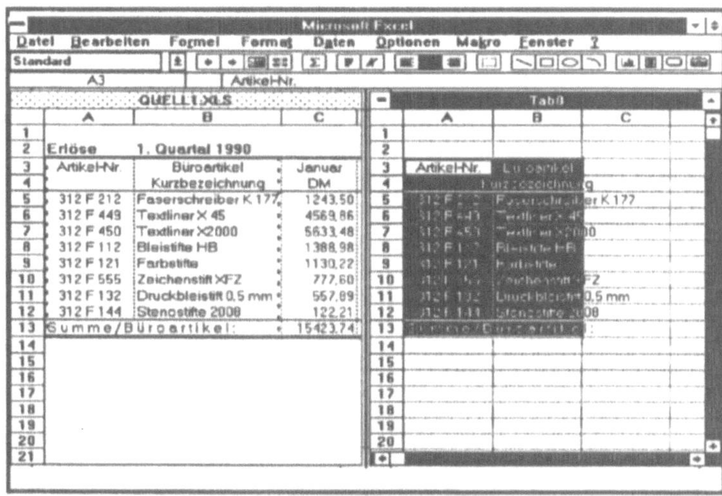

Abb. 8-5: Der Feldbereich wird aus einer Datei in eine andere Datei kopiert

Diese Kopiertechnik erlaubt es, den jeweiligen Einfügebereich auszuwählen. Für mehrere Berichte mit gleichem Raster müßte der Vorgang wiederholt werden. In diesem Fall ist es geschickter, eine Arbeitsgruppe einzurichten.

✎ Arbeitsgruppen

Spezifikum der Arbeitsgruppe ist, daß Daten und Formate in allen Dateien in den gleichen Bereich eingefügt werden.

VORGEHEN: KOPIEREN IN ARBEITSGRUPPEN

- Öffnen Sie mit *<Datei Neu>* oder *<Umschalt>+<F11>* drei neue Dateien.

- Öffnen Sie den Quartalsbericht QUELL1.XLS mit *<Datei Öffnen>*.

  Wenn Sie zuerst die Datei öffnen und danach die neuen Dateien erstellen, aktivieren Sie vor dem Einrichten der Arbeitsgruppe QUELL1. Sonst wird die Gruppe falsch zusammengestellt.

- Wählen Sie den Befehl *<Fenster Arbeitsgruppe>* und

zur Übersicht *<Fenster Arbeitsgruppe anordnen>*.

- Markieren Sie den Bereich im fertigen Bericht QUELL1, den Sie in die anderen Dateien übernehmen wollen und wählen Sie den Befehl *<Bearbeiten Arbeitsgruppe ausfüllen>*.

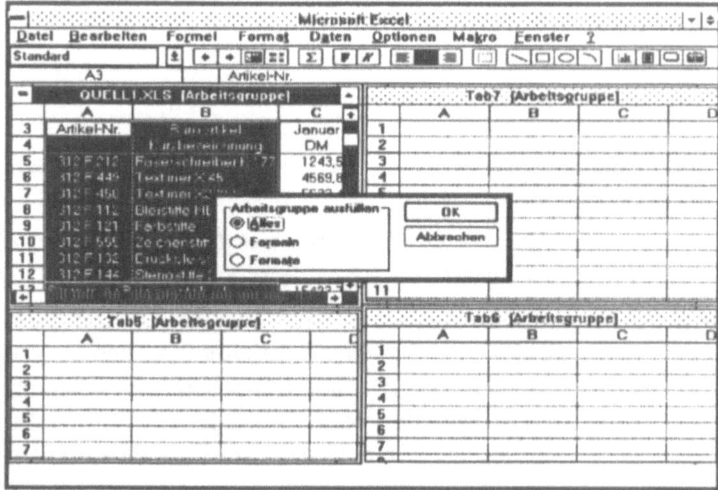

Abb. 8-6: Der Feldbereich wird aus einer Datei in die anderen Dateien der Arbeitsgruppe kopiert

8.2 Konsolidieren von Daten

Zur Konsolidierung gehört nicht nur die Kopie der Daten, sondern gleichzeitig deren Verrechnung.

Aufgabe: Die vier Quartalsberichte (QUELL1.XLS, QUELL2.XLS, QUELL3.XLS, QUELL4.XLS) sollen zu einem Jahresbericht zusammengefasst und in der Datei (KONSOL1.XLS) gepeichert werden.

	A	B	C
1			
2	Erlöse 1990		
3	Artikel-Nr.	Bezeichnung	Total/in DM
4	312 F 212	Faserschreiber K 177	
5	312 F 449	Textliner X 45	
6	312 F 450	Textliner X2000	
7	312 F 112	Bleistifte HB	
8	312 F 121	Farbstifte	
9	312 F 555	Zeichenstift XFZ	
10	312 F 132	Druckbleistift 0.5 mm	
11	312 F 144	Stenostifte 2008	
12	Summe/Büroartikel:		

Abb. 8-7: Tabellenraster zum Konsolidieren von Daten

Die Dateien QUELL1 bis QUELL4.XLS und KONSOL1.XLS finden Sie auf der Übungsdiskette gespeichert.

☞ Fenstertechnik

Bei der Konsolidierung von Daten haben Sie es immer mit mehreren Dateien zu tun. Um die Übersicht zu behalten, sollten Sie geöffnete Dateien, die Sie nicht mehr brauchen schließen oder mit <*Fenster Ausblenden*> vorübergehend beiseitestellen.

Der Befehl <*Fenster Alles anordnen*> zeigt Ihnen alle geöffneten Dateien auf dem Bildschirm an, was für die Konsolidierungstechnik von Vorteil ist. Alternativ können Sie im <*Fenster*>-Menü die einzelnen Dateifenster direkt aus der Liste anwählen.

Einfügen und Addieren von Daten

Der erste Weg ist eine Variante des Kopierbefehls und bedient sich des speziellen Einfügebefehls <*Bearbeiten Inhalte einfügen*>.

Die Summen aus den Quartalen werden in die Konsolidierungs-Tabelle kopiert und addiert. Es liegt bei Ihnen, ob sie zuerst alle Quartalsdateien öffnen oder nacheinander wie unten beschrieben.

VORGEHEN: KOPIEREN UND WERTE EINFÜGEN

- Öffnen Sie die Quartalsdatei QUELL1 und die Konsolidierungsdatei KONSOL1.
- Bringen Sie mit *<Fenster Alles anordnen>* beide Dateien auf den Bildschirm.
- Aktivieren Sie mit einem Klick QUELL1, markieren Sie den zu kopierenden Bereich: F5:F13 und wählen Sie *<Bearbeiten Kopieren>*.
- Aktivieren Sie mit einem Klick KONSOL1 und wählen Sie das erste Feld des Einfügebereichs aus: C4.
- Wählen Sie den Befehl *<Bearbeiten Inhalte einfügen>*.
- Markieren Sie zum Einfügen die Option '*Werte*' und bestätigen Sie mit *<OK>*.
- Schließen Sie QUELL1 oder blenden Sie die Datei aus und öffnen Sie die nächste Quartalsdatei QUELL2.
- Markieren Sie den zu kopierenden Bereich und wählen Sie den Befehl *<Bearbeiten Kopieren>*.
- Aktivieren Sie KONSOL1 - der Einfügebereich ist noch markiert- und wählen Sie den Befehl *<Bearbeiten Inhalte einfügen>*.
- Wählen Sie zum Einfügen die Option '*Werte*' und als Rechenoperation die Option '*Addieren*'.

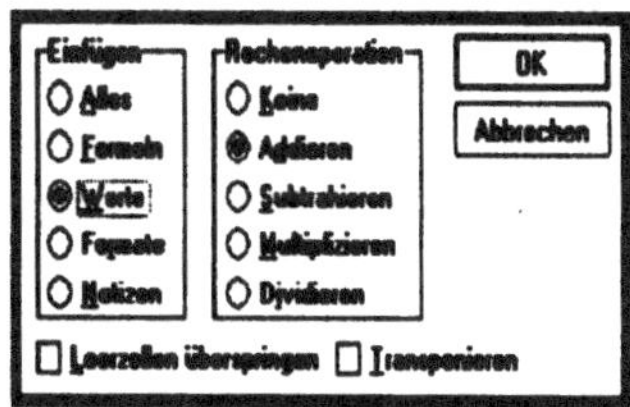

Abb. 8-8: Die Werte des kopierten Bereichs werden zu den Werten des Einfügebereichs addiert

Die Daten der restlichen Quartale werden genauso eingelesen und addiert.

	A	B	C
1			
2	**Erlöse 1990**		
3	Artikel-Nr.	Bezeichnung	Total/in DM
4	312 F 212	Faserschreiber K 177	13.256,52
5	312 F 449	Textliner X 45	53.516,15
6	312 F 450	Textliner X2000	66.722,18
7	312 F 112	Bleistifte HB	13.425,52
8	312 F 121	Farbstifte	12.699,53
9	312 F 555	Zeichenstift XFZ	7.911,41
10	312 F 132	Druckbleistift 0,5 mm	7.259,67
11	312 F 144	Stenostifte 2008	1.121,55
12	Summe/Büroartikel:		175.912,53

Abb. 8-9: Konsolidierte Tabelle mit der Gesamtsumme der vier Quartale

☞ Der Befehl *<Inhalte einfügen>* ist auch dann nützlich, wenn nur die Formate kopiert werden sollen.

Konsolidieren von Tabellen mit Funktionen

Über die Grundrechenarten hinaus bietet EXCEL einen Konsolidierungsbefehl, mit dem die Bereiche aus den verschiedenen Dateien eingelesen und verarbeitet werden können.

Führen wir die gleiche Konsolidierung mit dieser Technik durch.

VORGEHEN: KONSOLIDIEREN MIT FUNKTIONEN

- Die Quartalsdateien und die Konsolidierungsdatei sind geöffnet.
- Aktivieren Sie KONSOL1 und ordnen Sie die Dateien an mit *<Fenster Alles anordnen>*.
- Wählen Sie den Befehl *<Daten Konsolidieren>*.

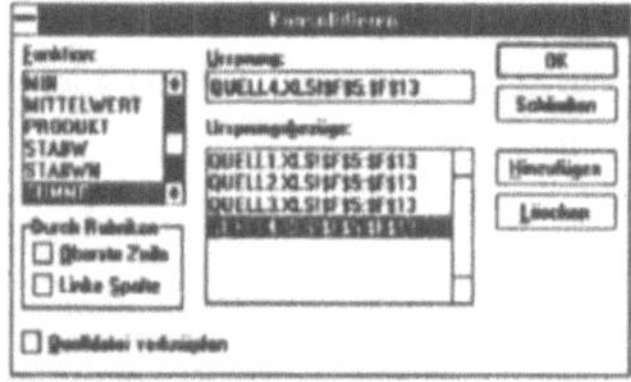

Dialog-Box um Dateien mit Hilfe von Funktionen zu konsolidieren

- Wählen Sie aus der Funktionsliste die Funktion SUMME.
- Aktivieren Sie mit einem Klick das Eingabefeld '*Ursprung*' und markieren Sie im ersten Bericht QUELL1.XLS den einzulesenden Feldbereich F5:F13.
- Klicken Sie auf die Schaltfläche '*Hinzufügen*' und markieren den gleichen Feldbereich im zweiten Bericht QUELL2.XLS.
- Verfahren Sie genauso für den dritten und vierten Bericht, wonach Sie mit *<OK>* abschließen können.

Diese Technik, die Konsolidierung der Tabellen in einem Gang vorzunehmen, führt zum gleichen Ergebnis wie im vorherigen Verfahren (vgl. Abb. 8-9). Die Werte aus den Ursprungsdateien werden eingelesen und addiert.

☞

> Um diese Technik der Konsolidierung einzusetzen, müssen die Quelldateien gespeichert sein.

Außer dem Vorteil dieser Methode, Funktionen anwenden zu können, sind zwei Optionen besonders hervorzuheben:

◁▶ II-9

- In unserem Beispiel wurde die Konsolidierung aufgrund der Position der einzelnen Felder (identische Reihenfolge der Artikel in allen Dateien) vorgenommen. Über Bezeichnungen (Rubriken) in der oberen Zeile oder linken Spalte kann EXCEL auch dann konsolidieren, wenn die Positionen in den Ursprungsdateien nicht übereinstimmen.

- Mit der Option '*Quelldatei verknüpfen*' lassen sich Werte nicht nur einlesen, sondern es wird eine Verknüpfung zu den Ursprungsdateien hergestellt. Jede Änderung in einer der Quell- oder Urspungsdateien führt automatisch zu einer Anpassung in der Konsolidierungsdatei.

✎ Verknüpfen

Führen Sie die gleiche Konsolidierung durch wie oben beschrieben, nur mit einem Unterschied: Kreuzen Sie mit einem Klick die Option '*Quelldatei verknüpfen*' an.

☒ **Quelldatei verknüpfen**

Das Ergebnis scheint das gleiche - bis auf die Anzeige von Gleiderungssymbolen am linken Rand des Bildschirms. Es steckt mehr dahinter !

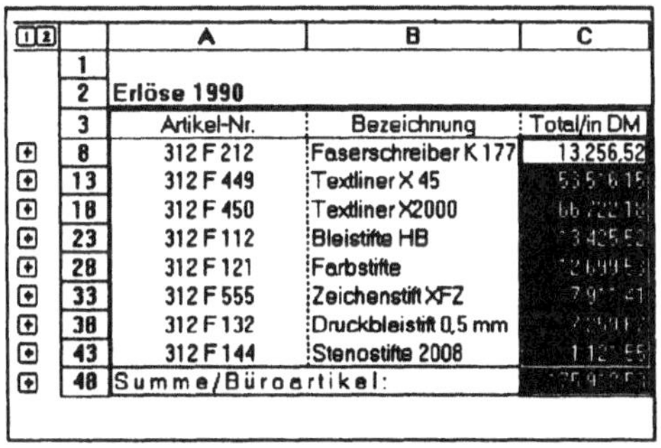

		A	B	C
	1			
	2	Erlöse 1990		
	3	Artikel-Nr.	Bezeichnung	Total/in DM
+	8	312 F 212	Faserschreiber K 177	13.256,52
+	13	312 F 449	Textliner X 45	[illegible]
+	18	312 F 450	Textliner X2000	[illegible]
+	23	312 F 112	Bleistifte HB	[illegible]
+	28	312 F 121	Farbstifte	[illegible]
+	33	312 F 555	Zeichenstift XFZ	[illegible]
+	38	312 F 132	Druckbleistift 0,5 mm	[illegible]
+	43	312 F 144	Stenostifte 2008	[illegible]
+	48	Summe/Büroartikel:		[illegible]

Abb. 8-10: Die Daten der Quelldateien sind eingelesen und die Dateien sind miteinander verknüpft

- Klicken Sie auf das Feld C8 in KONSOL1. Hinter der Summenanzeige verbirgt sich kein einfacher Wert wie bislang, sondern die Formel =SUMME(C4:C7).

- Zur Anzeige der Felder C4:C7 klicken Sie auf das +-Zeichen der Gliederung. Hinter der Summe werden die eingelesenen Werte der Quelldateien sichtbar.

- Klicken Sie auf das Feld C4 und Sie werden in der Bearbeitungszeile keinen einfachen Wert, sondern einen externen Bezug sehen: =QUELL1.XLS!$F$5.

	A	B	C
1			
2	Erlöse 1990		
3	Artikel-Nr.	Bezeichnung	Total in DM
4			3.637,52
5			3.880,00
6			2.564,00
7			3.175,00
8	312 F 212	Faserschreiber K 177	13.256,52
9			13.429,15
10			13.516,00
11			13.511,00
12			13.060,00
13	312 F 449	Textliner X 45	53.516,15
14			16.465,18
15			17.868,00
16			15.500,00
17			16.889,00
18	312 F 450	Textliner X2000	66.722,18
19			3.772,52
20			3.571,00
21			2.855,00

Verknüpfte Bereiche
[C4:] =QUELL1.XLS!$F$5
[C5:] =QUELL2.XLS!$F$5
[C6:] =QUELL3.XLS!$F$5
[C7:] =QUELL4.XLS!$F$5
[C8:] =SUMME(C4:C7)

Abb. 8-11: EXCEL hat eine Verknüpfung zwischen der Zieldatei und den Quelldateien hergestellt

Externe Bezüge zum Verknüpfen von Dateien sind das Thema des folgenden Abschnitts.

Testen können Sie sofort den Vorteil einer solchen Verknüpfung: Verändern Sie einen beliebigen Wert in einer der Quelldateien und Sie werden sehen, daß sich die Werte der Zieldatei automatisch anpassen !

8.3 Verknüpfen von EXCEL-Dateien mit externen Bezügen

Im vorhergehenden Abschnitt ging es hauptsächlich um das Einlesen und Verrechnen von Daten. Nach der Aktion bestand keine weitere Verbindung zwischen Ziel- und Quelldateien.

◀▷ I-6.2

Zum Ende des Abschnitts wurde die Verknüpfung von Dateien angesprochen. Bereits bei den Diagrammen machte sich der Vorteil einer solchen Verknüpfung bemerkbar. Änderten sich die Tabellenwerte, passte sich das Diagram automatisch an.

Im folgenden geht es darum, wie Verknüpfungen zwischen Dateien hergestellt werden und welche Arten von Verknüpfungen es gibt.

Fallbeispiel: Kostenstellenrechnung

Ein Betrieb verteilt die entstandenen Gemeinkosten auf 4 Kostenstellen: Material, Fertigung, Verwaltung und Vertrieb. Jede Kostenstelle enthält eine Aufteilung der Kostenarten für den Monat Januar. In einem Betriebsabrechnungsbogen (BAB) wird die Summe der Gemeinkosten/Januar für jede Kostenstelle erfasst.

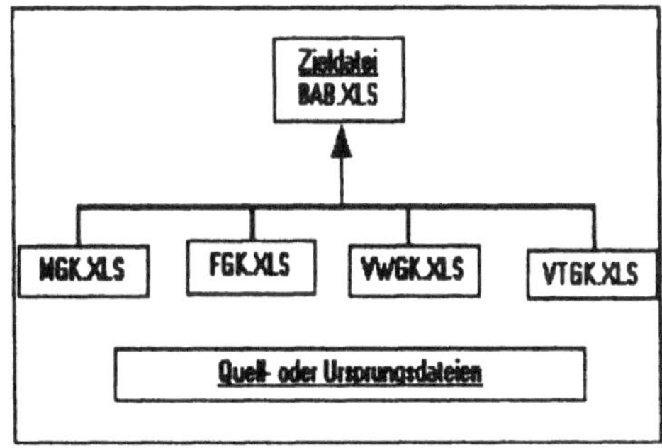

Abb. 8-12: Die Zieldatei BAB wird mit den Quelldateien verknüpft

Kostenstellen und BAB liegen als Dateien MGK.XLS, FGK.XLS, VWGK.XLS, VTGK.XLS und BAB.XLS auf der Übungsdiskette gespeichert vor.

Techniken zum Verknüpfen von Dateien

Es gibt verschiedene Techniken Dateien zu verknüpfen:

- ausgehend von der Zieldatei wird die Verknüpfung eingegeben;
- ausgehend von der Quelldatei wird die Verknüpfung durch Kopieren hergestellt.

Beide Techniken führen zum gleichen Ergebnis, werden jedoch bei unterschiedlichen Gelegenheiten eingesetzt. Mit Hilfe der ersten Technik wird der BAB mit der Datei MGK.XLS verknüpft, mit der zweiten Technik werden BAB und FGK.XLS verknüpft.

	A	B	C	D	E	F	G
1	Betriebsabrechnungbogen (BAB) für Monat Januar						
2							
3				KOSTENSTELLEN			
4				Material	Fertigung	Verwaltung	Vertrieb
5	SUMME GEMEINKOSTEN:						
6				MGK	FGK	VwGK	VtGK

Abb. 8-13: Zieldatei BAB.XLS

1. Technik: Eingabe des externen Bezugs - die Dateien sind geöffnet

Der externe Bezug kann eingetippt oder mit der Maus eingegeben werden.

<u>Aufgabe</u>: Die Zieldatei BAB.XLS soll mit der Quelldatei MGK.XLS verknüpft werden, so daß immer der aktuelle Stand der Summe der Materialgemeinkosten eingelesen wird. Beide Dateien sind geöffnet.

VORGEHEN: EINEN EXTERNEN BEZUG ZU EINER GEÖFFNETEN DATEI EINGEBEN

- Öffnen Sie die Dateien MGK.XLS und BAB.XLS.
- Lassen Sie die beiden Dateien mit <*Fenster Alles anorden*> auf dem Bildschirm anzeigen.
- Aktivieren Sie mit einem Klick die Datei BAB und wählen Sie das Zielfeld D5 aus.
- Geben Sie zur Verankerung ein Gleichheitszeichen (=) ein.
- Klicken Sie auf das Dateifenster MGK und wählen Sie das Feld C12 aus.
- Bestätigen Sie die Verknüpfung mit <*Return*> und die Summe der Materialgemeinkosten wird eingelesen.

✎
! = Externer Bezug

Nicht nur der Wert aus Feld C12 der Datei MGK wurde eingelesen, darüber hinaus besteht zwischen den beiden Dateien eine Verknüpfung. Sehen Sie sich den Inhalt des Feldes D5 in der Datei BAB an:

=MGK.XLS!$C$12.

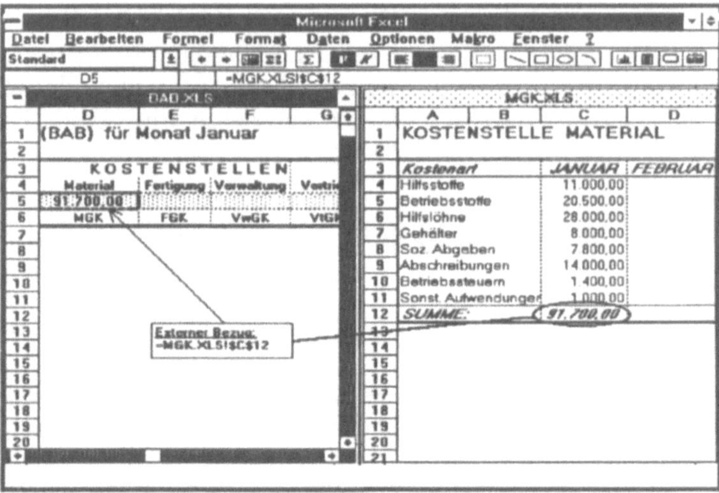

Abb. 8-14: Die Quelldatei MGK wurde durch einen externen Bezug mit der Zieldatei BAB verknüpft

Feldbezüge waren bekannt als Verbindungen von Feldern innerhalb einer Datei. Externe Bezüge sind Feldverbindungen zwischen verschiedenen Dateien und werden durch ein Ausrufezeichen nach dem Dateinamen gekennzeichnet. Das Feld D5 im BAB ist abhängig vom Feld C12 in MGK. Jede Änderung in C12 (MGK) führt zu einer automatischen Anpassung in D5 (BAB).

Ändern Sie einen beliebigen Wert in der Materialkostenstelle und sofort wird die Summe im BAB aktualisiert.

Der Bezug hätte auch eingetippt werden können, ein Muß, wenn die Quelldatei MGK nicht geöffnet gewesen wäre. Bevor wir darauf eingehen zuerst die andere Technik.

2. Technik: Eine Verknüpfung über Kopieren herstellen

Aufgabe: Die Zieldatei BAB.XLS soll mit der Quelldatei FGK.XLS verknüpft werden, so daß immer der aktuelle Stand der Summe der Fertigungsgemeinkosten eingelesen wird. Beide Dateien sind geöffnet.

VORGEHEN: DURCH KOPIEREN EINEN EXTERNEN BEZUG ZU EINER GEÖFFNETEN DATEI HERSTELLEN

- Die Dateien BAB und FGK sind geöffnet.
- Wählen Sie das Feld C12 in der Datci FGK aus.
- Wählen Sie den Befehl *<Bearbeiten Kopieren>*.
- Klicken Sie auf das Dateifenster BAB und wählen Sie das Zielfeld E5 aus.
- Wählen Sie den Befehl *<Bearbeiten Verknüpfen und einfügen>*.

Die Fertigungsgemeinkosten werden im BAB übernommen und gleichzeitig wurde die Verknüpfung über den externe Bezug hergestellt:

=FGK.XLS!$C$12

Wie gesehen führen beide Techniken zum gleichen Ergebnis. Die erste Technik wird stärker zur Verbindung einzelner Felder eingesetzt, die zweite mehr bei Feldbereichen (s.u.).

	A	B	C	D	E	F	G
1	Betriebsabrechnungbogen (BAB) für Monat Januar						
2							
3				KOSTENSTELLEN			
4				Material	Fertigung	Verwaltung	Vertrieb
5	SUMME GEMEINKOSTEN:			91.700,00	153.000,00	73.300,00	67.700,00
6				MGK	FGK	VwGK	VtGK

Abb. 8-15: Die Zieldatei ist mit vier Quelldateien verknüpft

Verknüpfen von Feldbereichen

Mit Hilfe der vorgestellten Techniken lassen sich nicht nur einzelne Felder von Dateien miteinander verbinden, sondern auch Feldbereiche.

Zwei Fälle werden vorgestellt:

- in der Zieldatei wird eine Formel eingegeben, die einen Feldbereich als externen Bezug enthält;
- aus der Quelldatei wird ein Feldbereich in die Zieldatei kopiert.

Formel mit einem Feldbereich als externem Bezug

Die Verknüpfung der Dateien wurde bisher über einen externen Bezug hergestellt, der aus einem Feld bestand. Im folgenden wird beschrieben, wie eine Formel eingegeben werden kann, die einen externen Feldbereich als Argument hat.

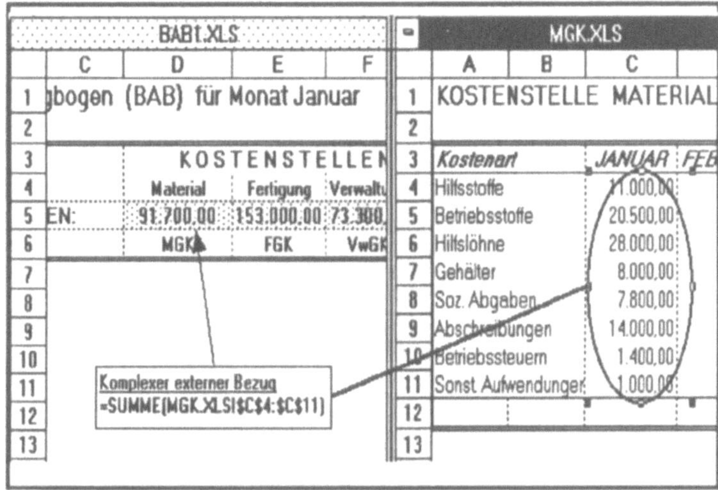

Abb. 8-16: Feldbereich als externer Bezug

<u>Aufgabe</u>: Die Summe der Materialgemeinkosten soll in den BAB eingelesen werden. Die Summe wird nicht in der Datei MGK berechnet, sondern im BAB.

VORGEHEN: EINE FORMEL MIT EXTERNEM BEZUG ERSTELLEN

- Geöffnet sind die Dateien BAB.XLS und MGK.XLS.
- Wählen Sie im BAB das Feld D5 aus.
- Geben Sie ein: =SUMME(.
- Aktivieren Sie MGK und wählen den Feldbereich C4:C11 aus.
- Schließen Sie die Funktion mit einer Klammer und bestätigen Sie mit *<Return>*.

=SUMME(MGK.XLS!$C$4:$C$11)

Feldbereiche in andere Dateien kopieren

Daß unter Anwendung der Kopiertechnik einzelne Felder von Dateien verknüpft werden können, wurde gezeigt. Möglich ist auch, externe Bezüge über mehr als ein Feld herzustellen.

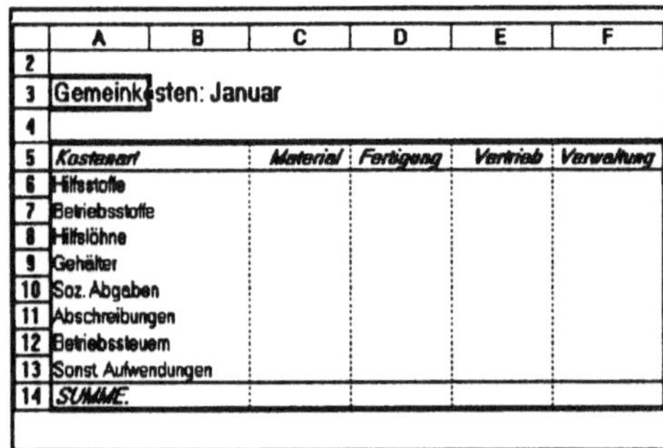

Abb. 8-17: Tabelle zum Einlesen der Januardaten aus den Kostenstellen

Die Januar-Tabelle liegt auf der Übungsdiskette unter dem Namen GK_JAN.XLS vor.

Aufgabe: Die Januardaten aller Kostenstellen sollen in einer Tabelle zusammengestellt werden.

VORGEHEN: FELDBEREICHE ALS EXTERNE BEZÜGE KOPIEREN

- Geöffnet sind die Dateien GK_JAN und MGK.
- In der Quelldatei MGK wird der Bereich C4:C11 markiert.
- Wählen Sie den Befehl *<Bearbeiten Kopieren>*.
- Aktivieren Sie GK_JAN und wählen Sie das erste Feld des Einfügebereichs.

- Wählen Sie den Befehl *<Bearbeiten Einfügen und verknüpfen>*.

Die Verknüpfung ist für alle Felder hergestellt worden. Wenn Sie sich einen der externen Bezüge in der Bearbeitungzeile ansehen, fallen die geschweiften Klammern auf.

{=MGK.XLS!$C$4}

✎
{} Matrix

Feldbereiche kopiert EXCEL in Form einer Matrix, die durch die geschweiften Klammern gekennzeichnet ist. Eine Matrix kann nur als Ganzes bearbeitet werden, einzelne Felder aus dieser Matrix können nicht verändert oder gelöscht werden !

	A	B	C	D	E	F
2						
3	Gemeinkosten: Januar					
4						
5	*Kostenart*		*Material*	*Fertigung*	*Vertrieb*	*Verwaltung*
6	Hilfsstoffe		11.000,00	21.000,00	800,00	2.300,00
7	Betriebsstoffe		20.500,00	19.000,00	500,00	3.000,00
8	Hilfslöhne		26.000,00	35.000,00	2.500,00	8.000,00
9	Gehälter		8.000,00	18.000,00	45.000,00	32.000,00
10	Soz. Abgaben		7.800,00	17.000,00	7.000,00	12.000,00
11	Abschreibungen		14.000,00	14.000,00	2.500,00	5.000,00
12	Betriebssteuern		1.400,00	3.000,00	2.400,00	2.000,00
13	Sonst. Aufwendungen		1.000,00	26.000,00	7.000,00	9.000,00
14	*SUMME*		*91.700,00*	*153.000,00*	*67.700,00*	*73.300,00*

Abb. 8-18: Tabelle mit verknüpften Feldbereichen aus vier Dateien

Die Verknüpfung über Feldbereiche wurde anhand der Kopiertechnik gezeigt. Alternativ kann der externe Bezug eingegeben und dann kopiert werden.

VORGEHEN: FELDBEREICHE ALS EXTERNE BEZÜGE EINGEBEN UND KOPIEREN

- Geben Sie im Feld C6 von GK_JAN den externen Bezug ein. Um diesen Bezug kopieren zu können, muß er relativ addressiert sein:

=MGK.XLS!C4

- Kopieren Sie den externen Bezug nach unten.

Das gleiche Ergebnis wird angezeigt, nur kann jedes einzelne Feld editiert werden.

Die Verknüpfung zu einer nicht geöffneten Datei herstellen

Wenden wir uns der Frage zu, wie eine Verknüpfung zu einer nicht geöffneten Datei hergestellt werden kann. Sei es aus Speicher- oder Zeitgründen - manchmal muß die Zieldatei mit einer nicht geöffneten Datei auf der Festplatte verknüpft werden. Die Technik ist bekannt. Der externe Bezug wird eingegeben, genauer: eingetippt.

Aufgabe: Die Zieldatei BAB.XLS soll mit der Quelldatei VTGK.XLS verknüpft werden, so daß immer der aktuelle Stand der Summe der Vertriebsgemeinkosten eingelesen wird. Nur die Datei BAB.XLS ist geöffnet.

VORGEHEN: VERKNÜPFUNG MIT EINER DATEI AUF DER FESTPLATTE

- Öffnen Sie die Datei BAB.XLS und wählen Sie das Feld F5 aus.
- Tippen Sie den externen Bezug ein: =VTGK.XLS!$C$12 und bestätigen Sie die Verknüpfung mit <*Return*>.

✎ Bereichsnamen

Es ist unwahrscheinlich, daß man sich die Adresse des Quellfeldes merkt. Erinnern Sie sich bitte an die Vorzüge von Bereichsnamen. Wenn Sie vorab dem Feld C12 einen Namen vergeben, z.B. "VERTRIEB" kann der externe Bezug wie folgt eingegeben werden:

=VTGK.XLS!VERTRIEB

✎ Pfad

Externe Feldbezüge können zu Dateien in unterschiedlichen Unterverzeichnissen hergestellt werden. Vor dem Dateinamen muß der Pfad eingegeben werden.

='C:\EXCEL\SCHULUNG\VTGK.XLS'!VERTRIEB

☞

Beachten Sie bitte, daß vor dem Laufwerk ein Apostroph steht ('C:), ebenso hinter dem Dateinamen (VTGK.XLS'). Diese Kennzeichnung ist notwendig, damit EXCEL den Pfad akzeptiert. Das Zeichen ' befindet sich auf der Tastatur über dem Zeichen #.

Aktualisierung und Öffnen von Zieldateien

Die externen Bezüge werden zusammen mit der Datei gespeichert, bleiben deshalb erhalten.

Aktualisierung von Zieldateien

Wenn Ziel- und Quelldateien geöffnet sind, übernimmt EXCEL jede Änderung in einer der Quelldateien in die Zieldatei. Das gilt selbst dann, wenn die Zieldatei nicht geöffnet ist.

Nehmen wir den Fall an, daß Änderungen in der Datei MGK.XLS vorgenommen wurden und die Datei BAB nicht geöffnet war. Bei einer der nächsten EXCEL-Sitzungen öffnen Sie die Zieldatei BAB, ohne gleichzeitig die Quelldateien zu öffnen.

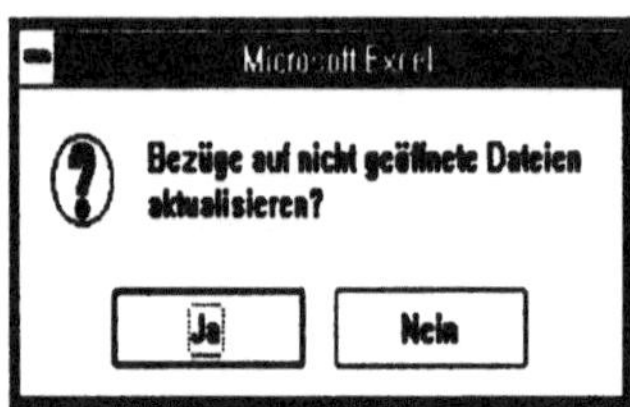

Abb. 8-19: Soll der neue Wert aus MGK in den BAB übernommen werden ?

Aufgrund des externen Bezuges fragt EXCEL nach, ob die Zieldatei aktualistiert werden soll oder nicht.

◄▷ I-6

Eine Abfrage im übrigen, die Sie bereits im Kapitel 6 über Diagramme kennengelernt haben. Dort kam die Meldung, wenn eine Grafikdatei ohne zugehörige, d.h. verknüpfte Tabellendatei geöffnet werden sollte.

Öffnen von verknüpften Dateien

Daß EXCEL die Verknüpfungen vermerkt, zeigt sich auch darin, daß mit einem Doppelklick die verknüpfte Datei geöffnet werden kann.

✎ Doppelklick

Wenn Sie den BAB als Zieldatei geöffnet haben, klicken Sie zweimal auf ein Feld mit einem externen Bezug und die entsprechende Quelldatei wird geöffnet.

Alternativ dazu können Sie auch über den Menübefehl *<Datei Verknüpfte Dateien öffnen>* gehen.

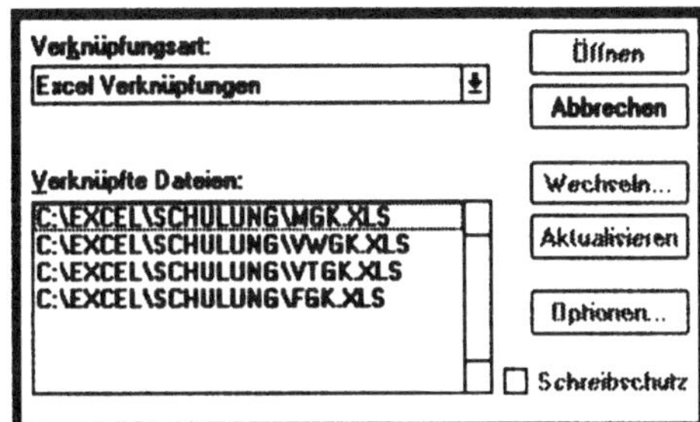

Abb. 8-20: Welche Quelldatei soll geöffnet werden ?

8.4 Datentransfer zwischen EXCEL und anderen WINDOWS-Anwendungen

Analog zum Datenaustausch zwischen EXCEL-Dateien erfolgt der Datentransfer zwischen EXCEL und anderen WINDOWS-Anwendungen. Die Übereinstimmung gilt sowohl für die Technik wie für den inhaltlichen Aspekt des Transfers. Daten - Tabellen und Diagramme - können in andere Programme kopiert werden und darüber hinaus kann eine Verknüpfung aufgebaut werden. Eine Verknüpfung zwischen Dateien aus verschiedenen Anwendungen erfolgt auf der Basis des DDA, des dynamischen Datenaustausches. Auf Basis des DDA wird zum Beispiel eine EXCEL-Tabelle in ein Dokument von WINWORD kopiert. Jede Änderung in der Tabelle führt automatisch zu einer Aktualisierung des Dokumentes.

Aus der Vielzahl der Transfermöglichkeiten werden zwei Verfahren vorgestellt:

- Kopieren und Verknüpfen von EXCEL-Tabellen und -Diagrammen in ein WINWORD-Dokument;
- Kopie eines Bildes von PAINTBRUSH in eine EXCEL-Tabelle.

Kopieren und Verknüpfen einer EXCEL-Tabelle und eines -Diagramms in ein WINWORD-Dokument

Berichte setzen sich oft aus Text, Tabellen und Grafiken zusammen. Unter WINDOWS lassen sich leicht Tabellen und Diagramme mit EXCEL erstellen und dann in einen Text integrieren, der mit WINWORD geschrieben wurde.

Wenn eine Tabelle von EXCEL kopiert und dann in ein WINWORD-Dokument eingefügt wird, aktiviert sich automatisch die Zwischenablage.

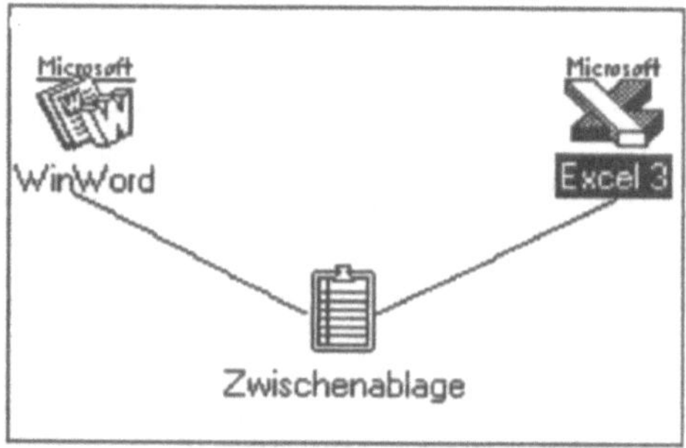

Abb. 8-21: Der Datentransfer erfolgt über die Zwischenablage

<u>Aufgabe</u>: Die Tabelle GK_JAN.XLS soll in ein Dokument von WINWORD integriert werden.

VORGEHEN: KOPIE EINER EXCEL-TABELLE IN EIN WINWORD-DOKUMENT

- EXCEL und WINWORD sind aus dem Fenster für WINDOWS-Anwendungen im Programm-Manager gestartet worden.

- Zur Übersicht lassen Sie sich die beide Anwendungen auf dem Bildschirm anordnen. Im <*System*>-Menü einer der beiden Programme wählen Sie den Befehl <*Wechseln zu*> und die Option '*Nebeneinander*'.

- Aktivieren Sie mit einem Klick das EXCEL-Fenster und öffnen die Datei GK_JAN.
- Markieren Sie die Tabelle und wählen Sie den Befehl *<Bearbeiten Kopieren>*.
- Aktivieren Sie das WINWORD-Fenster und wählen Sie den Befehl *<Bearbeiten Einfügen>*.

Die EXCEL-Tabelle wird in das Dokument kopiert.

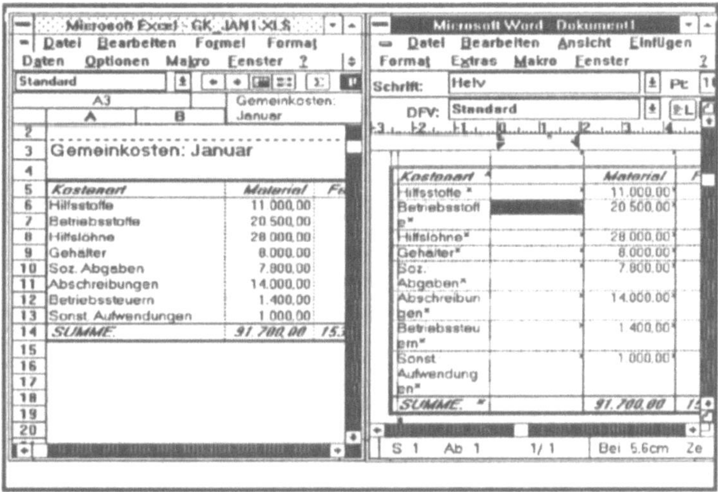

Abb. 8-22: Die EXCEL-Tabelle wurde in ein WINWORD-Dokument kopiert

✎ DDA — Wie die Verknüpfung zwischen EXCEL-Dateien erfolgt die Verknüpfung zwischen der EXCEL-Tabelle und dem WINWORD-Dokument.

Fernbezug — Der externe Bezug wird in diesem Zusammenhang als Fernbezug bezeichnet.

VORGEHEN: EINEN FERNBEZUG ZWISCHEN ANWENDUNGEN HERSTELLEN

- Bis zum Aktivieren des WINWORD-Fensters gilt das gleiche Verfahren wie oben beschrieben.

- In WINWORD wählen Sie den Befehl *<Bearbeiten Verknüpfen und einfügen>*. Es erscheint eine Abfrage.

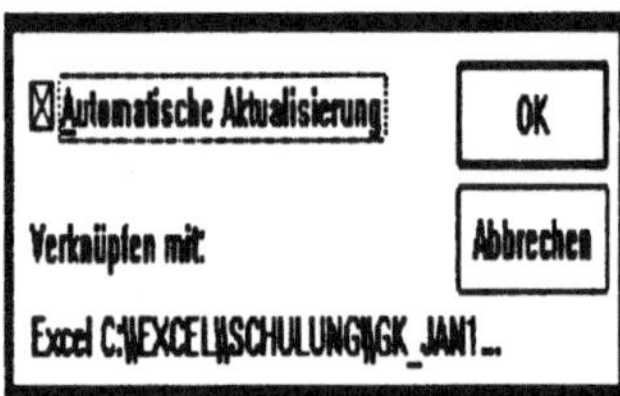

Eine Änderung in der EXCEL-Tabelle aktualisiert automatisch das Dokument

- Klicken Sie auf die Option *'Automatische Aktualisierung'*.

Testen Sie die Verknüpfung, indem Sie in EXCEL einen Wert der Tabelle ändern. Die kopierte Tabelle in WINWORD wird entsprechend angepasst.

✎ Diagramme

Das gleiche Verfahren gilt für die Integration von EXCEL-Diagrammen in WINWORD-Dokumente. Es zeigt sich noch einmal die Reichweite des dynamischen Datenaustausches.

VORGEHEN: EINE DIAGAMMDATEI UND EINE TEXTDATEI VERKNÜPFEN

- Aktivieren Sie EXCEL und machen Sie aus der Tabelle GK_JAN ein Diagramm.

- Wählen Sie im Diagrammfenster den Befehl *<Bearbeiten Kopieren>*.

- Aktivieren Sie WINWORD und wählen Sie

<Bearbeiten Verknüpfen und Einfügen>.

- Markieren Sie die Option zum Aktualisieren und bestätigen Sie die Verknüpfung mit *<OK>*.

Mit dieser einfachen Technik haben Sie erreicht, daß jede Änderung in der Tabelle zu einer Anpassung zuerst im EXCEL-Diagramm führt, danach zu einer automatischen Aktualisierung der Grafik in der Textdatei.

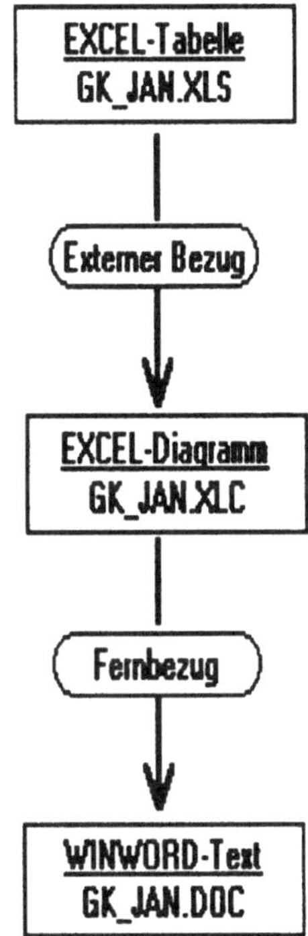

Abb. 8-23: Dateiverknüpfung: Tabelle - Grafik - Text

Symbole und Bilder in EXCEL einlesen

PAINTBRUSH steht hier stellvertretend für jedes Programm unter WINDOWS, das Grafiken erstellt oder Symbole verarbeitet.

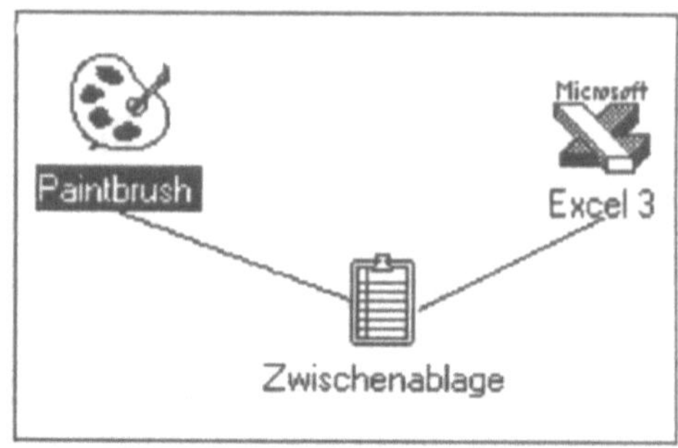

Abb. 8-24: Von PAINTBRUSH über die Zwischenablage zu EXCEL

Aufgabe: Es soll ein mit PAINTBRUSH erstelltes Bild in das EXCEL-Arbeitsblatt integriert werden.

Sie finden das Bild auf der Übungsdiskette unter dem Namen PUNKT.BMP gespeichert.

VORGEHEN: EIN BILD IN DAS EXCEL-ARBEITSBLATT KOPIEREN

- Starten Sie die Programme EXCEL und PAINTBRUSH.
- Die Anordnung der Programme erfolgt über <*Wechseln zu*> in einem der <*System*>-Menüs.
- Öffnen Sie in PAINTBRUSH die Datei PUNKT.BMP.

- Schneiden Sie das Bild mit der Maus aus und wählen Sie den Befehl <*Bearbeiten Kopieren*>.
- Aktivieren Sie mit einem Klick EXCEL und wählen <*Bearbeiten Einfügen*>.

Das Bild wird in EXCEL als Objekt umgesetzt.

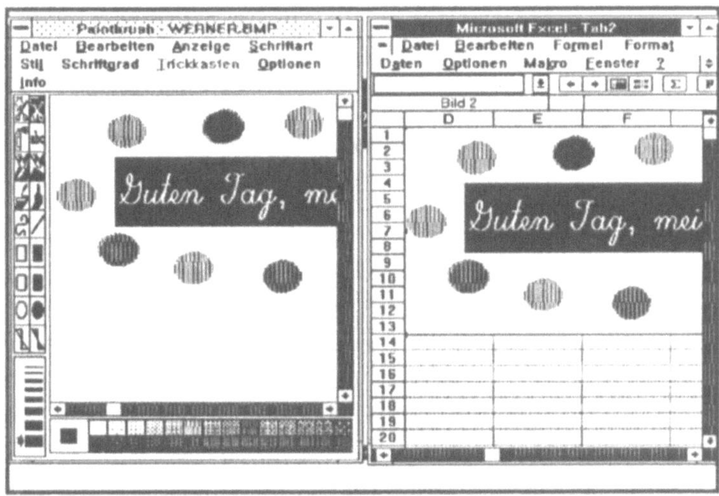

Abb. 8-25: Das Bild wird in EXCEL als Objekt eingelesen

Der Datenaustausch zwischen WINDOWS-Anwendungen ist leicht und komfortabel. Der Transfer zwischen EXCEL und Anwendungen, die nicht unter WINDOWS laufen, basiert auf der traditionellen Methode, Daten zu konvertieren.

8.5 Datentransfer zwischen EXCEL und NICHT-WINDOWS-Anwendungen

Der Datentransfer wird beschrieben zwischen:

- EXCEL und anderen Programmen der Tabellenkalkulation;
- EXCEL und Text- und ASCII-Dateien
- EXCEL und Datenbankprogrammen.

Einlesen und Speichern von Daten im LOTUS-Format

EXCEL kann LOTUS 1-2-3 und SYMPHONY Dateien einlesen und schreiben. Ein Austausch oder Übergang geht leicht vonstatten.

Einlesen

Eine LOTUS-Datei kann wie gewohnt mit dem Befehl <*Datei Öffnen*> eingelesen werden. Das einzige worauf zu achten ist, daß EXCEL zunächst alle Dateien mit der Erweiterung: XL* (XLS, XLC, XLM, XLT, XLW) anzeigt. Schreiben Sie einfach in das Eingabefeld: *.WK* und bestätigen mit <*Return*>. Alle Dateien mit dieser Erweiterung werden dann in der Liste aufgeführt.

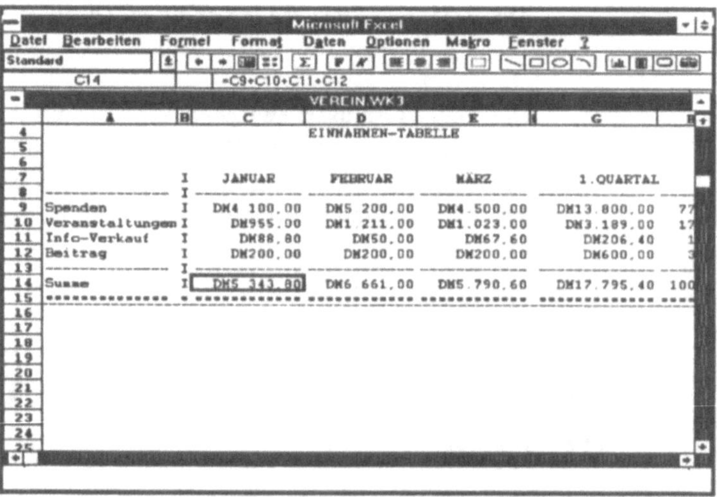

Abb. 8-26: Eingelesene LOTUS-Datei im WK3-Format

Während des Öffnens wird die LOTUS-Datei konvertiert. Werte und Texte werden fehlerlos übertragen. Die Fehlerquote bei der Konvertierung von Formeln, Zahlenformaten und Bereichsnamen ist gering. Falls ein Fehler aufgetreten ist, zeigt EXCEL in einer Meldung an, in welchem Feld.

Über eine Abfrage von EXCEL entscheiden Sie über die Konvertierung von LOTUS-Grafiken: *LOTUS 1-2-3 Dia-*

gramme erstellen? LOTUS-Grafiken werden in XLC-Dateien von EXCEL umgesetzt und mit der konvertierten Tabelle verknüpft.

Speichern

Gespeichert wird eine EXCEL-Datei im LOTUS-Format mit dem Befehl *<Datei Speichern unter>*. Klicken Sie auf die Schaltfläche '*Optionen*' und wählen Sie aus der Liste der Dateiformate das gewünschte Format (WKS, WK1, WK3).

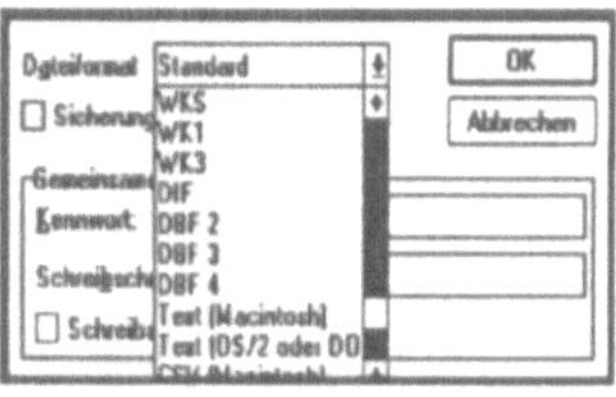

Abb. 8-27: Dateiformate, in denen EXCEL-Dateien geschrieben werden können

MULTIPLAN als ein weiteres Tabellenkalkulations-Programm verwendet zum Transfer das SYLK-Format.

Einlesen und Speichern von Daten im Text- und ASCII-Format

Das ASCII-Format dient als Mittler zwischen den verschiedenen Anwenderprogrammen. Oft liegen Daten von Großrechnern in diesem Format vor und sollen eingelesen werden oder Tabellen sollen in Textsystene integriert werden.

Einlesen

ASCII- und Textformat ähneln sich. Im ASCII-Format wird ein Semikolon als Abgrenzungszeichen zum Trennen von Spalten und Feldern verwendet. In Textformaten ist das Abgrenzungszeichen ein Tabstop. Wird eines dieser Abgrenzungszeichen in der einzulesenden Datei verwendet, kann die Datei direkt und automatisch mit der richtigen Feldaufteilung eingelesen werden.

Abgrenzungszeichen

Wählen Sie den Befehl *<Datei Öffnen>* und die Schaltfläche *'Optionen'*. Stellen Sie das Abgrenzungszeichen und den Dateiursprung ein. Der Dateiursprung ist wichtig, damit die Umlaute richtig konvertiert werden !

Abb. 8-28: Abgrenzungszeichen und Dateiursprung zum Einlesen von ASCII- und Textformaten

✎ Datenanalyse

Werden keine Abgrenzungszeichen verwendet, muß die Datei mit *<Datei Öffnen>* eingelesen und dann analysiert werden.

EXCEL schreibt alle eingelesenen Daten in die erste Spalte. Um eine Aufteilung dieser Daten in Spalten und Felder zu erreichen, markieren Sie die Spalte und wählen den Befehl *<Daten Analyse>*.

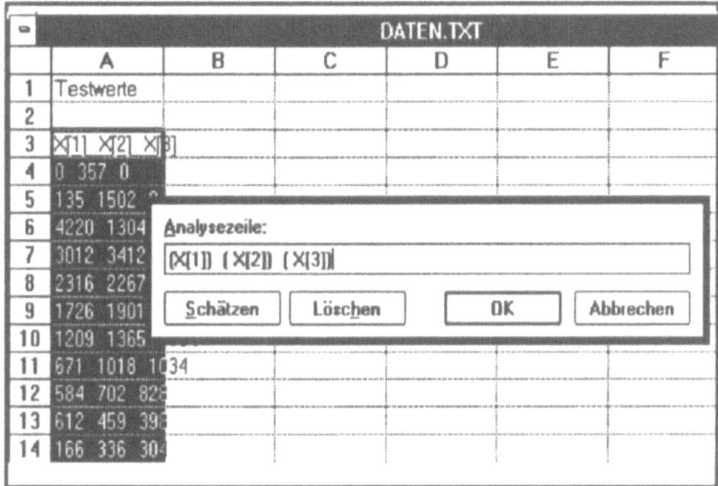

Abb. 8-29: Eingelesene Daten werden analysiert und in Spalten aufgeteilt

In der Analysebox wählen Sie die Schaltfläche '*Schätzen*'. EXCEL macht einen Trennvorschlag, den Sie manuell über die Eingabe von Klammern ändern können. Wenn die Eingaben in den Feldern in der Länge stark auseinandergehen, muß die Analyse mehrfach für Teilbereiche durchgeführt werden.

Speichern

Unter den Dateiformaten des Befehls *<Datei Speichern unter>* befindet sich das Format: *TEXT*. EXCEL vergibt automatisch die Erweiterung TXT. Mit diesem Format können Sie z.B. Tabellen in WORD einlesen und weiter bearbeiten. Die Datenspalten sind durch Tabulatoren getrennt.

Einlesen und Speichern von Daten im dBASE-Format

EXCEL kann dBASE-Dateien bis zur Version 4 lesen und schreiben (DBF2, DBF3, DBF4).

Einlesen

Wie bei LOTUS wählen Sie den Befehl *<Datei Öffnen>* und geben dann zur Anzeige der Dateien die Erweiterung DBF ein. Die Datei wird während des Öffnens konvertiert und EXCEL schreibt die dBASE-Feldnamen in die erste Zeile.

Speichern

Voraussetzung zum Speichern einer EXCEL-Datei im DBF-Format ist, daß in EXCEL eine Datenbank festgelegt wurde.

Mit <*Datei Speichern unter*> haben Sie in den Optionen die Möglichkeit, DBF als Dateiformat einzustellen. Sie haben die Wahl zwischen DBF 2 für dBASE, Version 2, DBF 3 für Version 3, DBF 4 für Version 4.

Der Zugriff auf dBASE- oder SQL-Datenbestände kann auch über Q+E erfolgen.

TEIL II

9

Befehlsübersicht

In diesem Kapitel finden Sie eine Liste der wichtigsten EXCEL-Befehle. Nicht alle Menüs werden bis ins letzte Detail beschrieben. Auf die Befehle der Diagramm-Menüs wird nur insoweit eingegangen, als sie über diejenigen der Tabellenmenüs hinausgehen oder neu sind.

Die Befehlsübersicht ist hilfreich, um:

- *bestimmte Befehle oder Optionen, die in den Vorgängen in Teil I behandelt wurden, schnell nachzuschlagen. Die Verweise am Rand zeigen Ihnen die entsprechende Stelle in den Vorgängen an.*
- *Befehle und Optionen kennenzulernen, die im Teil I nicht vorgestellt wurden.*

Die Befehlsbeschreibung geht davon aus, daß alle Befehle in den Menüs angezeigt werden. Die entsprechende Einstellung erfolgt über den Befehl <Optionen Ganze Menüs>.

☞ Je nach Vorgang sind bestimmte Befehle verfügbar, andere nicht. Aktivierbare Befehle sind in die Menüs fett angezeigt und diejenigen, die aktuell nicht zur Verfügung stehen, erscheinen blaß. Sollte es vorkommen, daß alle Befehle blaß angezeigt werden, ist wahrscheinlich die Bearbeitungszeile noch aktiv. In dem Fall fahren Sie entweder mit der Eingabe fort oder brechen mit <*Esc*> ab, um die Befehle zu aktivieren.

9.1 System-Menüs

Zwei unterschiedliche Menüs von EXCEL werden als System-Menüs bezeichnet. Obwohl das gleiche Symbol zum Aufruf der Menüs verwendet wird und die Befehlsbezeichnungen zum Teil identisch sind, beziehen sich die Menüs auf unterschiedliche Ebenen. Das System-Menü im Anwendungsfenster bezieht sich auf die Anwendung, d.h. auf das EXCEL-Programm. Das System-Menü im Dateifenster bezieht sich auf die Dateien, die mit EXCEL bearbeitet werden !

<System>-Menü im Anwendungsfenster

Im Anwendungs-Systemmenü stehen Befehle zur Wahl, um:

- das Anwendungsfenster zu verändern (Fenstertechnik);
- das Anwendungsfenster zu schließen;
- zu anderen Anwendungen zu wechseln;
- Zusatzprogramme von EXCEL auzurufen.

Abb. 9-1: <System>-Menü der Anwendung

Fenstersteuerung

◀▷ I-1.1

<Wiederherstellen>, *<Bewegen>*, *<Größe ändern>*, *<Sinnbild>*, *<Vollbild>*) sind Befehle der Fenstertechnik, die es ermöglichen, das Anwendungsfenster über die Tastatur zu verändern.

<System Schließen>

Dieser Befehl schließt das Anwendungsfenster. Wie mit dem Befehl *<Datei Beenden>* wird die Arbeit mit EXCEL beendet und das Programm verlassen.

☞ Beachten Sie die unterschiedliche Wirkung des Befehls *<Schließen>* im *<System>*-Menü des Dateifensters !

<System Wechseln zu>

Der Befehl schaltet zu anderen aktiven Anwendungen unter WINDOWS. Die gewünschte Anwendung wird aus der angezeigten TASK-LISTE ausgewählt.

◀▷ I-8.4

Besonders effektiv ist die Option '*Nebeneinander*' in Bezug auf den Datenaustausch zwischen WINDOWS-Anwendungen. Die Anwendungsfenster werden zusammen auf dem Bildschirm angezeigt und der Datentransfer kann bequem mit der Maus durchgeführt werden.

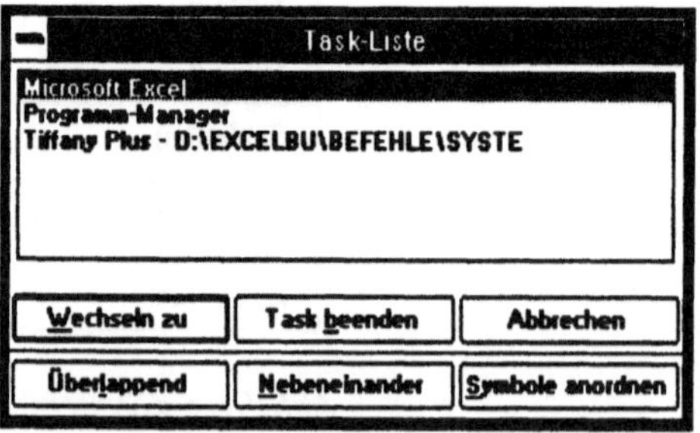

Abb. 9-2: Liste der Anwendungen (Task)

<System Ausführen>

Der Befehl startet: die Zwischenablage, die Systemsteuerung, den Makroübersetzer oder den Dialog-Editor.

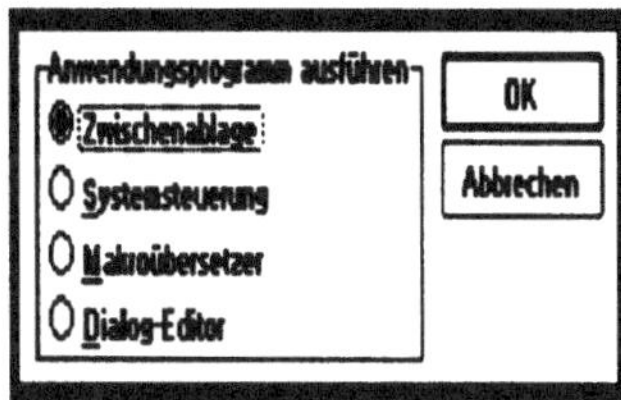

Abb. 9-3: Vier Anwendungen können ausgeführt werden

◀▷

I-8.4

Zwischenablage:
Diese Option zeigt den Inhalt der Zwischenablage an. Die Zwischenablage wird von EXCEL automatisch genutzt, wenn Tabellen oder Grafiken kopiert oder ausgeschnitten werden.

◀▷

I-5.2

Systemsteuerung:
Diese Option führt zur Systemsteuerung von WINDOWS:

- Es können Drucker eingerichtet, hinzugefügt, gelöscht, konfiguriert werden.
- Schriftarten, Bildschirmfarben und Maustasten können eingebunden und gesteuert werden.
- Ländereinstellungen werden vorgenommen , um z.B. EXCEL auf die amerikanische/englische Schreibweise von Zahlen umzustellen.

Makroübersetzer:
Diese Option unterstützt die Konvertierung von Makros aus Fremdprogrammen (z.B. LOTUS 1-2-3) in EXCEL-Makros.

◁▶

<Daten Maske>

Dialog-Editor:
Neben Makroanwendungen werden mit dem Dialog-Editor Datenmasken für die Datenbank entworfen.

<System>-Menü im Dateifenster

In diesem <*System*>-Menü stehen z.T. die gleichen Befehle zur Wahl wie im <*System*>-Menü der Anwendung - nur bezogen auf die Datei. Statt zu einer anderen Anwendung zu wechseln, schaltet man zum nächsten Fenster.

◀▷ *I-7.1*

Hinzu kommt der der Befehl <*Teilen*>, mit dem Dateifenster in Unterfenster aufgeteilt werden können.

Abb. 9-4: Das SystemMenü im Dateifenster

<*System Schließen*>

Im Unterschied zum <*Schließen*>-Befehl im Anwendungsfenster wird nur das aktive Dateifenster bzw. das aktive Unterfenster der Datei geschlossen.

Wenn mehrere Fenster für die Datei mit dem Befehl <*Fenster Neues Fenster*> eingerichtet wurden, wird nur das aktive Fenster geschlossen. Die übrigen Fenster der Datei bleiben geöffnet.

Alle Fenster einer Datei werden mit Befehl <*Datei Schließen*> geschlossen. Im Anwendungsfenster EXCEL verbleibt nur das <*Datei*>-Menü.

9.2 Symbolleiste

In der Symbolleiste werden Menübefehle zusammengefasst, um eine schnelle und einfache Ausführung mit der "Point-and-click"-Technik zu ermöglichen. Der Einsatz der Symbolleiste setzt eine Maus voraus.

Abb. 9-5: Symbolleiste

Zur Wahl stehen Symbole:

- zum Aufruf von Formatvorlagen (I-5.1),
- zur Gliederung von Tabellen (I-3.1),
- für die Autosum-Funktion (I-2.2),
- für die Zeichenattribute: fett und kursiv (I-5.1),
- zur Ausrichtung von Feldinhalten (I-2.1),
- zum Zeichnen innerhalb des Arbeitsblattes (I-5.1),
- zum Erstellen und Markieren von Objekten (I-5.1).

9.3 Tabellen-Menü Datei

Im *<Datei>*-Menü finden Sie Befehle, die die Bearbeitung von Dateien als Ganzes betreffen.

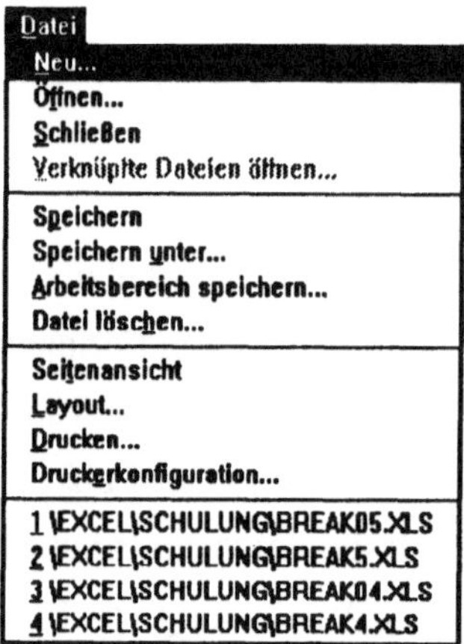

Abb. 9-6: Tabellen-Menü Datei

<Datei Neu>

Mit diesem Befehl werden neue Dateien erstellt. Vier Dateitypen stehen zur Wahl: Tabelle, Grafik, Makrovorlage und internationale Makrovorlage.

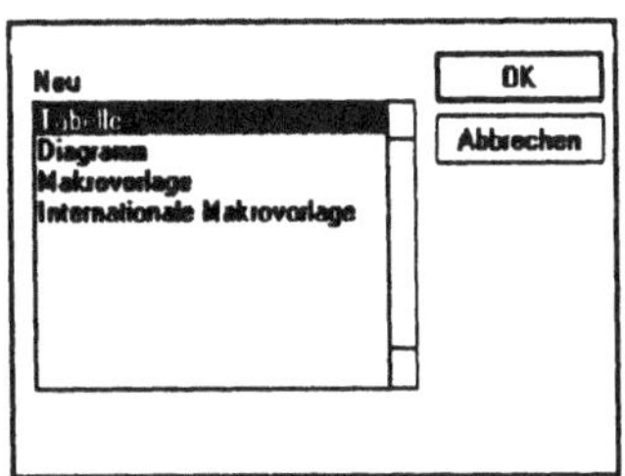

Abb. 9-7: Datei-Typen

Über die Tastatur können Sie aufrufen

- eine neue Tabelle mit *<Umschalt>+<F11>*,
- ein neues Diagramm mit *<F11>*.
- Makrovorlagen werden zum Programmieren mit EXCEL benötigt.

◀▷

I-8.1

- Tabelle:

Mit dem Start von EXCEL wird automatisch ein leeres Fenster mit der Tabelle "TAB1" vorgegeben. Für jede neue Tabelle zählt EXCEL den Standardnamen hoch (TAB2, TAB3 etc.). Die Einstellungen der Tabelle richten sich nach denen, die im *<Optionen>*-Menü unter *<Arbeitsbereich>* vorgegeben sind.

.Z.PFEILEL. PCX;0,51 cm;0,21 cm;PCX

I-6.1

- Diagramm:

Für Diagramm-Dateien vergibt EXCEL automatisch den Standardnamen "Diagrm1". Der Dateiname wird als Titel im neuen Fenster angezeigt. Im Diagramm-Fenster erhalten Sie ein verändertes Menü, das neue Befehle enthält, die ausschließlich zur Bearbeitung von Grafiken dienen.

<Makro>

- Makrovorlage:

Eine neue Makrovorlage erhält den Standardnamen "Makro1". Nach dem Befehl *<Makro aufzeichnen>* wird die Datei automatisch erstellt.

<Datei Öffnen>

Der Befehl lädt eine bestehende Datei von der Festplatte/Diskette in den Arbeitsspeicher.

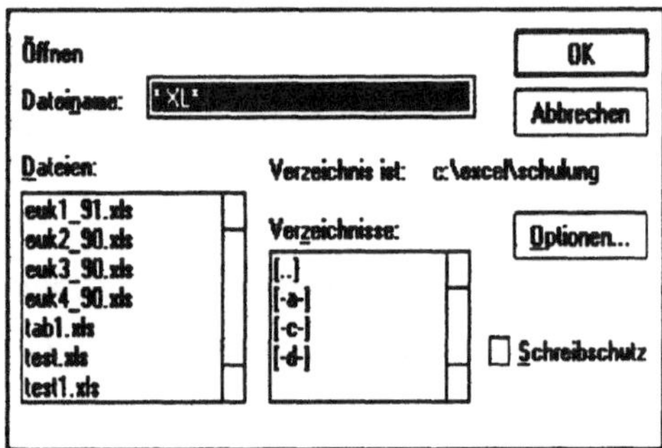

Abb. 9-8: Dialog-Box Öffnen von Dateien

◀▷ *I-8.5* Außer den Standarformaten (XLS, XLC, XLM, XLW, XLT) kann EXCEL eine Reihe von Dateiformaten direkt einlesen, wie: WKS, WK1, SYLK, Text, DBF, DIF, ASCII.

Unter '*Optionen*' können Einstellungen vorgenommen werden, um Textdateien (Spaltenabgrenzung:Tabstopp) und ASCII-Dateien (Spaltenabgrenzung: Semikolon) aus verschiedenen Betriebsystemen (Macintosh, WINDOWS, DOS, OS/2) direkt mit der richtigen Feldaufteilung einzulesen.

◀▷ *I-4.2* In der Dateiliste werden die Dateien mit Standardformat (*.XL*) des aktuellen Verzeichnisses angezeigt. Alle Dateien des aktuellen Verzeichnisses werden mit *.* angezeigt.

In der Verzeichnisliste werden Laufwerke und Verzeichnisse mit einem Doppelklick gewechselt. Die beiden Punkte [..] führen um eine Ebene nach oben in Richtung Stammverzeichnis.

<Datei Schließen>

Der Befehl löscht die aktive Datei im Arbeitsspeicher. Nicht betroffen von diesem Befehl ist die gespeicherte Datei auf der Festplatte/Diskette.

Haben Sie Änderungen in der Datei vorgenommen, die noch nicht gespeichert sind, gibt EXCEL eine Meldung aus.

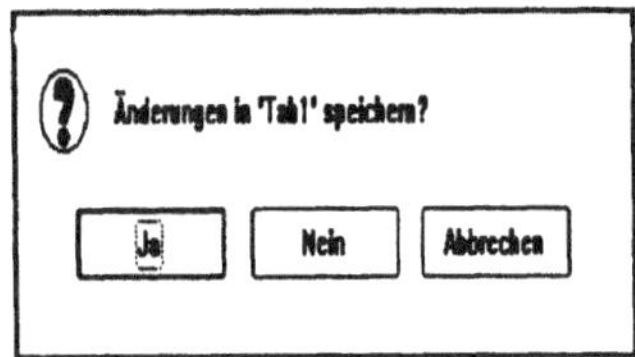

Abb. 9-9: Sicherheitsabfrage bevor die Datei geschlossen wird

<Umschalt>

Sollen mehrere geöffnete Dateien geschlossen werden, wird vor Aufruf des Datei-Menüs die *<Umschalt>*-Taste gedrückt. Der Befehl *<Schließen>* ändert sich in den Befehl *<Alles Schließen>*.

<Datei Verknüpfte Dateien öffnen>

◀▷ *I-8.4*

Ausgehend von einer geöffneten Zieldatei lädt der Befehl die verknüpften Dateien, die mit einem externen Bezug oder Fernbezug mit der Zieldatei verbunden sind.

Doppelklick

Alternativ kann mit einem Doppelklick auf den externen Bezug in der Zieldatei die verknüpfte Datei geöffnet werden.

Der Befehl *<Bearbeiten Verknüpfen und einfügen>* stellt externe Bezüge her.

<Datei Speichern>

◀▷ *I-4.1*

Der Befehl bezieht sich auf vorhandene (bereits einmal gespeicherte) Dateien. Änderungen in der aktuellen Datei werden direkt unter gleichem Namen in das gleiche Verzeichnis auf der Festplatte/Diskette gespeichert. Handelt es sich um eine neue Datei, wird wie beim Befehl *<Speichern unter>* eine Dialog-Box zwischengeschaltet.

<Datei Speichern unter>

◄▷ *I-4.1* Der Befehl bezieht sich primär auf neue Dateien. EXCEL schaltet eine Dialog-Box zwischen, in der ein Dateiname sowie ein anderes Verzeichnis eingegeben werden können.

Es werden *Optionen* angeboten, um die Datei unter einem anderen Dateiformat zu speichern, um eine Sicherungskopie anzulegen und ein Kennwort zu vergeben.

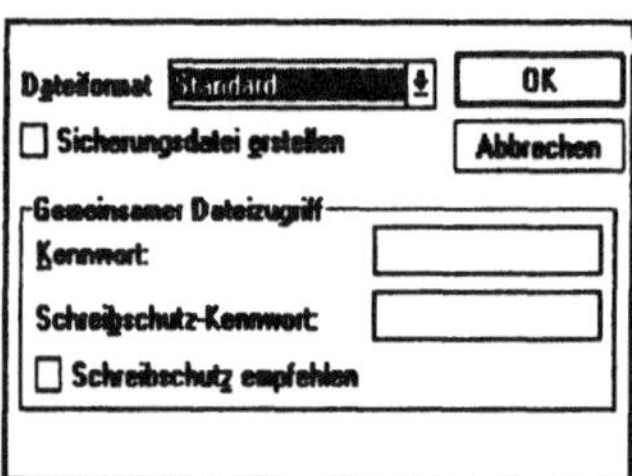

Abb. 9-10: Optionen zum Speichern von Dateien

◄▷ *I-8.5*

- Dateiformat:

Konvertiert EXCEL-Dateien für den Datenaustausch in Dateiformate von NICHT-WINDOWS-Anwendungen.

- Sicherungskopie

Erstellt beim Speichern der Datei eine Sicherungskopie mit der Dateinamen-Erweiterung BAK.

- Kennwort und Schreibschutz

Der *'Gemeinsame Datenzugriff'* schützt die Datei durch ein Kennwort, das beim Öffnen der Datei abgefragt wird. Ein Paßwort kann bis zu 16 Zeichen lang sein.

Ein Schreibschutz wird eingerichtet, um die Datei zu lesen, ohne Änderungen zuzulassen. Der einfache Schreibschutz kann beim Öffnen der Datei jederzeit aufgehoben werden. Über die Option *'Schreibschutz-Kennwort'* kann ein eigenes Paßwort für den Schreibschutz vergeben werden.

<Datei Arbeitsbereich speichern>

◀▷ *I-8-2* Der Befehl faßt mehrere geöffnete Dateien unter einem gemeinsamen Namen in einer XLW-Datei zusammen. Mit dem Öffen der XLW-Datei werden automatisch alle Dateien des Arbeitsbereichs geladen.

Zu beachten ist, daß die Arbeitsbereichsdatei nur die Liste der zusammengefaßten Dateien speichert, nicht den Inhalt der Dateien. Von daher dürfen die XLS-Dateien nicht gelöscht werden !

<Datei Löschen>

Der Befehl löscht Dateien auf der Festplatte/Diskette. Um einer Verwechslung mit *<Datei Schließen>* vorzubeugen, schaltet EXCEL eine Sicherheitsabfrage zwischen.

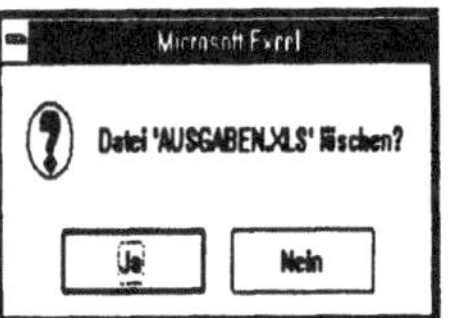

Abb. 9-11: Sicherheitsabfrage

<Datei Seitenansicht>

◀▷ *I-5.2* Der Befehl führt zu einer Layout-Kontrolle des Druckbereichs. Zeitraubende Fehldrucke lassen sich dadurch minimieren. Randeinstellungen und Spaltengrößen können mit der Maus direkt verändert werden. Der Druck kann gestartet werden ('*Drucken*') oder es werden weitere Layout-Einstellungen in der Dialog-Box vorgenommen ('*Layout*').

<Datei Layout>

◀▷ *I-5.2* Der Befehl öffnet eine Dialog-Box, in der Einstellungen vorgenommen werden können für:

- Kopf- und Fußzeilen,

- Ränder,
- den Druck von Zeilen-/Spaltenköpfen und Gitternetzlinien,
- Druckformat und Papiergröße.

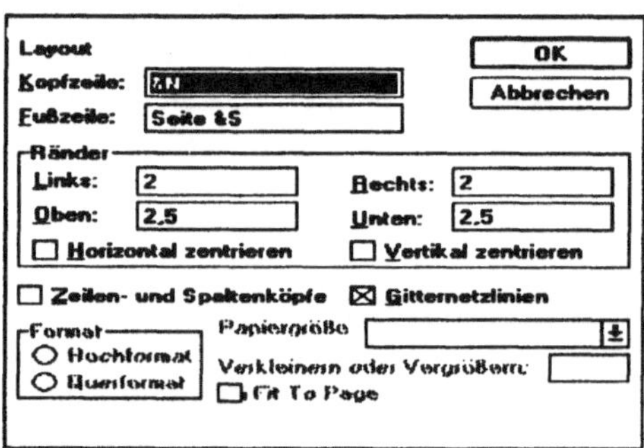

Abb.9-12: Layout-Einstellungen für Tabellen

<u>Codierung für Kopf- und Fußzeilen:</u>

&L	linksbündige Ausrichtung der Zeichen
&Z	Zentrierte Ausrichtung der Zeichen
&R	Rechtsbündige Ausrichtung der Zeichen
&D	Ausdruck des Tagesdatums
&N	Ausdruck des Dateinamens
&S	Ausdruck der Seitenzahl
&S+ Zahl	Ausdruck beginnt bei Seite 2 = &S+1
&F	Zeichenattribut: fett
&K	Zeichenattribut: kursiv

Die Codes lassen sich kombinieren, z.B.: &R&D = Datum wird rechtsbündig ausgedruckt.

◁▶ *II-9.12*

Die Dialog-Box für Diagramme enthält andere Größenoptionen für den Ausdruck.

<Datei Drucken>

◄▷ I-5.2 Der Befehl startet den Ausdruck. In der Dialog-Box kann bestimmt werden:

- wie oft die Datei gedruckt wird (*Kopien*),
- ob alle oder nur bestimmte Seiten gedruckt werden (*Seiten*),
- ein Entwurf in Schnelldruck ausgegeben wird (*Entwurf*),
- vor dem Druck die Layout-Kontrolle durchgeführt wird (*Seitenansicht)*,
- ob Tabelle, Notizen oder beides ausgegeben wird,
- in welcher Farbe - bei entsprechendem Drucker - gedruckt wird.

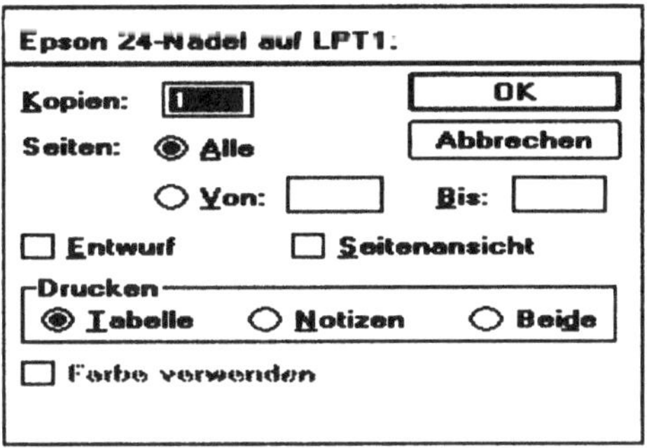

Abb. 9-13: Dialog-Box zum Ausdruck von Tabellen

<Datei Druckerkonfiguration>

◄▷ I-5.2 Der Befehl zeigt die Liste der installierten Drucker an.
Über die Schaltfläche '*Einrichtung*' können Standard-Druckeinstellungen für den speziellen Drucker vorgenommen werden. Neue Drucker werden über die Systemsteuerung von WINDOWS hinzugefügt.

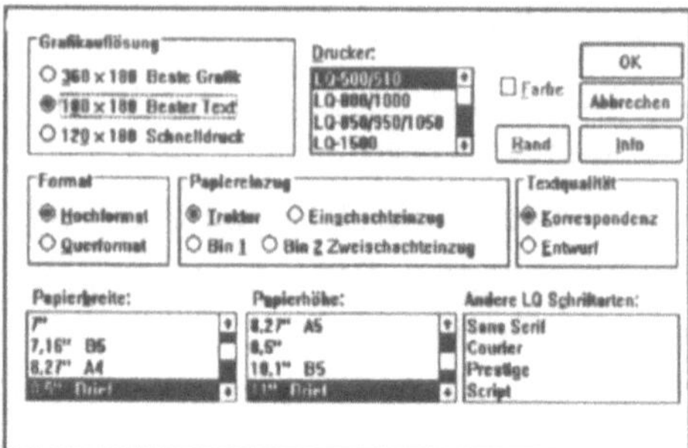

Abb. 9-14: Für jeden Druckertyp wird eine spezielle Dialog-Box mit Standard-Einstellungen angezeigt

<Datei Beenden>

Mit dem Befehl wird die Arbeit mit EXCEL beendet und das Programm verlassen. Falls Sie Änderungen in Dateien vorgenommen haben, die noch nicht gespeichert sind, erinnert Sie eine Meldung daran.

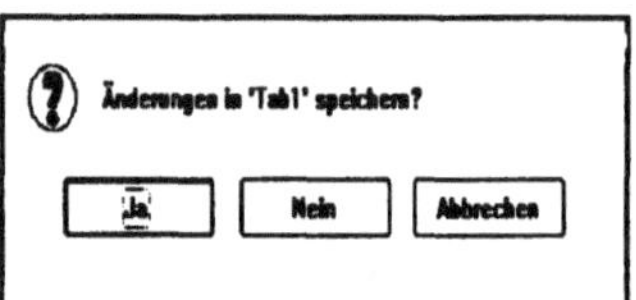

Abb. 9-15: Sicherheitsabfrage vor dem Verlassen von EXCEL

9.4 Tabellen-Menü Bearbeiten

Im *<Bearbeiten>*-Menü finden Sie alle Befehle, um Tabellen und Objekte zu bearbeiten. Die Anzeige von einigen Befehlen richtet sich danach, ob ein Feldbereich oder ein Objekt ausgewählt ist.

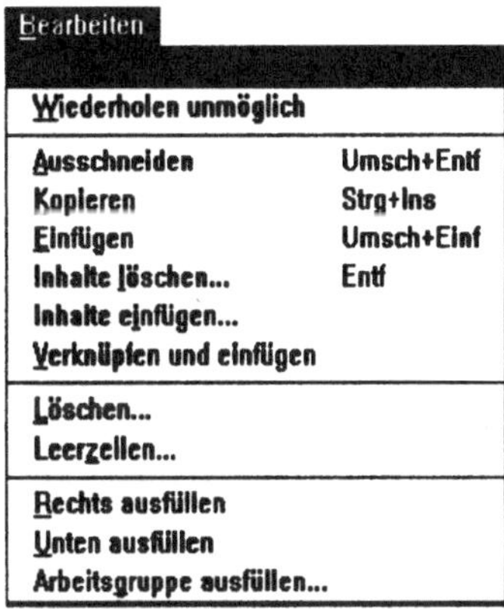

Abb. 9-16: Tabellenmenü Bearbeiten

<Bearbeiten Widerrufen>

Mit dem Befehl können Feldeingaben und alle Befehle im Bearbeitungs-Menü rückgängig gemacht werden. Zurückgenommen werden kann die letzte Eingabe bzw. der letzte Bearbeitungsbefehl. Für Ausnahmen gibt EXCEL die Meldung aus: *<Bearbeiten Widerrufen unmöglich>*.

<Bearbeiten Wiederholen>

Der Befehl gibt die Möglichkeit, die meisten Befehle einschließlich der gewählten Optionen zu wiederholen. Zum

Beispiel Feldformate oder Rahmen können auf diese Weise schnell auf andere Feldbereiche übertragen werden.

<Bearbeiten Ausschneiden>

Mit dem Befehl wird ein ausgewählter Feldbereich oder ein Objekt versetzt. Der Befehl wirkt nur im Zusammenhang mit *<Bearbeiten Einfügen>*. Der ausgewählte Quellbereich wird ausgeschnitten und in einen anderen Teil der Tabelle eingefügt. Eingefügt werden die Felder mit *<Bearbeiten Einfügen>* oder *<Return>*.

<Bearbeiten Kopieren>

Mit dem Befehl wird ein ausgewählter Feldbereich oder ein Objekt kopiert. Der Befehl wirkt im Zusammenhang mit *<Bearbeiten Einfügen>*. Der ausgewählte Quellbereich wird kopiert und in einen anderen Teil der Tabelle oder in eine andere Tabellendatei eingefügt. Eingefügt werden die Felder mit *<Bearbeiten Einfügen>* oder *<Return>* (nicht bei Objekten).

I-8.3

Das Verfahren bleibt gleich, unabhängig davon, ob in einen anderen Teil der gleichen Tabelle kopiert wird oder in eine andere Datei.

Wird in eine andere Datei kopiert, kann der Vorgang je nach Zielsetzung mit *<Bearbeiten Einfügen>* oder mit *<Bearbeiten Verknüpfen und einfügen>* abgeschlossen werden (vgl. Abb. 9-17).

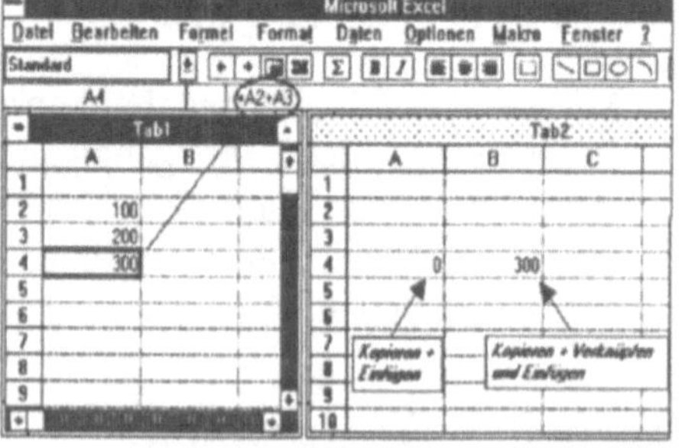

Abb. 9-17: TAB2 [A4:] =A2+A3; TAB2 [B4:] =TAB1.XLS!$A$4

<Bearbeiten Einfügen>

Der Befehl wirkt im Zusammenhang mit dem Befehl *<Bearbeiten Ausschneiden>* oder *<Bearbeiten Kopieren>*. Der Vorgang beginnt damit, daß erst ein Feldbereich oder ein Objekt mit *<Ausschneiden>* oder *<Kopieren>* bearbeitet und danach mit *<Einfügen>* bestätigt wird.

<Bearbeiten Inhalte löschen>

<Entf> Mit dem Befehl werden Feldinhalte, -formate und -notizen des ausgewählten Feldbereichs gelöscht.

Gelöscht werden kann:

- *'Alles'* = Inhalt, Format und Notizen
- *'Formate'* = Feldformate
- *'Formeln'* = Feldinhalte (Formeln, Zahlen, Texte)
- *'Notizen'* = Feldnotizen

<Bearbeiten Objekt löschen>

<Entf> Dieser Befehl erscheint nur dann im *<Bearbeiten>*-Menü, wenn vorher ein Objekt ausgewählt wurde und ersetzt den Befehl *<Inhalte löschen>*.

<Bearbeiten Inhalte einfügen>

Der Befehl wirkt im Zusammenhang mit dem Befehl *<Kopieren>*. Im Unterschied zum Befehl *<Einfügen>* gibt dieser Befehl die Möglichkeit zu differenzieren: Was wird wie eingefügt ?

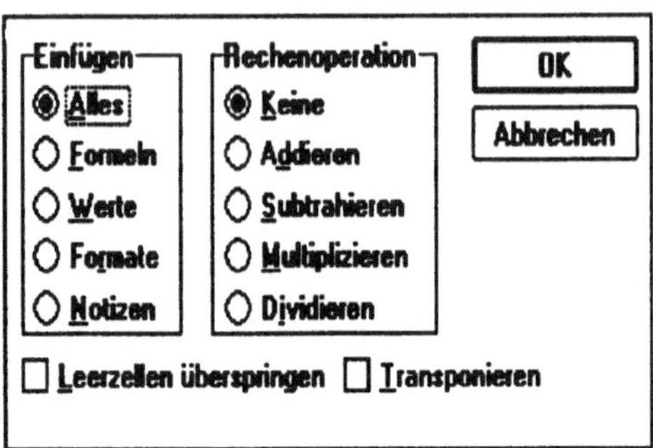

Abb. 9-18: Wahlmöglichkeiten zum Einfügen von kopierten Feldbereichen

Unter '*Einfügen*' steht zur Wahl, ob Formeln, Werte, Formate, Notizen oder alles eingefügt werden soll. Mit der Option '*Werte*' lassen sich Formeln in Werte umwandeln.

I-8.2 Die Box '*Rechenoperationen*' enthält Optionen, um Daten zu konsolidieren. Die ausgewählten Daten werden kopiert und gleichzeitig verrechnet.

Mit '*Transponieren*' werden Spalten in Zeilen umgewandelt und umgekehrt. Befinden sich Formeln im Kopierbereich, werden die relativen Feldadressen automatisch angepasst Die Anpassung der relativen Adressen gelingt dann nicht, wenn die Formel im Kopierbereich einen weiteren Bezug auf eine Adresse außerhalb des Kopierbereichs hat (wie z.B. bei einer VERWEIS-Funktion).

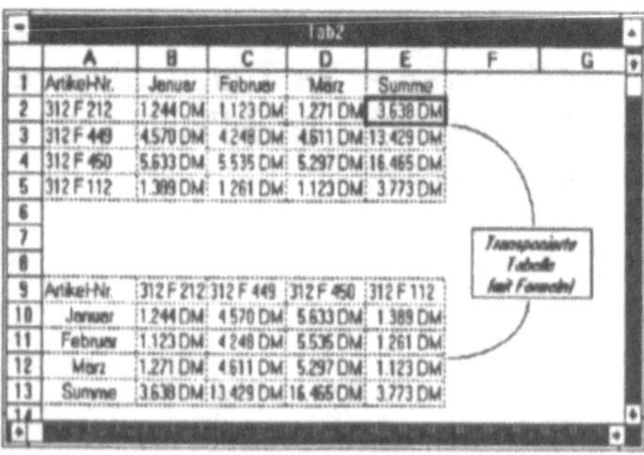

Tab2

	A	B	C	D	E	F	G
1	Artikel-Nr.	Januar	Februar	März	Summe		
2	312 F 212	1.244 DM	1.123 DM	1.271 DM	3.638 DM		
3	312 F 449	4.570 DM	4.248 DM	4.611 DM	13.429 DM		
4	312 F 450	5.633 DM	5.535 DM	5.297 DM	16.465 DM		
5	312 F 112	1.389 DM	1.261 DM	1.123 DM	3.773 DM		
6							
7							
8							
9	Artikel-Nr.	312 F 212	312 F 449	312 F 450	312 F 112		
10	Januar	1.244 DM	4.570 DM	5.633 DM	1.389 DM		
11	Februar	1.123 DM	4.248 DM	5.535 DM	1.261 DM		
12	März	1.271 DM	4.611 DM	5.297 DM	1.123 DM		
13	Summe	3.638 DM	13.429 DM	16.465 DM	3.773 DM		
14							

Abb. 9-19: Die Feldbezüge von Formeln werden bei transponierten Tabellen angepaßt

<Bearbeiten Verknüpfen und einfügen>

Der Befehl wirkt im Zusammenhang mit dem Befehl *<Kopieren>*.

◀▷ *I-8.3*

Im Unterschied zum Befehl *<Einfügen>* wird durch einen externen Bezug eine Verknüpfung zu der Ursprungs- oder Quelldatei hergestellt (vgl. Abb. 9-17). Jede Veränderung in verknüpften Feldern der Quelldatei führt zu einer automatischen Aktualisierung der Zieldatei.

Wird ein Feldbereich verknüpft, setzt EXCEL den Einfügebereich in eine Matrix um, deren Felder nicht einzeln geändert werden können!

<Bearbeiten Löschen>

Der Befehl bewirkt, daß entweder ganze Zeilen/Spalten gelöscht werden oder Felder eines ausgewählten Bereiches.

- <u>Löschen von ganzen Zeilen/Spalten</u>

  Die Spalten- (A,B,C,...) bzw. Zeilenköpfe (1,2,3,...) der zu löschenden Spalten/Zeilen werden mit der Maus markiert. Nach dem Befehl *<Löschen>* werden die Spalten/Zeilen ohne Nachfrage gelöscht.

- <u>Löschen von Feldern oder ganzen Zeilen/Spalten</u>

  Es wird ein Feldbereich in den zu löschenden Spalten/Zeilen markiert und der Befehl *<Löschen>* gewählt. Es erscheint eine Dialog-Box, in der die entsprechende Option angeklickt und bestätigt wird.

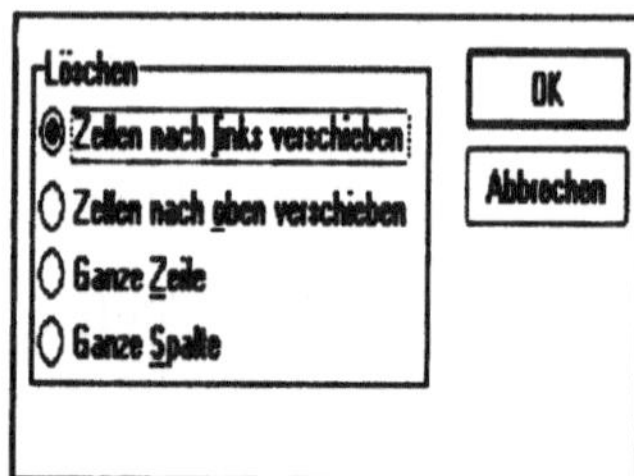

Abb. 9-20: Löschen von Feldern oder ganzen Zeilen/Spalten

Der Befehl *<Löschen>* kann mit *<Bearbeiten Widerrufen>* rückgängig gemacht werden. Eine Mehrfachauswahl ist nicht möglich.

Zu beachten: Die Felder werden gelöscht, nicht nur die Inhalte oder Formate wie beim Befehl *<Bearbeiten Inhalte löschen>*.

<Bearbeiten Leerzellen>

Der Befehl *<Leerzellen>* bewirkt, daß entweder ganze Zeilen/Spalten eingefügt werden oder Felder eines ausgewählten Bereiches.

- <u>Einfügen von ganzen Zeilen/Spalten</u>

  Anzahl und Ort der einzufügenden Spalten/Zeilen wird über die Markierung der entsprechenden Spalten- bzw. Zeilenköpfe bestimmt. Nach dem Befehl *<Leerzellen>* werden die Spalten/Zeilen automatisch eingefügt.

- <u>Einfügen von Feldern oder ganzen Zeilen/Spalten</u>

  Es wird ein Feldbereich markiert, in den die Spalten/Zeilen eingefügt werden sollen. Nach Wahl des Befehls *<Leerzellen>* erscheint eine Dialog-Box, in der die entsprechende Option angeklickt und bestätigt wird.

Der Befehl *<Leerzellen>* kann mit *<Bearbeiten Widerrufen>* rückgängig gemacht werden. Eine Mehrfachauswahl ist nicht möglich.

<Bearbeiten Rechts ausfüllen>

Der Befehl kürzt die Kopier-Standardmethode ab.

◄▷ *I-2.2*

Wenn der Einfügebereich direkt rechts an den Kopierbereich anschließt, bewirkt der Befehl ein verkürztes Kopierverfahren. Kopierbereich und Einfügebereich werden als zusammenhängender Bereich markiert.

<Links ausfüllen> Mit gedrückter <*Umschalt*>-Taste schaltet der Befehl um in <*Links ausfüllen*>.

<Bearbeiten Unten ausfüllen>

Der Befehl kürzt die Kopier-Standardmethode ab.

◄▷ *I-2.2*

Wenn der Einfügebereich direkt unterhalb des Kopierbereichs anschließt, bewirkt der Befehl ein verkürztes Kopierverfahren. Kopierbereich und Einfügebereich werden als zusammenhängender Bereich markiert.

<Oben ausfüllen> Mit gedrückter <*Umschalt*>-Taste schaltet der Befehl um in <*Oben ausfüllen*>.

<Bearbeiten Arbeitsgruppe ausfüllen>

◄▷ *I-8.1*

Der Befehl bezieht sich auf das Kopieren in mehrere Dateien und bewirkt, daß die markierten Felder in der aktiven Datei in alle übrigen Dateien der Arbeitsgruppe kopiert werden.

Die Anwendung des Befehls setzt voraus, daß mit dem Befehl <*Fenster Arbeitgruppe*> Dateien zu einer Arbeitsgruppe zusammengefaßt wurden.

9.5 Tabellen-Menü Formel

Abb. 9-21: Tabellenenü Formel

<Formel Namen einfügen>

<F3> Der Befehl fügt einen bereits vergebenen Feldnamen in die Bearbeitungszeile ein.

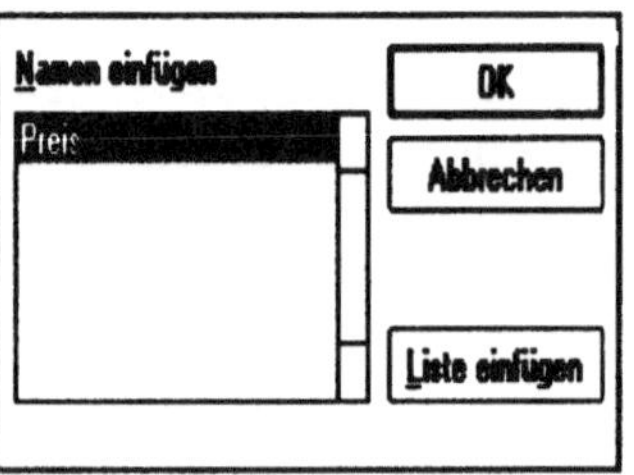

Abb. 9-22: Feldnamen werden in die Bearbeitungzeile oder als Liste in das Arbeitsblatt eingetragn

◄▷ *I-3.3*

Mit der Option '*Liste einfügen*' können alle vergebenen Namen mit den dazugehörigen Feldadressen in die Tabelle geschrieben werden (vgl. Abb.9-26). Zu beachten: Auswahl eines leeren Bereichs, sonst werden die Daten überschrieben !

<Formel Funktion einfügen>

<Umschalt +F3> Der Befehl fügt eine ausgewählte Funktion aus der Liste in die Bearbeitungszeile ein.

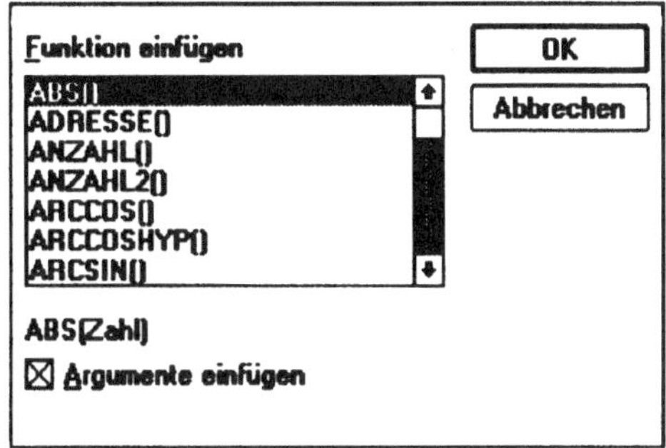

Abb. 9-23: Liste der EXCEL-Funktionen

Alle EXCEL-Funktionen sind in dieser Liste aufgeführt und müssen nicht erinnert werden. Zur Information wird die allgemeine Schreibweise der Funktion (Syntax) angezeigt. Über die Option '*Argumente einfügen*' werden die allgemeinen Argumente der Funktion mit in die Bearbeitungszeile eingetragen.

<Formel Bezugsart ändern>

<F4> Der Befehl ändert in der aktiven Bearbeitungszeile die Feldadressierung ($-Zeichen): von relativ in absolut, in gemischt und wieder in relativ.

<Formel Namen festlegen>

◄▷ *I-3.3* Mit dem Befehl werden Namen für Feldbereiche, Werte oder Formeln erstellt, hinzugefügt, gelöscht oder geändert.

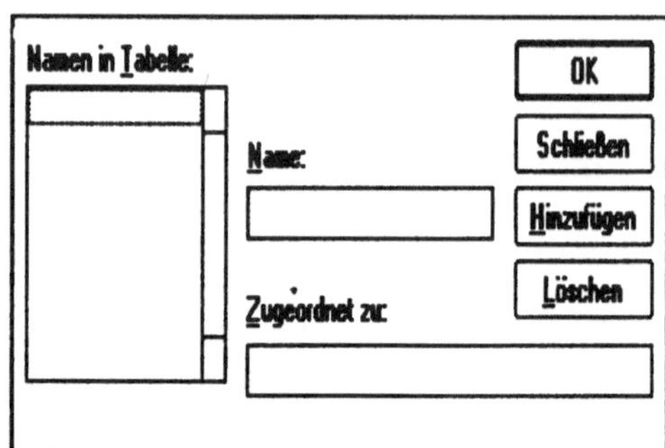

Abb. 9-24: Dialog-Box zum erstellen, hinzufügen, ändern und löschen von Namen

Namen müssen mit einem Buchstaben beginnen und dürfen keine Leerzeichen enthalten. Ansonsten sind alle Kombinationen (bis zu 255 Zeichen lang) möglich. Namen werden von EXCEL im Feld '*Zugeordnet zu*' standardmäßg absolut adressiert.

Namen werden für Feldbezüge, aber auch für Konstante vergeben. Z.B. ist es möglich, den Namen "MwST" zu verbinden mit dem Wert von 14% (in '*Zugeordnet zu*'.

NAMEN.XLS

	C	D	E	F	G	H
1						
2	ARTIKEL-NR.	312 F 450 1		FIXKOSTEN	=$D$5	
3	MENGE	5000		KOSTEN	=$D$9	
4	PREIS	13,50 DM		MENGE	=$D$3	
5	FIXKOSTEN	10.500,00 DM		PREIS	=$D$4	
6	VAR. STÜCKKOSTEN	10,50 DM		UMSATZ	=$D$8	
7				VARKOSTEN	=$D$6	
8	UMSATZ	67.500,00 DM				
9	KOSTEN	63.000,00 DM				
10	GEWINN	4.500,00 DM				
11						
12						
13						
14						
15						
16						
17						
18						

Formeln mit Namen:
=MENGE*PREIS
=FIXKOSTEN+(VARKOSTEN*MENGE)
=UMSATZ-KOSTEN

Liste der vergebenen Namen
<Formel Namen Einfügen>
<Liste einfügen>

Abb. 9-25: Der Vorteil von Feldnamen

<F5> Die Feldbereiche, denen die Namen zugeordnet wurden, können mit *<Formel Gehe zu>* oder der Funktionstaste *<F5>* als direkte Sprungadressen verwendet werden.

<Formel Namen übernehmen>

Der Befehl optimiert die Namensvergabe. Es werden eingegebene Texte als Namen verwendet. Möglich ist, gleichzeitig mehrere Namen zu vergeben. Die Felder, aus denen die Namen übernommen werden, müssen mit markiert werden.

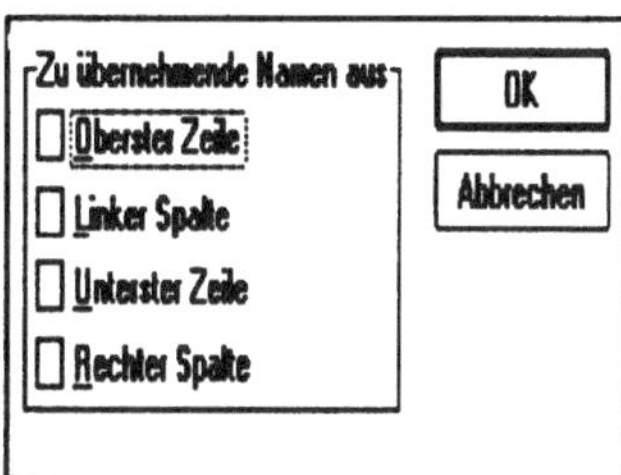

Abb. 9-26: Aus welchem Feld wird der Name übernommen?

<Formel Namen anwenden>

Werden Namen nachträglich - z.B. nach der Formeleingabe - vergeben, ersetzt der Befehl die Feldbezüge im ausgewählten Bereich durch Namen.

<Formel Notiz>

Der Befehl ermöglicht, Felder mit Kommentaren zu hinterlegen. Diese Notizen können geändert, gelöscht und gedruckt werden.

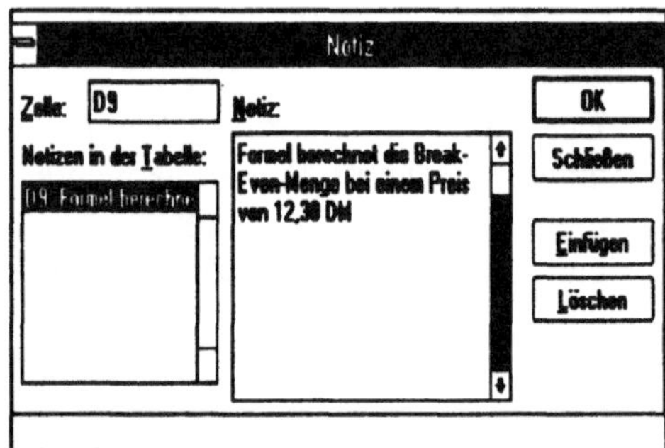

Abb. 9-27: Hinterlegen von Kommentaren

Ein kleines Quadrat in der rechten oberen Ecke vermerkt, welches Feld mit einer Notiz versehen ist.

Einzusehen sind die Feldnotizen durch einen Doppelklick auf das Feld oder über den Befehl *<Fenster Infofenster>*.

Gedruckt werden Notizen über den Befehl *<Datei Drucken>* und die Option '*Notizen*'.

<Formel Gehe zu>

<F5> Der Befehl bewirkt einen direkten Sprung zum eingegebenen Feldbezug.

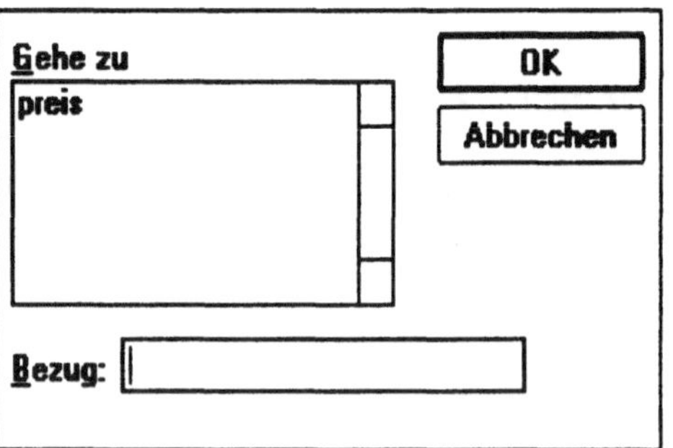

Abb. 9-28: Direkter Feldsprung

Als '*Bezug*' gilt sowohl eine Feldadresse als auch ein Name. Die vergebenen Namen werden in der Liste angezeigt.

<Formel Suchen>

Mit dem Befehl wird in Tabellen nach bestimmten Zahlen oder Texten gesucht.

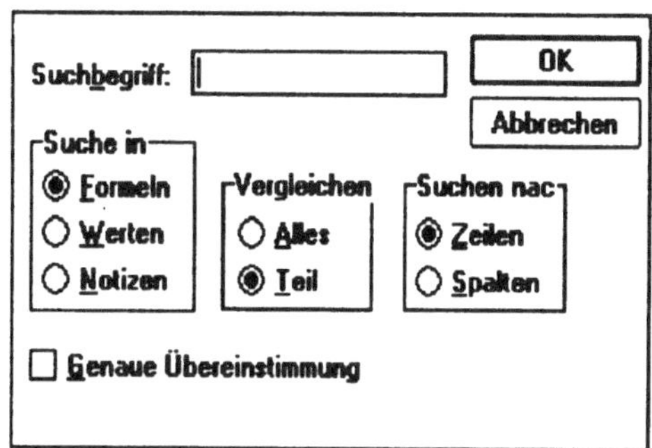

Abb. 9-29: Wo wird was in welcher Reihenfolge gesucht ?

Ist ein Feldbereich markiert, sucht EXCEL den eingegebenen Suchbegriff in diesem Bereich. Ist nur ein Feld ausgewählt, durchsucht EXCEL die gesamte Tabelle.

<F7> Angezeigt wird die erste Übereinstimmung. Die nächste Übereinstimmung wird mit *<F7>* oder *<Suche nächsten>*, die vorherige mit *<Umschalt>+<F7>* oder *<Suche vorherigen>* angezeigt.

<Formel Ersetzen>

Der Befehl sucht und ersetzt bestimmte Zahlen oder Texte in Tabellen. Es gilt das gleiche Verfahren wie bei dem Befehl *<Formel Suchen>*.

<Formel Inhalte auswählen>

Aufgrund des gewählten Merkmals in der Dialog-Box markiert der Befehl die entsprechenden Felder und Feldbereiche im Arbeitsblatt.

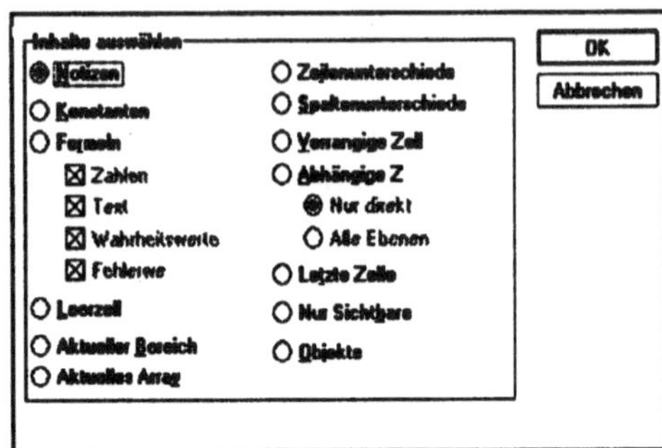

Abb. 9-30: Welche Inhalte befinden sich wo in der Tabelle ?

Die Anzeige der vorrangigen/abhängigen Felder erleichert, Fehler in Formeln ausfindig zu machen.

<Formel Aktuelle Zelle zeigen>

Der Befehl bewirkt einen direkten Sprung zum aktuellen Feld.

<Formel Gliederung>

◄▷ *I-3.1* Zur besseren Übersicht und gezielter Tabellendarstellung kann mit Hilfe des Befehls oder den Gliederungssymbolen in der Symbolleiste eine Gliederung vorgenommen werden.

<Formel Zielwertsuche>

◄▷ *I-3.5* Aufgrund des Befehls wird der Wert eines Feldes ('*Zu ändernde Zelle*') solange geändert bis die - von diesem Feld abhängige - Formel ('*Zielzelle*') den eingegebenen Zielwert ('*Zielwert*') erreicht.

<Formel Solver>

Der Befehl lädt einen EXCEL-Zusatz, mit dem Modelle der linearen Optimierung berechnet werden können.

9.6 Tabellen-Menü Format

Das *<Format>*-Menü enthält Befehle, die die Gestaltung von Tabellen und Objekten betreffen.

Abb. 9-31: Tabellenmenü Format

<Format Zahlenformat>

◀▷ *I-2.1*

Mit dem Befehl wird die Anzeige der Zahlen sowie der Datums- und Zeitwerte bestimmt. Im '*Monitor*'-Feld zeigt EXCEL ein Voranzeige.

◀▷ *I-5.1*

Der Liste der Standardformaten können eigene Anwenderformate hinzuzufügt werden.

	A	B
1		
2	*Selbstdefiniertes Zahlenformat*	
3	*Allgemeine Form:*	**Positive Zahl;Negative Zahl;Null**
4	*Anwenderformat*	Übergewicht von: " #.##0,000 "KG";"Untergewicht von:" [rot] #.##0,000 "KG";"Standardgewicht"
5		
6	*Ergebnisse:*	
7	15000	Übergewicht von: 15.000,000 KG
8	-15000	Untergewicht von: 15.000,000 KG
9	0	Standardgewicht

Abb. 9-32: Anwender-Zahlenformat

Einige Grundregeln:

1) Die Symbole 0 und # sind beides Platzhalter für Ziffern. Im Unterschied zu # werden beim 0-Format die Nullen geschrieben (führende Nullen).

○ *Beispiel*

Eingegebene Zahl=26
Formate: 0.000 #.##0
Ergebnis: 0.026 26

2) Das %-Format beinhaltet die Multiplikation mit 100 !

○ *Beispiel*

Eingegebene Zahl=3
Eingegebene Zahl=0,3 oder 3%
Format: 0,00%
Ergebnis1: 300,00%
Ergebnis1: 3,00%

3) Datumsformate werden im Zusammenhang mit den Datumsfunktionen (DATUM, JETZT,...) eingesetzt.

○ *Beispiel*

Eingegebenes Datum = 4.1.91
Format1: T.MMM.JJJJ
Ergebnis1: 4.Jan.1991
Format2: TTTT ",den"T.MMMM JJJJ
Ergebnis2: Freitag, den 4. Januar 1991

4) Den Zahlen können unterschiedliche <u>Farben</u> zugeordnet werden.

○ *Beispiel*

Format: [blau];[rot];[gelb]
Ergebnis: Positive Zahl = blau;negative Zahl = rot;Null = gelb

	A	B	C	D	E	F	G
1	*Zahlenformate*						
2	*Format:*	0	#.##0,00	-#.##0 DM	0,00%	T.M.JJ	# ?/?
3	*Beispiel:*	10000	10.000,00	-10.000 DM	4,00%	4.1.49	8 3/4
4							
5							
6	*Ausrichtung*						
7	*Format:*	Standard	Linksbündig	Zentriert	Rechtsbündig	Ausfüllen	Zeilenumbr. in einem Feld
8	*Beispiel:*	a	b	c	d	eeeeeeeee	
9		0	1	2	3	444444444	
10							
11							
12	*Schriftproben:*						
13	Schriftart: Helvetica; Auszeichnung: fett; Schriftgröße: 8						
14	Schriftart: Courier; Auszeichnung: fett; Schriftgröße: 10						
15	Schriftart: Times Roman; Auszeichnung: fett; Schriftgröße: 12						
16	Schriftart: Roman; Auszeichnung: fett; Schriftgröße: 14						

Abb. 9-33: Proben von Zahlenformaten, Ausrichtungen, Schriftarten und Rahmen

<Format Ausrichtung>

Mit dem Befehl können ausgewählte Feldinhalte (Texte <u>und</u> Werte) linksbündig, rechtbündug oder zentriert ausgerichtet werden.

◀▷ *I-5.1*

Die Option '*Zeilenumbruch*' bewirkt den Umbruch innerhalb eines Feldes.

<Format Schriftart>

◀▷ *I-5.1*

Der Befehl ändert die Schriftart der Tabelle bzw. eines ausgewählten Feldbereiches. 256 Schriftarten mit den dazugehörigen Größen und Auszeichnungen unterstützt EXCEL.

Die Option '*Druckerschriftarten*' stellt sicher, daß nur solche Schriftarten eingesetzt werden, die der jeweilige Drucker umsetzen kann.

<Format Rahmenart>

◀▷ I-5.1

Bis zu 6 verschiedene Rahmen können mit diesem Befehl um Feldbereiche gelegt werden. Schraffur und Farben werden wahlweise hinterlegt.

Wenn mit *<Rahmenart>* gearbeitet wird, ist es sinnvoll über den Befehl *<Optionen Bildschirmanzeige>* die Gitternetzlinien auszuschalten.

<Format Muster>

◀▷ I-5.1

Der Befehl *<Muster>* bestimmt die Gestaltung von Feldern und Objekten. Je nach Wahl unterscheiden sich die Optionen in den Dialog-Boxen.

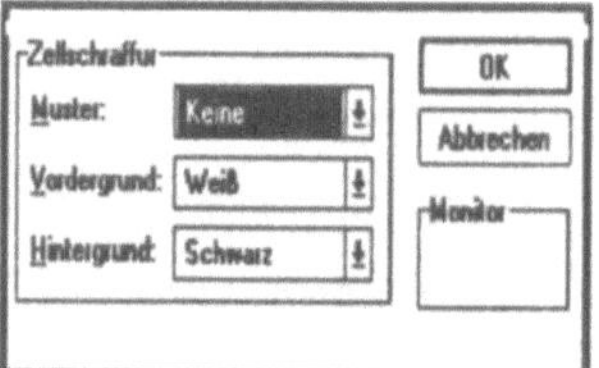

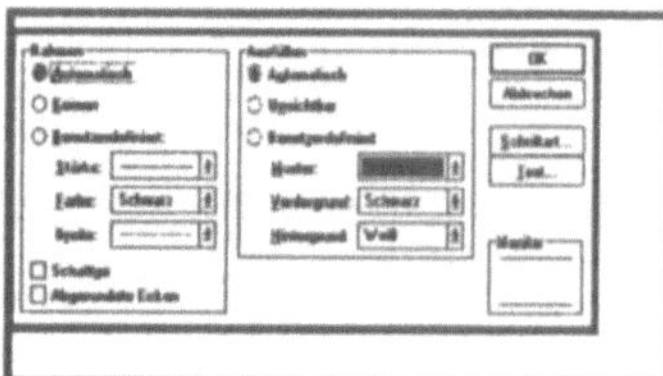

Abb. 9-34: Unterschiedliche Optionen für Felder und Objekte

<Format Zellschutz>

Der Befehl *<Zellschutz>* sperrt/entsperrt ausgewählte Felder für Änderungen.

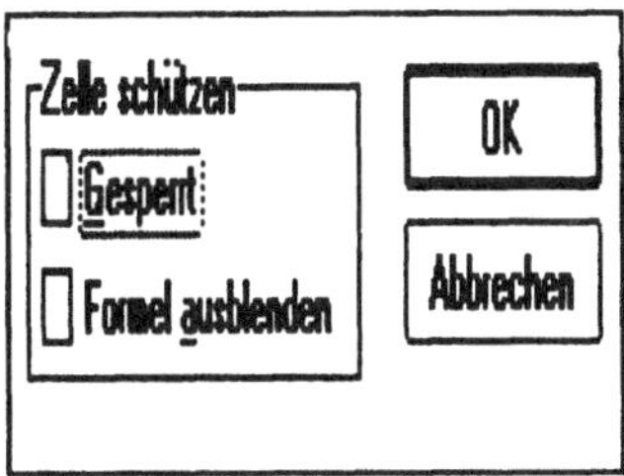

Abb. 9-35: Aufhebung des Dateischutzes für bestimmte Felder

Ist ein Objekt ausgewählt, schaltet der Befehl um in <*Objekt schützen*>.

Die Einstellungen werden nur dann wirksam, wenn die Datei insgesamt mit dem Befehl <*Optionen Datei schützen*> geschützt wird! Eine häufige Anwendung ist, daß die Datei mit einem Kennwort gegen Änderungen geschützt wird und einige Felder für Eingaben über den <*Zellschutz*> davon ausgenommen werden.

<*Format Formatvorlage*>

◄▷ *I-5.1*

Die Formatvorlage hält alle vorgenommenen Formatierungen (Zahlenformat, Ausrichtung; Schriftart, Rahmenart, Muster, Zellschutz) unter einem Namen und jederzeit abrufbar fest. Formatvorlagen können direkt in der Symbolleiste erstellt werden.

Die Option '*Festlegen*' ermöglicht es, Formate zu ändern und zu löschen.

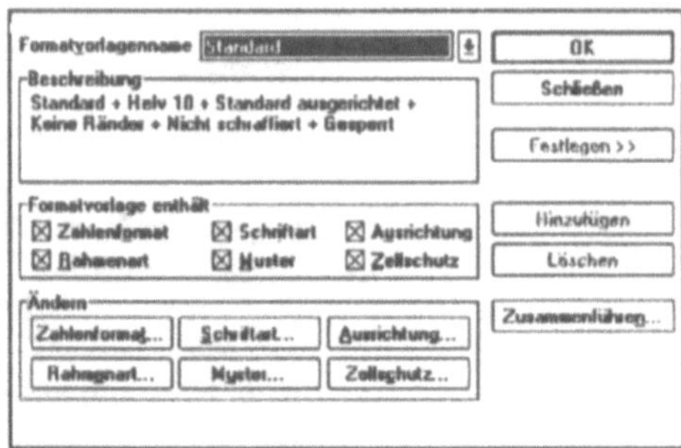

Abb. 9-36: Festlegen von Formatvorlagen

Die neuen Formate werden automatisch im Listenfeld der Symbolleiste mitangezeigt und stehen für diese Datei zur Verfügung. Über die Option '*Zusammenführung*' werden Formatvorlagen aus anderen Dateien übernommen.

<Format Zeilenhöhe>

Der Befehl setzt die Zeilenhöhe einer oder mehrerer ausgewählter Zeile(n) fest. Zeilen können aus- und eingeblendet werden.

Eine Zeilenhöhe kann direkt mit der Maus verändert werden. Die Höhe wird durch Ziehen der Begrenzungslinie zwischen den Zeilenköpfen verändert.

<Format Spaltenbreite>

I-2.1 Der Befehl setzt die Spaltenbreite einer oder mehrerer ausgewählter Spalte(n) fest. Spalten können aus- und eingeblendet werden.

Eine Spaltenbreite kann direkt mit der Maus verändert werden. Die Breite wird durch Ziehen der Begrenzungslinie zwischen den Spaltenköpfen verändert. Ein Doppelklick richtet die '*Optimale Breite*' ein.

<Format Bündig anordnen>

Der Befehl verteilt einen längeren Text gleichmäßig in der linken Spalte des Bereichs auf mehrere Felder.

<Format In den Vordergrund>

Wenn sich zwei oder mehr Objekte überschneiden, kann das ausgewählte Objekt mit diesem Befehl in den Vordergrund gerückt werden.

<Format In den Hintergrund>

Wenn sich zwei oder mehr Objekte überschneiden, kann das ausgewählte Objekt mit diesem Befehl in den Hintergrund gerückt werden.

<Format Gruppieren>

I-5.1

Zwei oder mehr ausgewählte Objekte können mit dem Befehl zu einer Gruppe zusammengefasst werden. Die Position der einzelnen Objekte innerhalb der Gruppe ist fixiert und nur die Gruppe als Ganzes kann in der Größe geändert oder bewegt werden.

Sobald eine bestehende Gruppe ausgewählt wird, schaltet der Befehl *<Gruppieren>* um in *<Gruppierung aufheben>*, mit dem die einzelnen Objekte wieder wählbar werden.

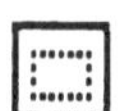

Mehrere Objekte können auch über die Symbolleiste ausgewählt werden. Alle Objekte werden mit dem Befehl *<Formel Inhalte auswählen>* und der Option '*Objekte*' ausgewählt.

<Format Objektposition>

Der Befehl bestimmt das Verhältnis des Objektes zu den jeweiligen Feldern.

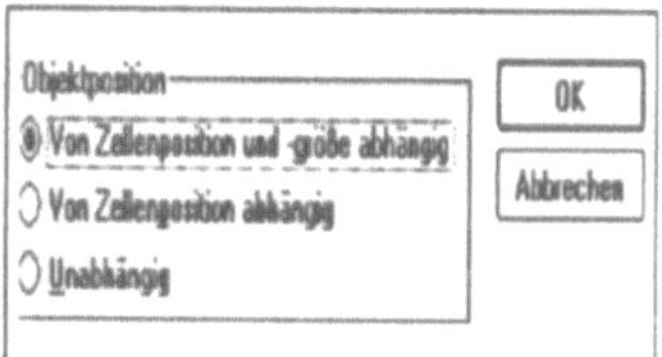

Abb. 9-37: Abhängikeit des Objektes vom Feld

Von Zellenposition und -größe abhängig:

Verändert sich das Feld (Größe, Position) paßt sich das Objekt automatisch an (Standardeinstellung).

Von Zellenposition abhängig:

Objektanpassung bezieht sich nur auf die Position des Feldes.

Unabhängig:

Es findet keine Anpassung das Objektes aufgrund einer Feldänderung statt.

9.7 Tabellen-Menü Daten

Im <*Daten*>-Menü befinden sich alle Datenbank-Befehle, zudem Befehle, besondere Datenberechnungen zu automatisieren.

Abb. 9-38: Tabellenmenü Daten

<Daten Maske>

Der Befehl *<Maske>* kann nur dann eingesetzt werden, wenn vorab über den Befehl *<Daten Datenbank festlegen>* eine Datenbank erstellt wurde.

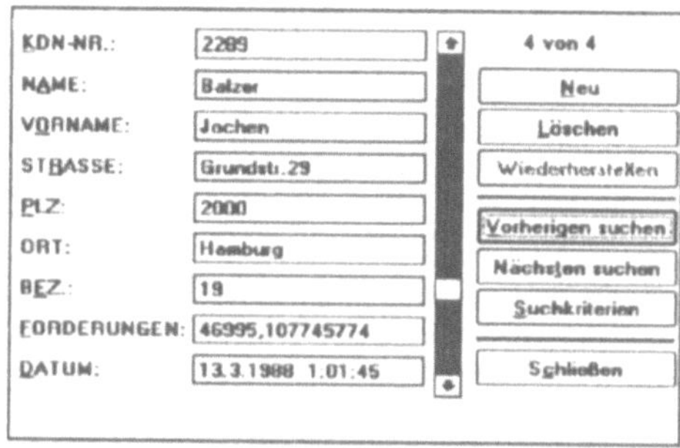

Abb. 9-39: Datenbank-Maske einer Kundenkartei zum Einsehen, Ändern, Hinzufügen und Löschen von Datensätzen

◄▷ *I-7.2*

Die Datenmaske wird automatisch erstellt und übernimmt die Feldnamen der Datenbank. Aufgerufen wird sie zur Pflege einzelner Datensätze.

Erstellen einer selbstdefinierten Anwender-Maske

Die Standard-Maske entspricht - was Anzahl und Anordnung der Felder betrifft - häufig nicht den Ansprüchen. Es besteht die Möglichkeit eine eigene spezielle Maske zu entwickeln. Über den Befehl *<Ausführen>* im *<System>*-Menü von EXCEL läßt sich ein '*Dialog-Editor*' aufrufen, mit dem eine neue Maske erstellt werden kann.

Das Menü *<Elemente>* enthält die für die Datenmaske notwendigen Text- und Eingabefelder.

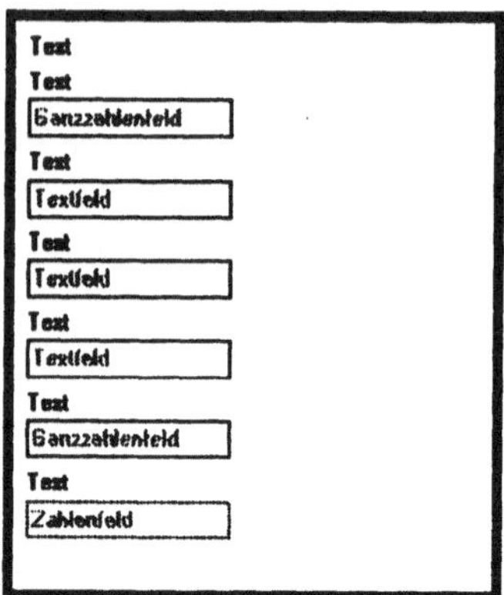

Abb. 9-40: Text- und Eingabefelder für die Datenmaske

Die Position der Felder kann mit der Maus oder über die Koordinaten in der Info-Box bestimmt werden. Mit einem Doppelklick auf das Element öffnen Sie die Info-Box.

Für Textfelder wird im Eingabefeld '*Text*' ein Kommentar eingegeben, der nicht mit den Feldnamen der Datenbank übereinstimmen muß.

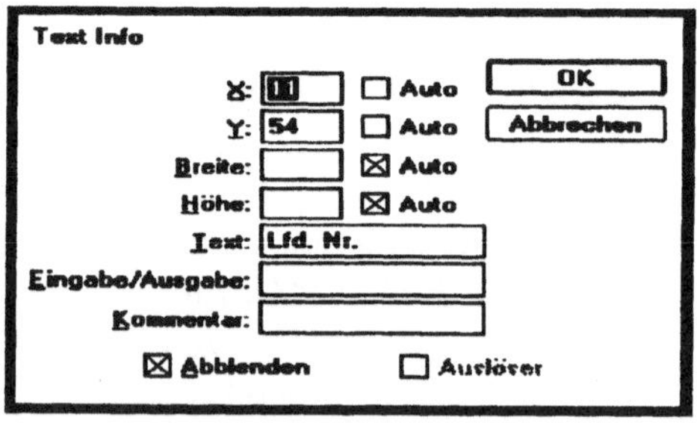

Abb. 9-41: Position und Kommentar von Textelementen

Für Eingabefelder (hier: Ganzzahlenfeld, Textfeld, Zahlenfeld) muß im Feld '*Eingabe/Ausgabe*' der Feldname aus der Datenbank geschrieben werden.

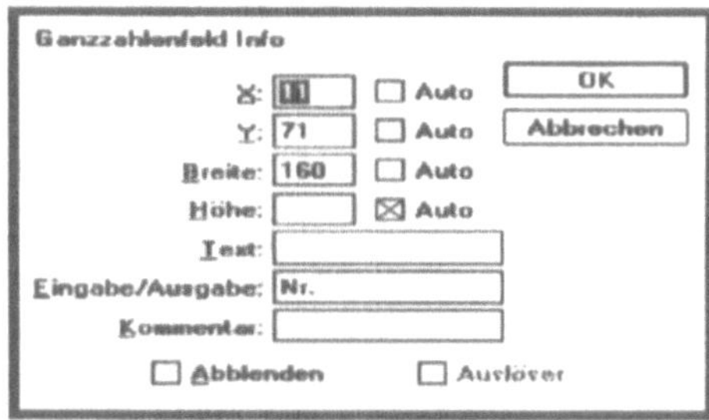

Abb. 9-42: Eingabefelder mit Feldnamen der Datenbank

Die Felder werden wie gewünscht angeordnet und die gesamte Maske mit *<Bearbeiten Kopieren>* kopiert.

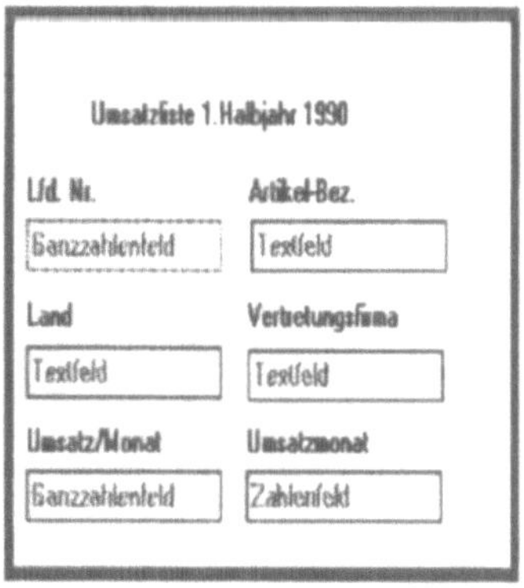

Umsatzliste 1. Halbjahr 1990

Lfd. Nr. Artikel-Bez.

Ganzzahlenfeld Textfeld

Land Vertretungsfirma

Textfeld Textfeld

Umsatz/Monat Umsatzmonat

Ganzzahlenfeld Zahlenfeld

Abb. 9-43: Neu Datenmaske im Dialog-Editor

Der Dialog-Editor kann geschlossen oder zum Sinnbild gemacht werden. Im EXCEL-Anwendungsfenster wird die Maske in einem freien Bereich mit *<Bearbeiten Einfügen>* übernommen.

			408	196		
205	11	54			Lfd. Nr.	
7	11	71	160			Nr.
5	193	54			Artikel-Bez.	
5	62	27	245	18	Umsatzliste 1.Halbjahr 1990	
5	192	99			Vertretungsfirma	
6	194	71	160			Artikel
5	11	99			Land	
6	11	116	160			Land
6	192	117	160			Vertretung
5	11	144			Umsatz/Monat	
7	11	161	160			Umsatz
5	191	144			Umsatzmonat	
8	191	161	160			monat

Der Bereich der Codes wird markiert und es wird mit <*Bearbeiten Namen festlegen*> der Name "DATENMASKE" vergeben.

Mit dem Befehl <*Daten Maske*> wird die neu erstellte Maske aktiviert.

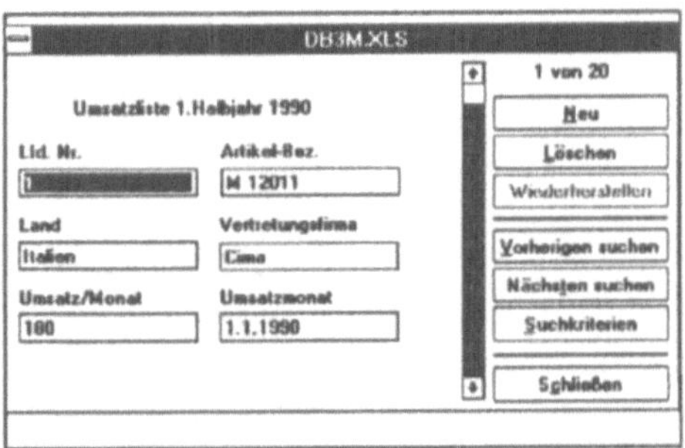

Abb. 9-44: Mit dem Dialog-Editor erstellte Anwender-Maske

☞ Soll die Maske verändert werden, kann die Codierung in EXCEL markiert, kopiert und im Dialog-Editor eingefügt werden!

<Daten Suchen>

◀▷ *I-7.3* Der Befehl <*Suchen*> zeigt die mit den Suchkriterien übereinstimmenden Datensätze in der Datenbank an.

Voraussetzungen für die Anwendung dieses Befehls sind: festgelegte Datenbank <*Daten Datenbank festlegen*> und festgelegte Suchkriterien <*Daten Suchkriterien festlegen*>.

<Daten Suchen und kopieren>

◀▷ *I-7.4* Der Befehl <*Suchen und kopieren*> kopiert die mit den Suchkriterien übereinstimmenden Datensätze in einen Ziel-(Ausgabe-)bereich.

Voraussetzungen für die Anwendung dieses Befehls sind: festgelegte Datenbank <*Datenbank festlegen*>, festgelegte Suchkriterien <*Suchkriterien festlegen*> und markierter bzw. festgelegter Zielbereich <*Zielbereich festlegen*>.

<Daten Löschen>

Der Befehl löscht die mit den Suchkriterien übereinstimmenden Datensätze aus der Datenbank.

☞ Es ist nicht möglich, den Löschbefehl mit <*Bearbeiten Widerrufen*> rückgängig zu machen.

Voraussetzungen für die Anwendung dieses Befehls sind: festgelegte Datenbank <*Daten Datenbank festlegen*> und festgelegte Suchkriterien <*Daten Suchkriterien festlegen*>.

<Daten Datenbank festlegen>

◀▷ *I-7.2* Mit dem Befehl wird die Tabelle - bestehend aus den markierten Feldnamen und den Datensätzen - als Datenbank erstellt.

EXCEL vergibt automatisch den Namen "Datenbank", der im Listenverzeichnis der Namen mit aufgeführt wird.

Nach Festlegung der Datenbank kann die Maske zum Einsehen und Pflegen der Datensätze aufgerufen werden.

◁▶ *<Q+E>*

Über den Zusatz Q+E können auch externe Datenbanken festgelegt werden.

<Daten Suchkriterien festlegen>

◀▷ *I-7.2*

Mit dem Befehl wird der Feldbereich - bestehend aus den markierten Feldnamen und einer bzw. mehreren weiteren Zeilen - als Kriterienbereich erstellt.

EXCEL vergibt automatisch den Namen "Suchkriterien", der im Listenverzeichnis der Namen mit aufgeführt wird.

Der Befehl kommt dann zur Anwendung, wenn die gesuchten Datensätze nicht über die Maske abgerufen werden sollen, sondern in der Datenbank angezeigt (*<Suchen>*) oder in einen Zielbereich kopiert werden sollen *(<Suchen und kopieren>)*.

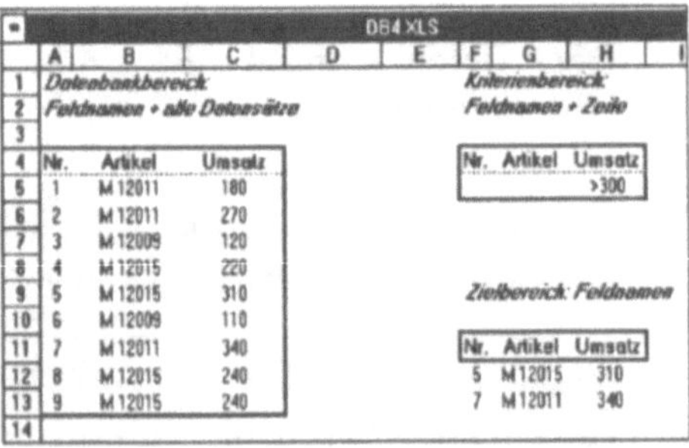

Abb. 9-45: Datenbank-, Kriterien- und Zielbereich

<Daten Zielbereich festlegen>

◄▷ *I-7.2* Mit dem Befehl wird ein Zielbereich erstellt, in den die mit den Suchkriterien übereinstimmenden Datensätze ausgegeben werden.
Besteht der Zielbereich nur aus der Zeile der Feldnamen, nimmt EXCEL den gesamten darunterliegenden Bereich als potentielle Ausgabe !

EXCEL vergibt für den Bereich automatisch den Namen "Suchen und kopieren", der im Listenverzeichnis der Namen mit aufgeführt wird.

Der Befehl kommt dann zur Anwendung, wenn die gesuchten Datensätze nicht nur in der Datenbank angezeigt, sondern in einen eigenen Zielbereich kopiert werden sollen.

Nach Festlegung des Zielbereichs können die mit den Kriterien übereinstimmenden Datensätze in einen Ausgabebereich kopiert werden.

<Daten Ordnen>

◄▷ *I-7.1* Mit dem Befehl können ausgewählte Spalten und Zeilen nach 3 Schlüsseln in aufsteigender und absteigender Reihenfolge sortiert werden.

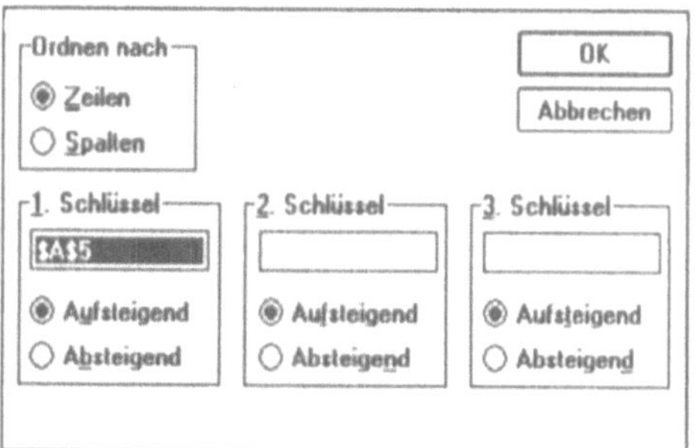

Abb. 9-46: Sortieren von Daten

Die Schlüssel sind hierarchisch ausgelegt, d.h. Daten werden zuerst nach dem ersten Schlüssel, dann innerhalb dieser Ordnung nach dem zweiten Schlüssel etc. sortiert.

<Daten Reihe berechnen>

◄▷ *I-3.2*

Mit Hilfe des Befehls werden Zahlen- und Datumsreihen in Zeilen oder Spalten erstellt.

Der Anfangswert wird eingegeben, die Spalten/Zeilen zusammen mit dem Anfangswert markiert.

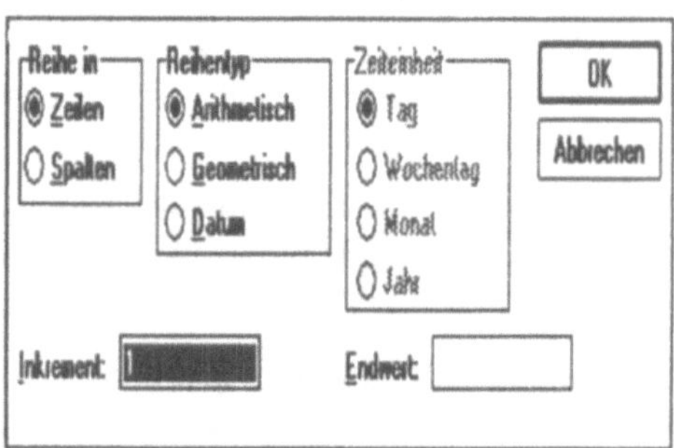

Abb. 9-47: Erstellen von Zahlen- und Datumsreihen

'*Inkrement*' ist der Schrittwert um den der Anfangswert jeweils erhöht wird.

<Daten Mehrfachoperation>

Der Befehl wird zum Erstellen von Was-Wäre-Wenn-Tabellen eingesetzt.

○ Beispiel Berechnung der Abschreibungsquoten pro Periode bei linearer, degressiver und digitaler Methode. Die Quoten werden mit Funktionen für jede Periode mit Hilfe einer Mehrfachoperation berechnet (vgl. Abb. 9-49).

- In den Feldern B13:D13 werden die Funktionen zur Berechnung der Abschreibungsquoten eingegeben (LIA, GDA, DIA), in A14:A20 die Anzahl der Perioden.
- Markiert werden muß der Bereich A13:D20 mit den Werten für die Periode und den Funktionen. Nach Aufruf des Befehls *<Daten Mehrfachanalyse>* wird das Eingabefeld C10 angegeben, in das die Werte aus A14:A20 für die Berechnung der Funktionen eingesetzt werden sollen.

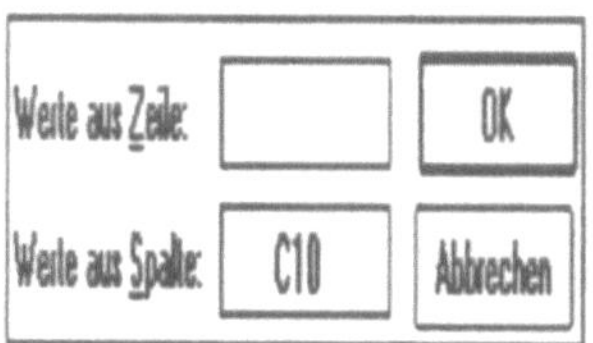

Abb. 9-48: In welches Feld soll EXCEL die Daten aus der Spalte/Zeile eingeben ?

EXCEL setzt zuerst den Wert 1 aus A14 in die Eingabezelle C10 und berechnet die Abschreibungsquoten für die erste Periode (B14:D14). Setzt danach den Wert 2 aus A15 in die Zelle C10 und berechnet die Quoten für die zweite Periode und trägt sie in B15:D15 ein. Die Mehrfachoperation wird bis zum Ende des Bereiches, bis A20 durchgeführt.

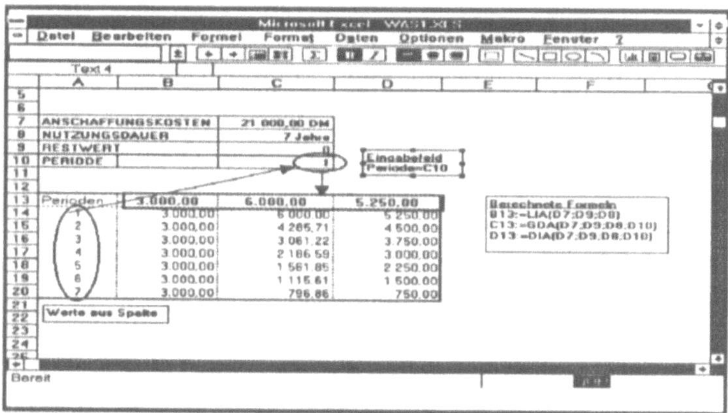

Abb. 9-49: Berechnung der Abschreibungsquoten mit variabler Periode

Mehrfachoperationen können auch mit zwei Variablen durchgeführt werden.

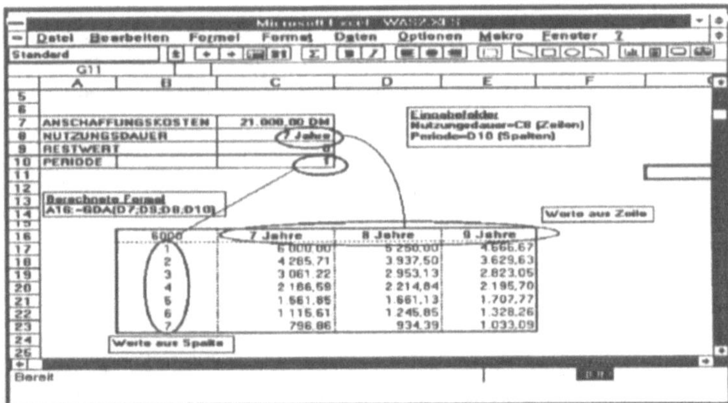

Abb. 9-50: Berechnung der degressiven Abschreibung mit variabler Periode und Nutzungsdauer

In Abb. 9-50 sind Periode und Nutzungsdauer variabel. Die Werte der Periode werden in der Spalte, die Werte der Nutzungsdauer in der Zeile eingetragen. Die Funktion wird in B16 eingegeben.

Mehrfachanalysen mit einer Variblen können mehrere abhängige Formeln/Funktionen berechnen. Mehrfachanalysen mit zwei Variablen berechnen eine abhängige Formel/Funktion. Der Tabellenaufbau ist in beiden Fällen vorgeschrieben.

<Daten Analyse>

◀▷ *I-8.5*

Der Befehl verteilt den Inhalt einer Spalte auf mehrere Felder.

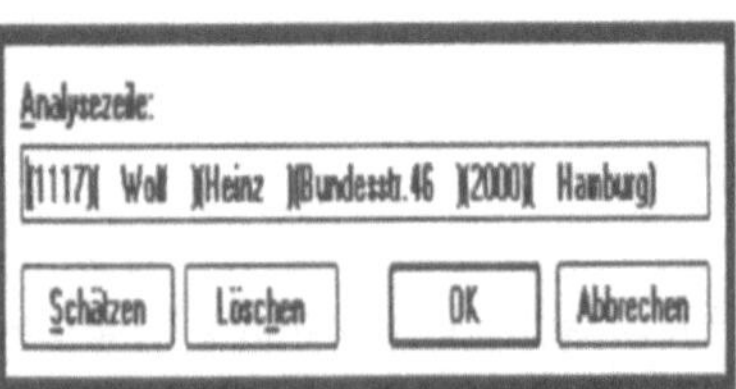

Abb. 9-51: Formatzeile zur Datenanylyse

Der Befehl wird eingesetzt, wenn Daten im ASCII- oder Textformat ohne Abgrenzungszeichen (Semikolon, Tabstop) vorliegen. Die übertragenen Daten werden in die erste Spalte geschrieben und können dann über die Datenanalyse in die Felder aufgeteilt werden.

<Daten Konsolidieren>

◀▷ *I-8.2*

Der Befehl kopiert und verrechnet Daten aus mehreren Tabellen. Der Konsolidierungsbefehl liest die Daten aus den Bereichen der verschiedenen Dateien ein und verarbeitet sie mit Hilfe der ausgewählten Funktion. Typische Anwendung ist die Konsolidierung von Quartalsberichten in einer Jahresübersicht.

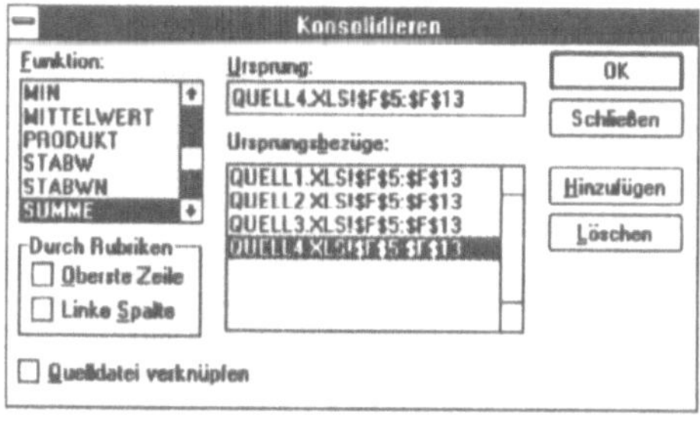

Abb. 9-52:Quartale werden in einem Jahresbericht konsolidiert

---

Q+E-Zusatz

Mit Q+E können dBASE (DBF-Dateien), SQL- und EXCEL-Datenbanken auf der Festplatte abgefragt und verwaltet werden, ohne die Dateien zu öffnen.

☞ Der Zusatz für Q+E (Öffnen der Datei \XLSTART\QEMACRO\QE.XLA) muß installiert und aufgerufen sein.

Aufgrund von Q+E wird das <*Daten*>-Menü durch folgende Befehle ergänzt:

<Daten Datenbank festlegen>

Der Befehl schaltet eine Dialog-Box zwischen, die eine Option zur Festlegung von externen Datenbanken enthält.

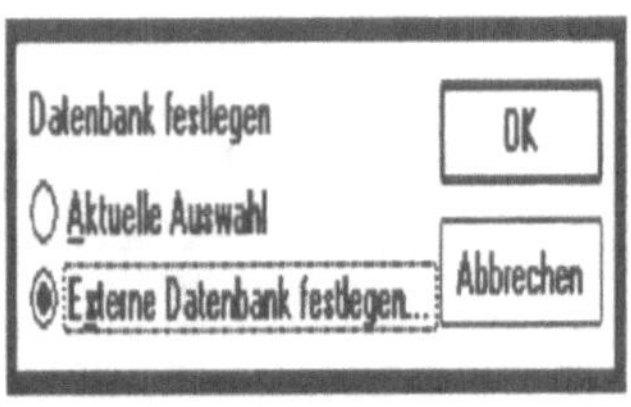

Abb. 9-53: Soll eine externe Datenbank festgelegt werden ?

Als Quelle können EXCEL, SQL, dBASE und Textdateien angegeben werden.

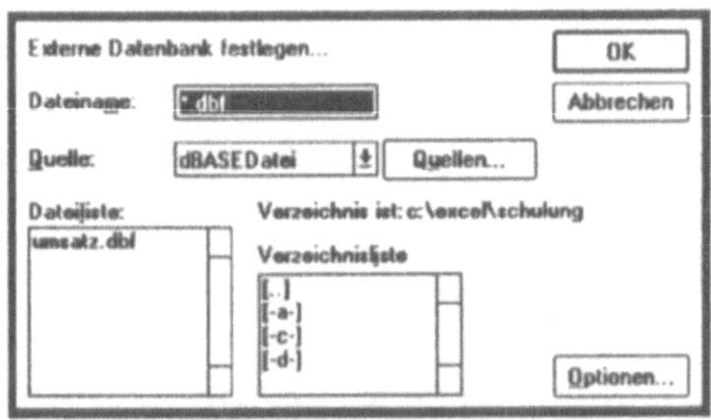

Abb. 9-54: Quelle und Datei der externen Datenbank werden bestimmt

Die Festlegung der Datenbank kann in der folgenden Box bestätigt oder geändert werden.

<Daten Feldnamen einfügen>

Der Befehl *<Feldnamen einfügen>* bewirkt, daß die Feldnamen der externen Datenbank in die Tabelle eingefügt werden.

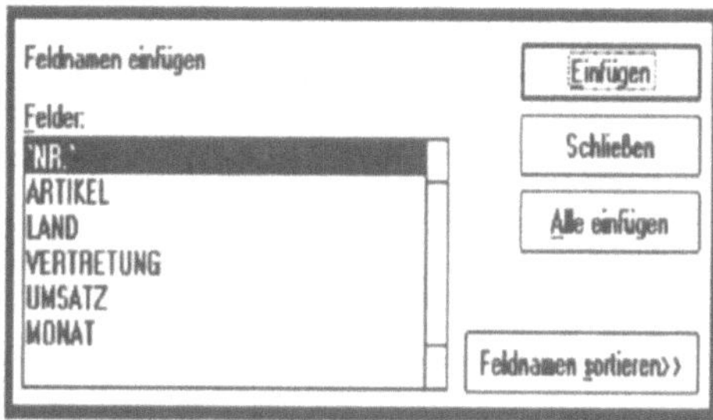

Abb. 9-55: Die Feldnamen der externen Datenbank werden eingelesen

Ist die externe Datenbank festgelegt und die Feldnamen sind eingelesen, gilt das gleiche Verfahren wie bei einer geöffneten EXCEL-Datenbank.

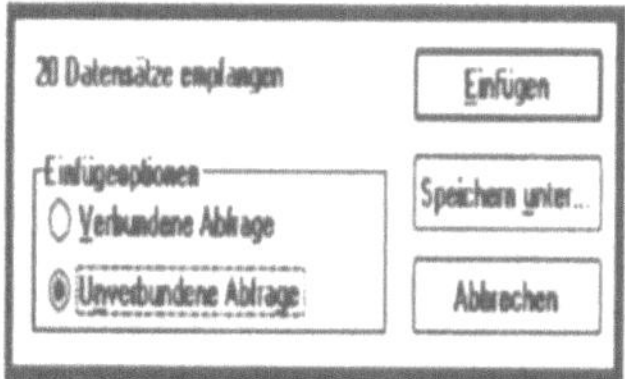

Abb. 9-56: Dialog-Box bei Abfrage einer externen Datenbank

Die Datenmaske steht bei externen Datenbanken nicht zur Verfügung.

<Daten SQL-Abfrage>

Dieser Befehl dient zum Ausführen einer SQL-Abfrage durch Q+E. Die Resultate der Abfrage werden in die Tabelle geschrieben.

9.8 Tabellen-Menü Optionen

Im <*Optionen*>-Menü sind Befehle zusammengefaßt, die den Ausdruck und Schutz von Dateien, die Bildschirmanzeige von Tabellen und Voreinstellungen für die Arbeit mit EXCEL betreffen.

Abb. 9-57: Tabellenenü Optionen

<Optionen Druckbereich festlegen>

◄▷ *I-5.2* Der Befehl bewirkt, daß ein ausgewählter Feldbereich der Tabelle als Druckbereich festgelegt wird (auch Mehrfachbereiche).

EXCEL vergibt für den Bereich automatisch den Namen 'DRUCKBEREICH'. Mit <*Formel Namen festlegen*> kann dieser Name in der Liste eingesehen und gelöscht werden.

<Optionen Drucktitel festlegen>

Die ausgewählten Zeilen/Spalten werden mit dem Befehl auf jeder Seite des Ausdrucks wiederholt (z.B. Feldnamen von Datenbanken).

Als Titel können mehrere Zeilen und Spalten ausgewählt werden, wobei die gesamten Zeilen/Spalten markiert werden müssen !

☞ Der Drucktitel darf nicht Teil des Druckbereichs sein, sonst wird der Feldbereich zweimal gedruckt.

<Optionen Seitenwechsel festlegen>

◄▷ I-5.2

Mit dem Befehl werden manuelle Seitenümbrüche für die auszudruckende Tabelle festgelegt. Der manuelle Seitenwechsel hebt den automatischen Seitenwechsel auf. Die gestrichelten Linien zeigen den Seitenwechsel an.

Sobald ein manueller Seitenumbruch festgelegt wurde, schaltet der Befehl um in *<Seitenwechsel aufheben>*.

<Optionen Bildschirmanzeige>

◄▷ I-5.1

Der Befehl betrifft die Bildschirmanzeige von Feldern und Objekten. Die Dialog-Box stellt Optionen zur Wahl, ob Formeln, Gitternetzlinien, Zeilen-und Spaltenköpfe , Nullwerte, Gliederungssymbole, aut. Seitenumbruch sowie Objekte angezeigt werden oder nicht.

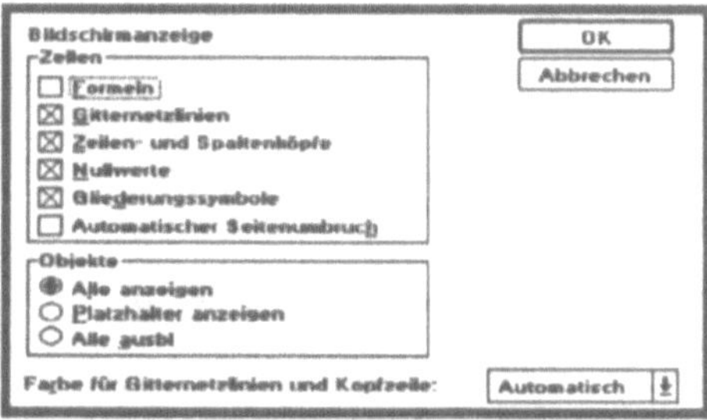

Abb. 9-58: Optionen für die Präsentation von Tabellen und Objekten auf dem den Bildschirm

<Optionen Farbpalette>

Der Befehl zeigt die aktuelle Farbpalette an, die bei Befehlen wie *<Format Muster>* zur Wahl steht.

Über die Schaltfläche '*Bearbeiten*' können ausgewählte Farben durch eigene Kompositionen ausgetauscht werden.

Abb. 9-59: Die aktuelle Farbpalette kann über 'Bearbeiten' selbst zusammengestellt werden

<Optionen Fenster fixieren>

◀▷ *I-7.1*

Mit dem Befehl werden Unterfenster (oben, links), die mit *<System Teilen>* eingerichtet wurden, fixiert. Fixierte Unterfenster erlauben keinen Bildlauf.

Eingesetzt wird der Befehl häufig, um bestimmte Zeilen/Spalten als feststehende Überschrift einer Tabelle/Datenbank zu fixieren.

<Optionen Datei schützen>

◀▷ *I-4.1*

Mit dem Befehl werden Zellen und/oder Fenster und/oder Objekte von Dateien vor Änderungen geschützt. Wenn eine Datei geschützt ist, schaltet der Befehl um in *<Dateischutz aufheben>*.

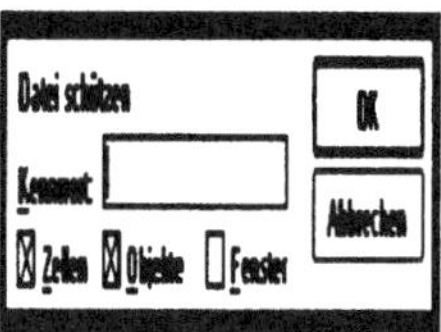

Abb. 9-60: Die Datei wird insgesamt geschützt

- Zellen:

  Alle Felder sind vor Eingaben wie vor Änderungen durch das Menü gesperrt. Ausgenommen sind die Felder, die vorab mit <*Format Zellschutz*> entsperrt wurden.

- Objekt:

  Alle Objekte können nicht mehr bewegt, in der Größe und Form verändert werden. Ausgenommen sind die Objekte, die vorab mit <*Format Objekte schützen*> entsperrt wurden.

- Fenster:

  Das Fenster kann nicht bewegt und in der Größe verändert oder verborgen werden.

Der Dateischutz kann mit einem Kennwort gesichert werden. Dieses Kennwort muß genau erinnert werden, um den Dateischutz wieder aufzuheben !

<Optionen Berechnen>

Mit dem Befehl wird die automatische Neuberechnung von Formeln ersetzt durch eine manuell gesteuerte Neuberechnung.

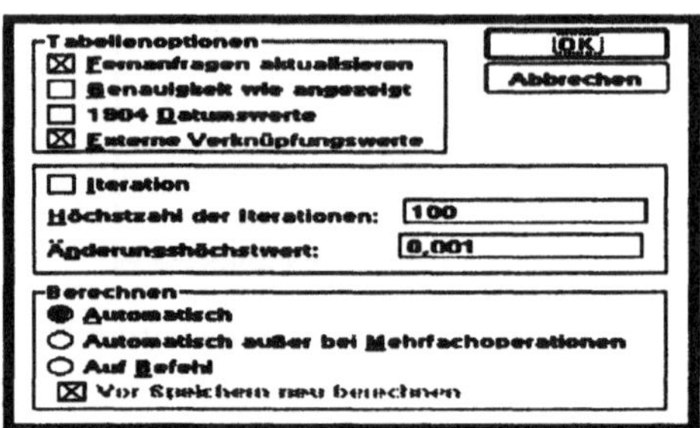

Abb. 9-61: Manuelle Berechnung und Schrittwert für Iterationen einstellen

<u>- Berechnen:</u>

<F9> Bei größeren Tabellen ist es zweckmäßig, die zeitraubende automatische Neuberechnung bei jeder Eingabe auszuschalten und durch eine einmalige manuelle Neuberechnung zu ersetzen. Neuberechnet wird mit dem Befehl *<Optionen Neu berechnen>* oder der Funktionstaste *<F9>*.

Die Option '*Auf Befehl*' führt zur Neuberechnung der gesamten Tabelle einschließlich der Mehrfachoperationen.

Die Option '*Automatisch außer bei Mehrfachoperationen*' bezieht sich auf Was-Wäre-Wenn-Tabellen die mit dem Befehl *<Daten Mehrfachoperation>* erstellt wurden.

<u>- Iteration:</u>

◀▷ *I-3.5* Die Option '*Iteration*' legt die Anzahl der Iterationen und den höhsten Schrittwert jeder Iteration fest. Wichtig kann diese Option im Zusammenhang mit einer Zielwertanalyse werden !

<Optionen Neu Berechnen>

<F9> Wurde die automatische Neuberechnung über den Befehl *<Berechnen>* auf manuell umgestellt, bewirkt der Befehl die Neuberechnung der Tabelle.

<Umschalt+ F9> Soll bei mehreren geladenen Dateien nur die aktive Datei neuberechnet werden, ändert sich der Menübefehl mit gedrückter *<Umschalt>*-Taste in *<Datei berechnen>*.

<Optionen Arbeitsbereich>

Der Befehl betrifft die Voreinstellungen für die Arbeit mit EXCEL. Neu erstellte Dateien übernehmen automatisch die gewählten Einstellungen der Dialog-Box.

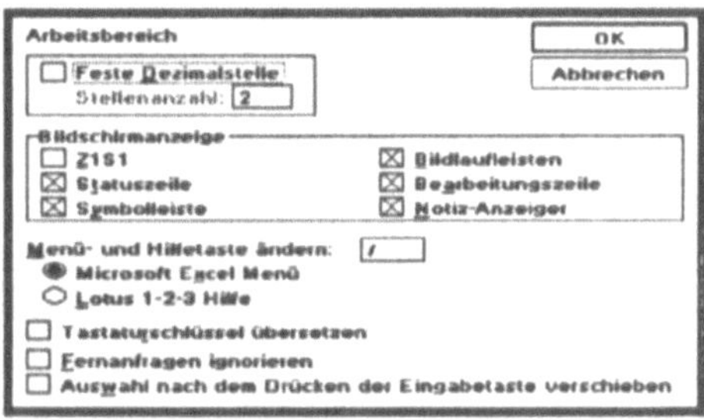

Abb. 9-62: Die Voreinstellungen treffen

- <u>Dezimalstellen:</u>

  Die Eingabe von Zahlen erfolgt ohne Komma. Das Komma wird automatisch entsprechend der Stellenanzahl eingefügt (Eingabe: 1212 ===> 12,12).

- <u>Bildschirmanzeige:</u>

  Statusanzeige, Symbolleiste, Bildlaufleisten, Bearbeitungszeile, Notizanzeiger können ein- bzw. ausgeschaltet werden. '*Z1S1*' verändert die Spaltenköpfe von Buchstaben in Zahlen und entspricht dem MULTIPLAN-Arbeitsblatt.

- <u>Auswahl nach dem Drücken...</u>

  Nach einer Eingabe mit *<Return>* versetzt das Eingabefeld automatisch um ein Feld nach unten. Dieser Standard kann ausgestellt werden.

<Optionen Kurze/Ganze Menüs>

Der Befehl *<Ganze Menüs>* zeigt alle vorhandenen EXCEL-Befehle in den Menüs an. Wird die Anzeige aller Befehle gewählt, schaltet der Befehl um in *<Kurze Menüs>*. Der Befehl *<Kurze Menüs>* bewirkt, daß nur eine Auswahl der wichtigsten Befehle in den Menüs angezeigt wird.

9.9 Makro-Menü

Die Befehle des Makro-Menüs betreffen die Programmierung mit EXCEL. Ein Makro faßt die eingegebenen Befehle zusammen (Aufzeichnung) und wiederholt später diese gespeicherte Befehlsfolge auf Abruf (Wiedergabe).

Abb. 9-63: Tabellenmenü Makro

<Makro Ausführen>

Mit dem Befehl wird ein aufgezeichnetes Makro gestartet. Alternativ kann auch der entsprechende Tastenschlüssel eingegeben werden.

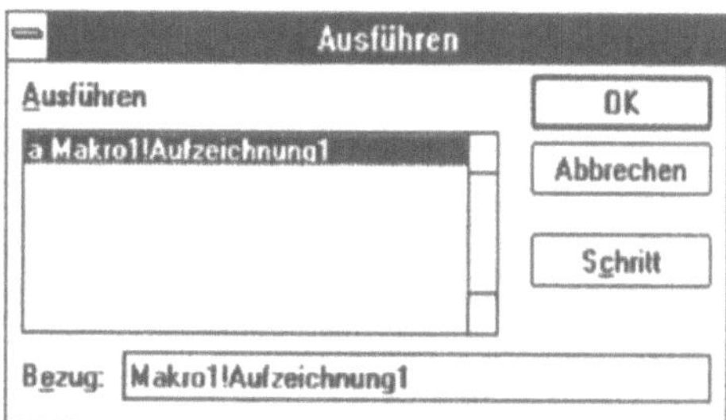

Abb. 9-64: Auführung der in einem Makro zusammengefaßten Befehle

Ausgeführt werden alle aufgezeichneten Aktionen und Befehle, die in dem Makro unter einem bestimmten Namen (z.B. Aufzeichnung1) in einer bestimmten Makrodatei (Makro1.XLM) festgehalten wurden.

<Makro Aufzeichnung beginnen>

Aufwendige und sich wiederholende Aktionen können in einem Makro aufgezeichnet und später aufgerufen werden. Nach dem Befehl *<Aufzeichnung beginnen>* werden alle Tastatur- und Mausaktionen in einer automatisch geladenen Makrodatei festgehalten.

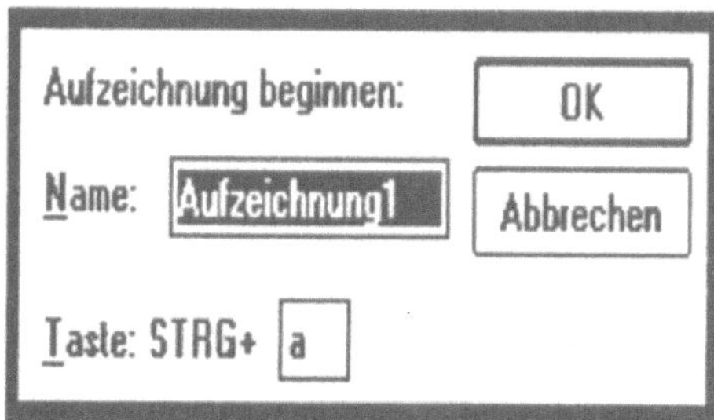

Abb. 9-65: Alle folgenden Befehle werden unter dem Namen AUFZEICHNUNG1 in einer Makrodatei aufgezeichnet

Sobald die Aufzeichnung gestartet ist, schaltet der Befehl um in *<Aufzeichnung beenden>*.

9.10 Fenster-Menü

Im <*Fenster*>-Menü befinden sich Befehle, um Fenster einzurichten, anzuordnen, aus- und einzublenden sowie zu Arbeitsgruppen zusammenzufassen. Ein Infofenster läßt Feldinformationen einsehen.

Abb. 9-66: Tabellenmenü Fenster

<Fenster Neues Fenster>

Der Befehl richtet zusätzliche Fenster für die aktive Datei ein. In der Titelleiste erscheint nach dem Dateinamen die Nummer des Fensters (TAB1.XLS:1, TAB1.XLS:2).

Angewendet wird dieser Befehl häufig bei größeren Tabellen, um weit auseinander liegende Bereiche gleichzeitig auf dem Bildschirm zu sehen und bearbeiten zu können.

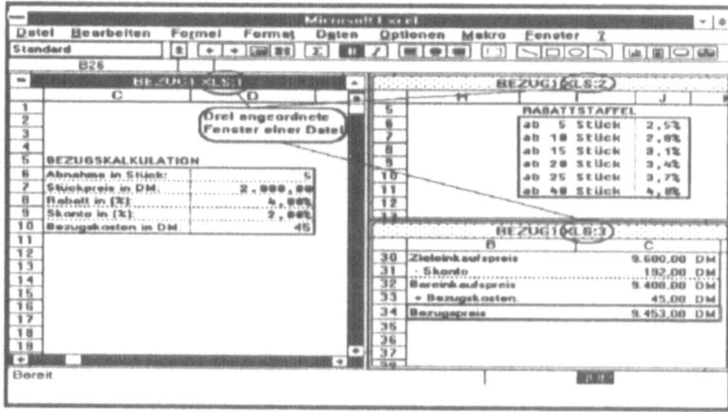

Abb. 9-67: Drei entfernte Bereiche einer Datei werden in Fenstern auf dem Bildschirm angezeigt

<Fenster Infofenster>

Der Befehl führt zu einem Infofenster mit besonderem Menü, in dem Informationen über Felder der Tabelle angezeigt werden.

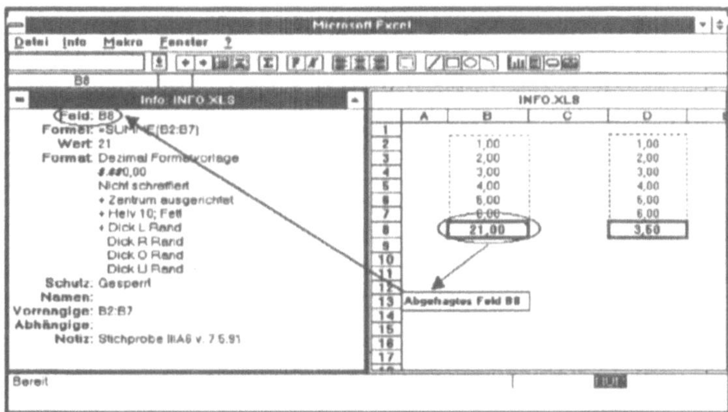

Abb. 9-68: Informationen werden zu bestimmten Feldern abgerufen

☞ Lassen Sie Tabellen- und Infofenster mit <*Alles anordnen*> nebeneinander anzeigen. Für jedes Feld in der Tabelle, daß Sie mit einem Mausklick wählen, werden die entsprechenden Informationen im Infofenster ausgegeben.

<Fenster Alles anordnen>

Der Befehl bringt alle Fenster gleichverteilt auf den Bildschirm. Wenn es sich um die Anordnung einer Arbeitsgruppe handelt, schaltet der Befehl um ein <*Arbeitsgruppe anordnen*>.

<Fenster Arbeitsgruppe>

◀▷ *I-8.1*

Der Befehl schließt ausgewählte Dateien zu einer Gruppe zusammen. Jede Aktion - ob Eingabe oder Formatierung - in der aktiven Datei wird automatisch auf die übrigen Dateien der Gruppe übertragen.

Die zur Arbeitsgruppe zusammengestellten Dateien werden im Fenstertitel nach dem Dateinamen mit dem Vermerk [Arbeitsgruppe] angezeigt.

Durch einen Mausklick auf eine der Dateien wird die Arbeitsgruppe aufgehoben.

In einer Arbeitsgruppe können nachträglich über den Befehl <*Bearbeiten Arbeitsgruppe ausfüllen*> Kopien aus der Ausgangsdatei in die restlichen Dateien eingefügt werden.

<Fenster Ausblenden>

Mit dem Befehl <*Ausblenden*> können Fenster verborgen werden. Sind alle Fenster verborgen, erscheint im <*Datei*>-Menü der neue Befehl <*Fenster anzeigen*>.

<Fenster Einblenden>

Mit dem Befehl werden verborgene Fenster wieder angezeigt.

9.11 ?-Menü

Im ?-Menü sind die Hilfe-Befehle zusammengestellt.

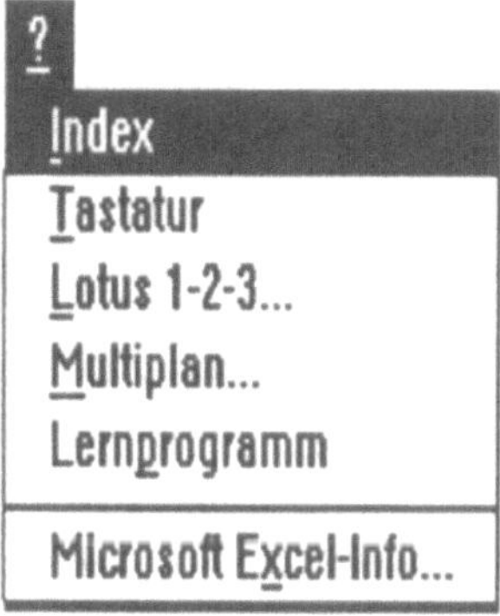

Abb. 9-69: Hilfemenüs

<?-Index>

<F1> Über den Befehl *<Index>* ist die gesamte Hilfe für EXCEL abrufbar.

Abb. 9-70: Hilfeindex von EXCEL

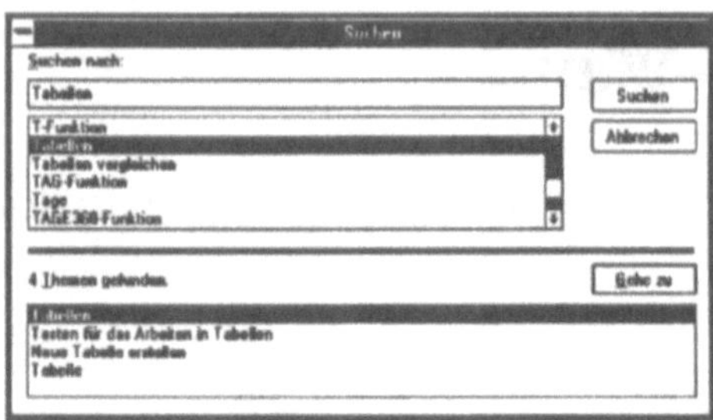

Abb. 9-71: Gesucht werden Themen zu bestimmten Begriffen

◀▷ *I-1.7*

Es kann vor und zurück geblättert werden und der Index auf bestimmte Suchbegriffe hin abgesucht werden. Die Schaltfläche *Gehe zu* ruft die Informationen zu dem gewählten Thema auf.

<?-Tastatur>

Der Befehl führt zu einer Tastenübersicht mit jeweiliger Funktionsbeschreibung.

<?-Lotus 1-2-3>

Der Befehl gibt für Lotus-Umsteiger eine Übersetzung von Lotus-Befehlen in EXCEL-Befehle.

<?-Multiplan>

Der Befehl gibt für Multiplan-Umsteiger eine Übersetzung von Multiplan-Befehlen in EXCEL-Befehle.

<?-Lernprogramm>

Über den Befehl wird ein Tutorial zum Einstieg in die Arbeit mit EXCEL gestartet.

9.12 Diagramm-Menü Datei

◀▷ *II-9.3*

Die meisten Befehle des Menüs sind identisch mit denen im Tabellen-Menü Datei. Einen Unterschied gibt es in Bezug auf die Größenoptionen für den Ausdruck im <*Drucken*>-Menü.

<Datei Drucken>

◀▷ *I-6.4*

Die Dialog-Box für den Ausdruck von Diagrammen enthält die Größenoptionen:

- Bildschirmgröße,
- An Seite angepaßt,
- Ganze Seite.

Die Option '*Bildschirmgröße*' richtet den Ausdruck des Diagramms nach der Größe des Diagramm-Fensters auf dem Bildschirm aus. Mit Hilfe der Fenstertechnik läßt sich so jede Größe des Diagramms sowohl auf dem Bildschirm wie für den Ausdruck festlegen.

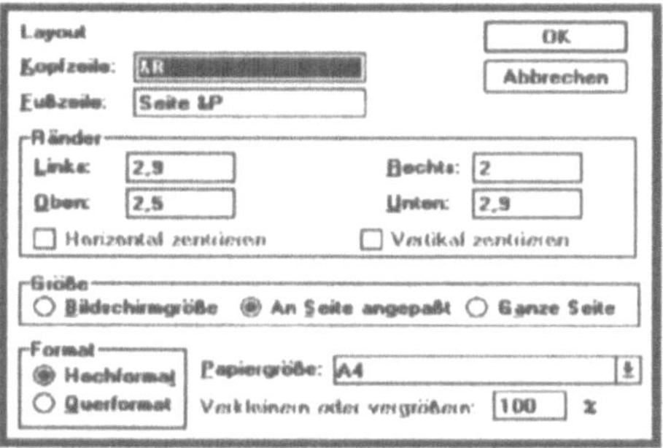

Abb. 9-72: Die Größe der ausgedruckten Diagramme wird in der Layout-Dialog-Box bestimmt

9.13 Diagramm-Menü Bearbeiten

◀▷ *II-9.4*

Das *<Bearbeiten>*-Menü enthält eine geringere Anzahl von Befehlen als das Pendant für Tabellen. Hinter den identischen Befehlbezeichnungen stecken kleine Abweichungen.

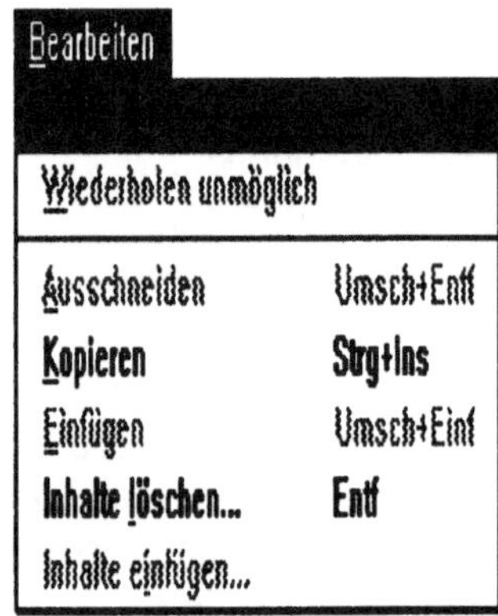

Abb. 9-73: Diagramm-Menü Bearbeiten

<Bearbeiten Kopieren>

Der Befehl steht erst zur Wahl, wenn das Diagramm mit *<Diagramm Diagramm auswählen>* markiert wurde. *<Kopieren>* wirkt im Zusammenhang mit *<Bearbeiten Einfügen>* oder *<Bearbeiten Inhalte einfügen>*.

Mit *<Kopieren>* und *<Einfügen>* wird eine fertiggestellte Grafik in ein anderes Diagramm-Fenster kopiert. Datenreihen wie Formate werden übernommen.

Mit *<Kopieren>* und *<Inhalte einfügen>* kann über eine Dialog-Box entschieden werden, ob alles, nur die Formeln (=Datenreihen) oder nur die Formate eingefügt werden.

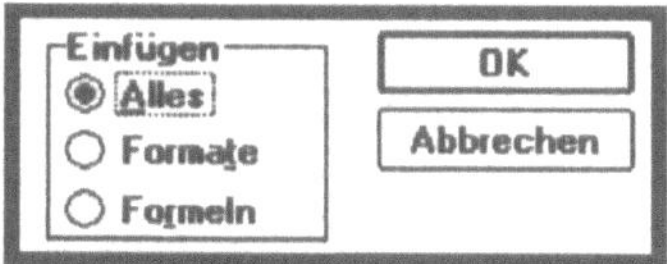

Abb. 9-74: Dialog-Box zum Einfügen von kopierten Diagrammen

Wenn nicht mit Mustervorlagen gearbeitet wird, bietet sich die Kopie von Formaten an, um Diagramme mit gleichem Layout aber neuen Daten zu erstellen .

◀▷ *I-8.5*

Diagramme können mit dieser Technik in andere Programme wie WINWORD oder WORD kopiert werden. Während bei WINWORD als WINDOWS-Programm der Vorgang mit *<Bearbeiten Einfügen>* abgeschlossen wird, ist er bei WORD etwas umständlicher. WORD muß zunächst als Fenster in WINDOWS integriert werden. Die Kopie des Diagramms in EXCEL wird in der Zwischenablage gespeichert. In WORD wird mit dem Befehl *<Einfügen>* und *<F1>* die Liste der Textbausteine abgerufen und die Zwischenablage gewählt.

<Bearbeiten Inhalte löschen>

Der Befehl unterscheidet zwischen dem Löschen von Datenreihen, Formaten oder beidem

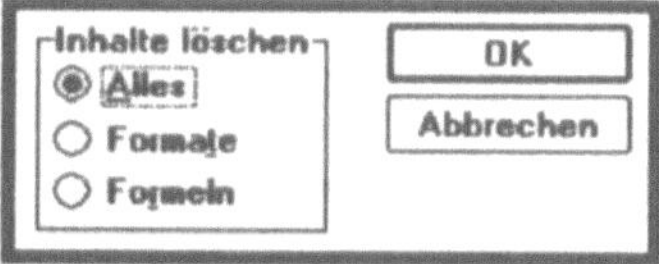

Abb. 9-75: Dialog-Box zum Löschen von Grafikformaten und Datenreihen

9.14 Diagramm-Menü Muster

◀▷ *I-6.3*

Im <*Muster*>-Menü wird der Typ des Diagramms festgelegt. Es kann zwischen 6 Grundtypen gewählt werden, die jeweils weitere Formate anbieten. Flächen, Linien, Säulen und Kreis können in 3-D dargestellt werden.

Abb. 9-76: Diagramm-Menü Muster

<*Muster Verbund*>

Der Befehl verbindet zwei Grundtypen der Grafik miteinander. Die Datenreihen des Diagramms werden in ein *Hauptdiagramm* und eine *Überlagerung* im Verhältnis 1:1 aufgeteilt.

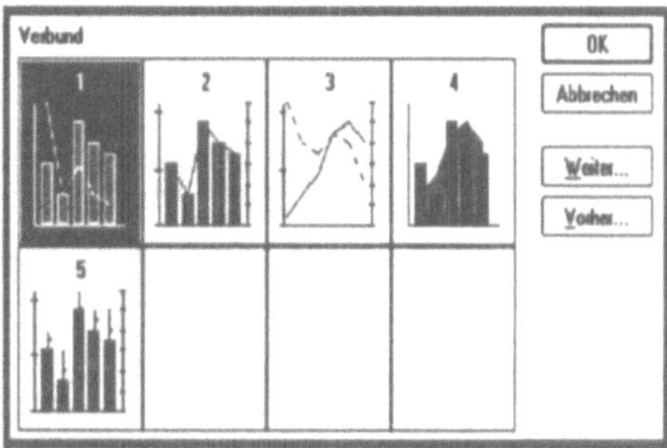

Abb. 9-77: Untertypen des Verbunddiagramms

Die Formate von Hauptdiagramm und Überlagerung können geändert werden mit *<Format Hauptdiagramm>* bzw. *<Format Überlagerung>*. Nachträglich kann eine Überlagerung eingefügt werden mit dem Befehl *<Diagramm Überlagerung einfügen>*.

<Muster Vorzugsform>

Der Befehl zeigt das akutelle Diagramm in der eingestellten Vorzugsform an.

<Muster Vorzugsform festlegen>

Standard-Vorzugsform ist das Säulendiagramm, d.h. neu erstellte Diagramme werden zuerst als Säulen dargestellt. Der Befehl *<Vorzugsform festlegen>* kann die Vorzugsform ändern. Erst wird das gewünschte Muster gewählt, dann wird es als Vorzugsform bestätigt. Ein kleines Häkchen zeigt die gewählte Vorzugsform an.

9.15 Diagramm-Menü Diagramm

Mit Hilfe der Befehle im *<Diagramm>*-Menü werden Bezeichnungen und Beschriftungen eingefügt, die den Erklärungswert der Grafik erhöhen. Datenreihen können bearbeitet und das Diagramm geschützt werden.

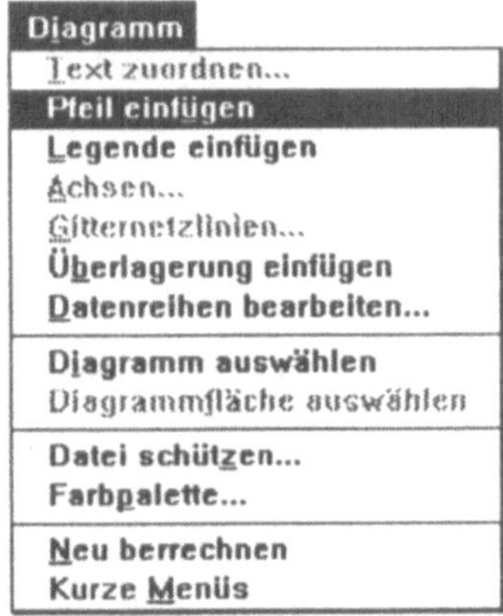

Abb. 9-78: Diagramm-Menü Diagramm

<Diagramm Text zuordnen>

Der Befehl wird eingesetzt, um bestimmten Elementen der Grafik einen kennzeichnenden Text zuzuordnen.

Nach Wahl des Elementes wird der Texte in der Bearbeitungszeile eingegeben und bestätigt.

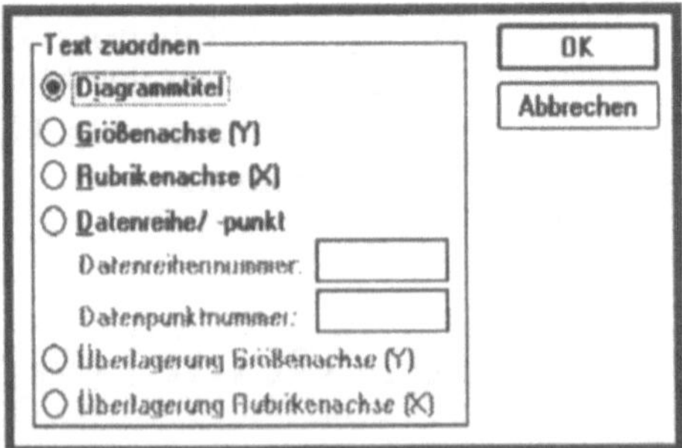

Abb. 9-79: Bestimmten Elementen des Diagramms einen Text zuordnen

◀▷ *I-6.1* Jede Datenreihe ist aufgeteilt in Datenpunkte. Mit der Option '*Datenreihe/-punkt*' lassen sich die Zahlen der Tabelle als Text in das Diagramm einfügen.

Ein zugeordneter Text kann mit <*Format Text*> formatiert aber nicht versetzt werden.

freier Text Ein frei beweglicher Text wird ohne Befehlswahl in die Bearbeitungszeile eingegeben und bestätigt. EXCEL setzt den freien Texte in die Mitte des Bildschirms. Mit der Maus oder über die Befehle <*Bewegen*> und <*Größe*> im <*Format*>-Menü kann der Text versetzt und in der Größe angepaßt werden.

<Diagramm Pfeil einfügen>

Der Befehl setzt einen Pfeil in die obere linke Ecke des Diagramms. Mit der Maus oder den Befehlen <*Bewegen*> und <*Größe*> im <*Format*>-Menü kann der Pfeil in Position und Größe angepaßt werden. Die Dialog-Box <*Format Muster*> enthält Optionen zur Gestaltung.

Bei Auswahl des Pfeiles schaltet der Befehl um in <*Pfeil löschen*>.

<Diagramm Achsen>

Der Befehl legt fest, ob die Achsen angezeigt werden oder nicht.

<Diagramm Gitternetzlinien>

Der Befehl legt fest, ob Gitternetzlinien angezeigt werden oder nicht. Mit <*Format Muster*> kann das Aussehen des Gitternetzes verändert werden.

<Diagramm Überlagerung einfügen>

Wird mit diesem Befehl eine Überlagerung eingeügt, teilt EXCEL die Datenreihen des Diagramms im gleichen Verhältnis in Hauptdiagramm und Überlagerung auf (vgl Verbunddiagramm). Die Dialog-Box des Befehls <*Format*

Überlagerung> enthält Optionen zur Gestaltung dieser Datenreihen.

<Diagramm Datenreihen bearbeiten>

◀▷ *I-6.2*

EXCEL legt die Datenreihen eines Diagramms auf der Basis von Datenreihen-Formeln fest. Unabhängig davon, mit welcher Technik eine neue Grafik erstellt wird, letztendlich legt die Datenreihenfunktion den Namen der Datenreihe (Legende), die Rubrikenachse und die Werte der Datenreihe fest.

● *Syntax* =DATENREIHE(Name;Rubriken;Werte der Reihe;Nr.)

Klicken Sie auf eine beliebige Datenreihe im Diagramm und in der Bearbeitungszeile wird die entsprechende Funktion angezeigt.

Der Befehl <*Datenreihe bearbeiten*> führt in eine Dialog-Box um Datenreihen zu erstellten, zu ändern oder zu löschen.

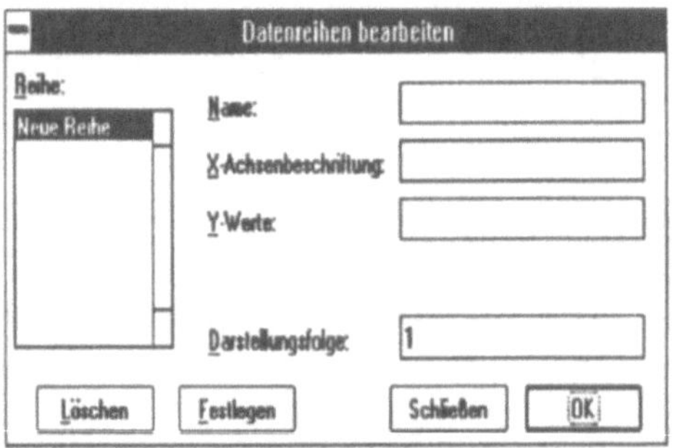

Abb. 9-80: Datenreihen erstellen, ändern, löschen

In den Eingabefeldern werden - am besten mit der Maus - die entsprechenden Felder der Tabelle angegeben.

Eingeben kann man auch Texte und Werte, die nicht in der Tabelle stehen. Als Abgrenzungszeichen wrden ein Semikolon (;) und ein Punkt (.) akzeptiert (vgl. Abb.9-81).

Auf diese Weise kann ein Diagramm ohne Tabelle im Hintergrund erstellt werden.

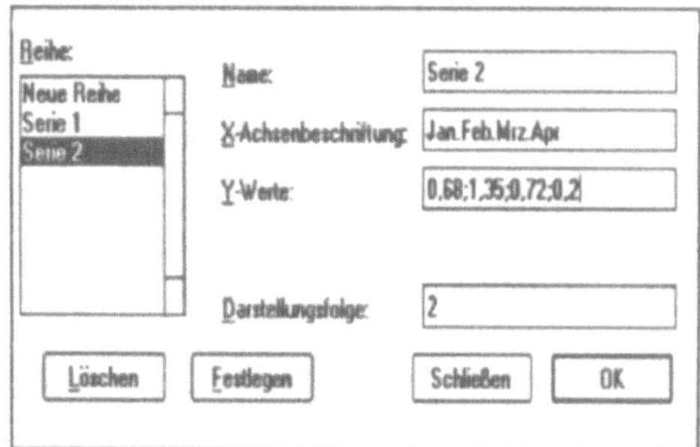

Abb. 9-81: Diagramm ohne Tabelle im Hintergrund

EXCEL verwendet für die Eingaben die Schreibweise von Matritzen.

```
=DATENREIHE("Serie 1";{"Jan"."Feb"."Mrz"."Apr"};{0,12.0,77.0,4.1,12};1)
=DATENREIHE("Serie 2";{"Jan"."Feb"."Mrz"."Apr"};{0,68.1,35.0,72.0,2};2)
```

<Diagramm Diagramm auswählen>

◀▷ I-6.1 Als Diagramm wird die gesamte Fläche bezeichnet. Die Auswahl erfolgt durch einen Klick auf einen freien Bereich außerhalb der Achsen oder durch den Befehl *<Diagramm auswählen>*.

<Diagramm Diagrammfläche auswählen>

Die Diagrammfläche beinhaltet den durch die Achsen begrenzten Bereich des Gesamtdiagramms. Die Auswahl erfolgt durch einen Klick auf einen freien Bereich innerhalb der Achsen oder durch den Befehl *<Diagrammfläche auswählen>*.

<Diagramm Datei schützen>

Mit diesem Befehl kann ein Schutz auf das Diagramm (Datenreihen, Format) und /oder das Fenster (Größe, Position) gelegt werden. Nach Auswahl schaltet der Befehl um in *<Dateischutz aufheben>*.

Der Schutz kann mit einem Kennwort, das bis zu 16 Zeichen lang sein kann, abgesichert werden.

<Diagramm Farbpalette>

Mit diesem Befehl kann die aktuelle Farbpalette durch neue Kompositionen anders zusammengestellt werden.

<Diagramm Neu berrechnen>

<F9> Das Diagramm wird über diesen Befehl oder die Funktionstaste *<F9>* neu berechnet, wenn unter *<Optionen Berechnen>* die Option '*Auf Befehl*' gewählt wurde.

<Diagramm Kurze/Ganze Menüs>

Der Befehl *<Kurze Menüs>* zeigt nur eine Auswahl der wichtigsten Befehle in den Menüs an. Der Befehl *<Ganze Menüs>* zeigt alle Befehl an.

9.16 Diagramm-Menü Format

Im <*Format*>-Menü sind alle Befehle zusammengestellt, die die Gestaltung und Präsentation von Diagrammen betreffen.

Abb. 9-82: Diagramm-Menü Format

<Format Muster>

Der Befehl stellt Optionen zur Gestaltung von Diagrammelementen zur Wahl. Erster Schritt ist immer, das Element auszuwählen ! Zu den Elementen zählen auch die Diagrammfläche und das gesamte Diagramm.

Doppelklick Um die Dialog-Box zu öffnen, reicht ein Doppelklick auf das Element.

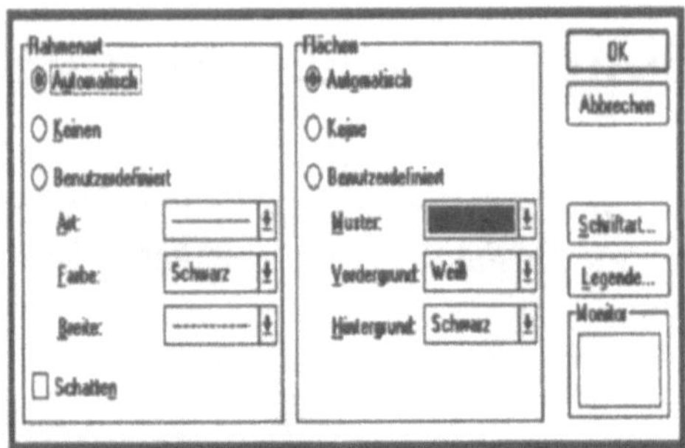

Abb. 9-83: Allgemeine Muster-Optionen

Das Element kann mit einem Rahmen *(Rahmenart*: Art, Farbe, Breite) versehen werden.

Eine Liste von Mustern mit verschiedenen Vorder- und Hintergrundfarben steht für die Anzeige der *Fläche* zur Wahl.

Das *Monitor*feld zeigt eine Voranzeige der getroffenen Einstellungen.

Linien

Für die Änderung der Linienauszeichnung in Punkt- und Liniendiagrammen stehen in einer veränderten Dialog-Box besondere Optionen bereit, die das Aussehen der Linien und die Punktmarkierung betreffen.

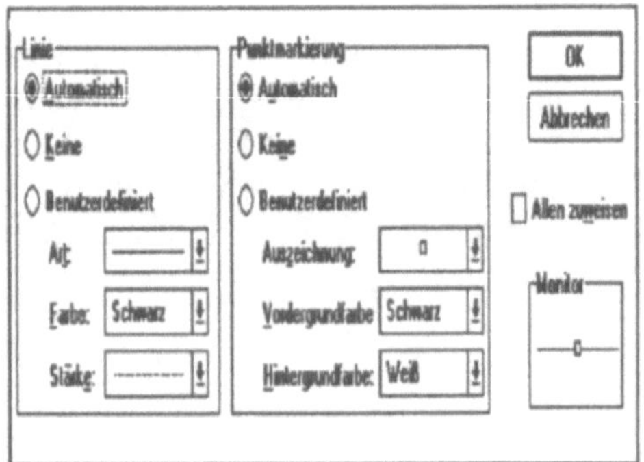

Abb. 9-84: Musteroptionen für die Linien bei Punkt- und Liniendiagrammen

<Format Schriftart>

◀▷ *II-9.4*

Wie im Tabellenmenü lassen sich über diesen Befehl Schriftart, -größe und -auszeichnung bestimmen. Ist mit *<Diagramm Diagramm auswählen>* das Diagramm markiert, gilt die festlegte Schrift für die gesamte Grafik.

<Format Text>

Der Befehl legt die Ausrichtung des gewählten Textes fest. Festzulegen ist die horzizontale und vertikale Ausrichtung sowie die Schreibrichtung des Textes.

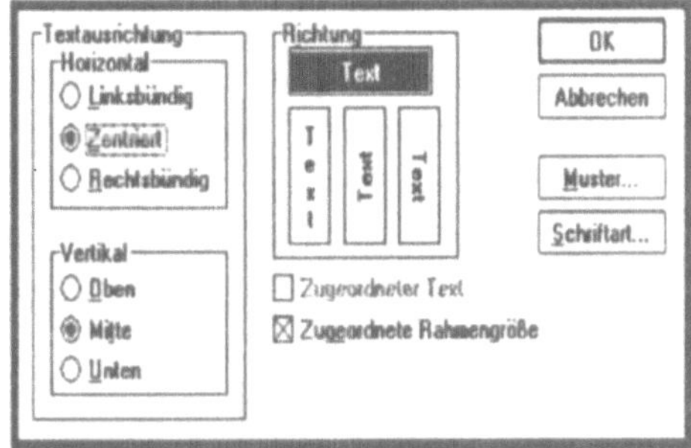

Abb. 9-85: Anordnung von Diagrammtexten

Die angekreuzte Option '*Zugeordnete Rahmengröße*' paßt bei Textänderungen automatisch den Rahmen an.

<Format Teilung>

Die Optionen des Befehls beziehen sich auf die Achsen des Diagramms. Vor der Wahl des Befehls muß eine Achse markiert sein.

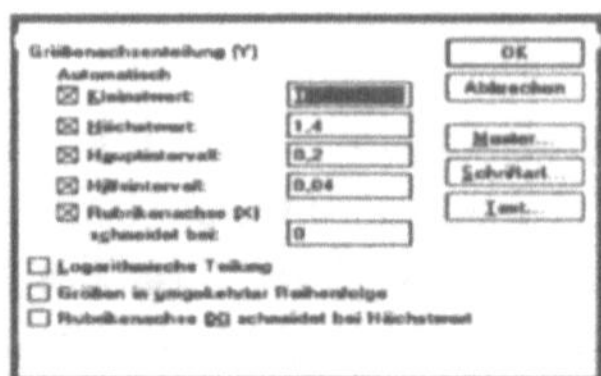

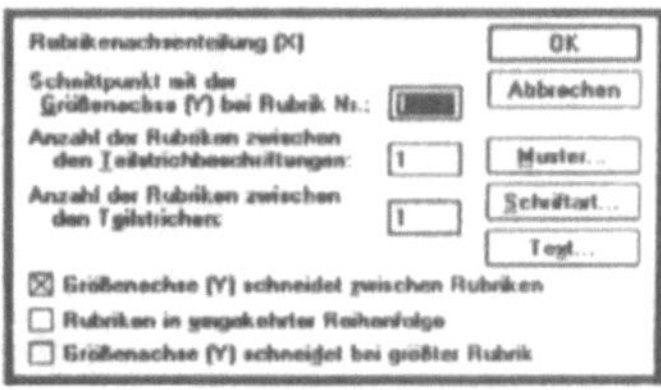

Abb. 9-86: Teilung von Größen- und Rubrikenachse

Die automatische Teilung der Größenachse wird durch einen Klick auf das Optionsfeld (entkreuzen) und die manuelle Eingabe des Wertes aufgehoben.

Die Rubrikenachseneinteilung basiert auf keiner echten Skalierung, deshalb stehen andere Optionen zur Wahl. Die Option '*Anzahl der Rubriken zwischen den Teilstrichbeschriftungen*' lichtet die Achsenbeschriftung, wenn es aufgrund allzuvieler Rubrikentexte zu Unübersichtlichkeiten kommt.

Punkt-diagramm

Eine Ausnahme in bezug auf die Rubriken ist das Punktdiagramm. Als Funktionsgrafik basiert die X-Achse auf einer echten Skalierung, die wie die Y-Achse manuell geändert werden kann.

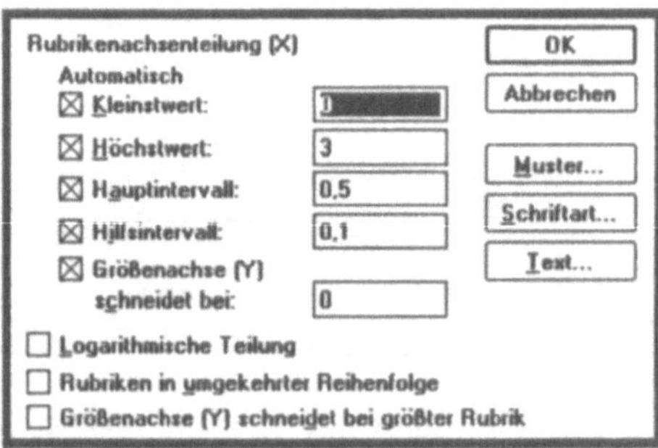

Abb. 9-87: Teilung der X-Achse bei Punktdiagrammen

<Diagramm Legende>

Der Befehl ändert die Anordnung der Legende. Mit der Maus läßt sich die Legende ebenfalls versetzen.

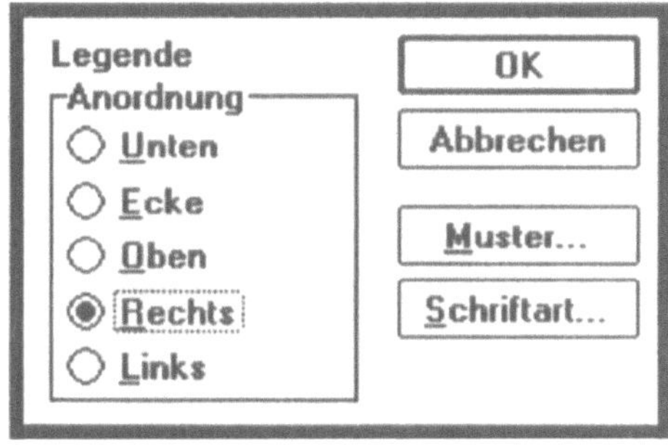

Abb. 9-88: Dialog-Box Legende

<Format Hauptdiagramm>

Der Befehl steht im Zusammenhang mit einer Überlagerung. EXCEL teilt die Datenreihen bei Verbunddiagrammen in Hauptdiagramm und Überlagerung ein. Säulen werden als Standard des Hauptdiagramms eingerichtet.

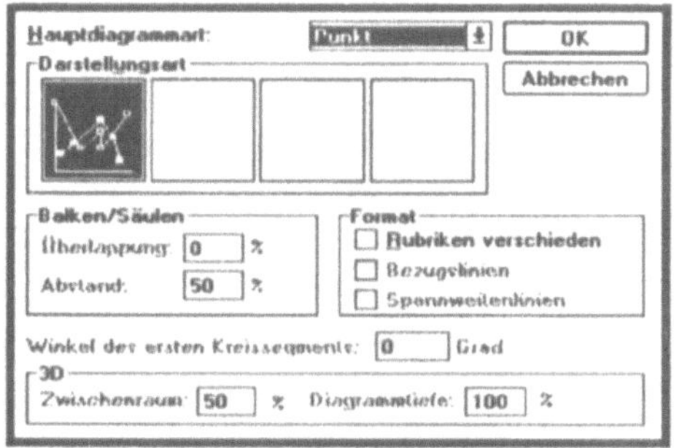

Abb. 9-89: Dialog-Box Hauptdiagramm

Die Optionen des Befehls *<Hauptdiagramm>* beziehen sich auf den Grafiktyp (*Darstellungsart*) und die Formate des

Hauptdiagramms. Welche Formatoptionen zur Verfügung stehen, richtet sich nach der Wahl der Darstellungsart.

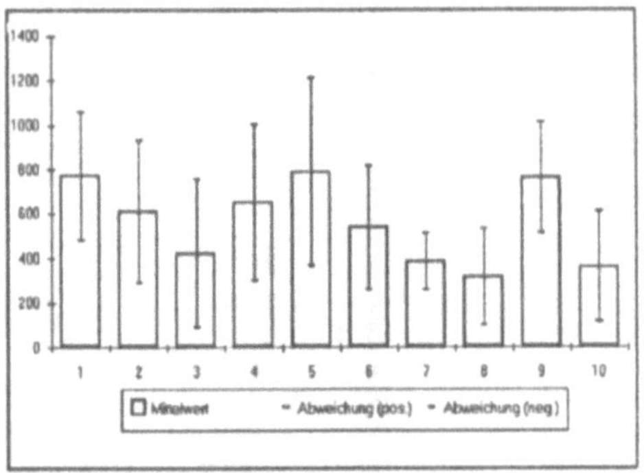

Abb. 9-90: Verbunddiagramm mit Spannweitlinien und einer Überlagerung, die mit der 2 Datenreihe beginnt

<Diagramm Überlagerung>

Die Datenreihen von Verbunddiagrammen werden von EXCEL in ein Hautdiagramm und eine Überlagerung aufgeteilt. Linien werden als Standard der Überlagerung eingerichtet.

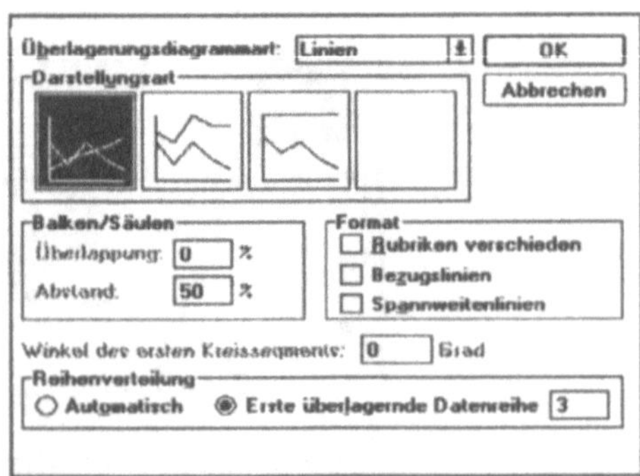

Abb. 9-91: Dialog-Box Überlagerung

Die gleichmäßige Aufteilung der Datenreihen in Hauptdiagramm und Überlagerung (1:1; 2:1; 2:2, 3:2,...) läßt sich manuell mit der Option '*Erste überlagernde Datenreihe*' ändern. In Abb. 9-90 wird das Hauptdiagramm als Säule dargestellt und die Überlagerung als Linien, die mit *Spannweitlinien* verbunden sind.

<Format 3D-Ansicht>

◀▷ *I-6.3*

Muster, die in 3D gewählt wurden, können mit diesem Befehl in der Ansicht verändert werden.

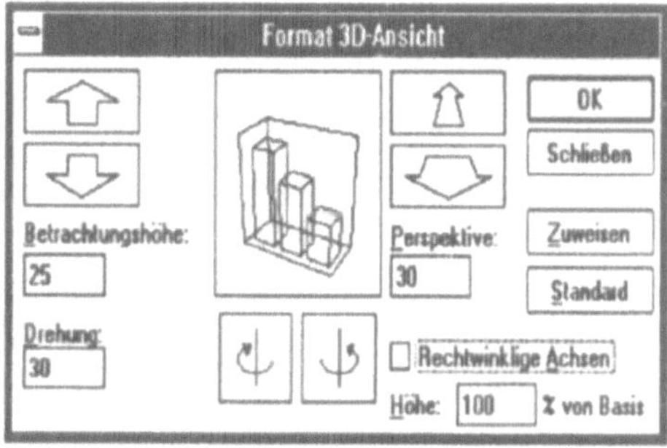

Abb. 9-92: 3-D-Ansicht

Betrachtungshöhe, Drehung und Perspektive (nicht bei Kreisdiagrammen) können über die Eingabe von Werten oder mit der Maus eingestellt werden.

<Format Bewegen>

Mit Hilfe des Befehls kann ein Diagramm-Element über die Tastatur versetzt werden.

<Diagramm Größe>

Mit Hilfe des Befehls kann ein Diagramm-Element über die Tastatur in der Größe verändert werden.

Die Befehle der Menüs <Makro> und <Fenster> stimmen mit denen der Tabellenmenüs überein.

10

Übungsbeispiele

In diesem Kapitel finden Sie Übungsaufgaben mit Musterlösungen. Die Bearbeitung der Beispiele erfordert einen unterschiedlichen Kenntnisstand:

- *Die Vereinsrechnung ist größtenteils mit Basistechniken der Tabellenkalkulation und des Diagramms zu lösen.*
- *Die Bezugskalkulation erfordert fortgeschrittene Kenntnisse im Bereich der Tabellenkalkulation.*
- *Die Labordatenauswertung basiert auf statistischen Funktionen und grafischen Darstellungen mit einfachen bis fortgeschrittenen Techniken.*

10.1 Vereinsrechnung

Ein Verein beabsichtigt, seine laufenden Einnahmen monatlich zu erfassen und in Form einer Quartalsübersicht zu präsentieren. Ziel ist es, die Daten in einer übersichtlichen Tabelle zusammenzustellen, zu berechnen, für eine spätere Aktualisierung zu sichern und als Beleg auszudrucken.

VEREIN.XLS

	A	B	C	D	E	F
1	DEUTZ 05 e.V.					
2	*Einnahmen:*	*1.Quartal 1991*				
3						
4						
5						
6		JANUAR	FEBRUAR	MÄRZ	1. QUARTAL	
7		DM	DM	DM	DM	%
8	*Spenden*	3500,00	7850,00	4637,50	15987,50	92,39
9	*Veranstaltungen*	156,50	120,75	233,45	510,70	2,95
10	*Info-Verkauf*	88,80	50,00	67,60	206,40	1,19
11	*Beitrag*	200,00	200,00	200,00	600,00	3,47
12	*Summe*	3945,30	8220,75	5138,55	17304,60	100,00

ABB. 10-1: Quartalsrechnung eines Vereins

Im einzelnen soll die Tabelle folgendes leisten:

- die Summe der monatlichen Gesamteinnahmen ermitteln;
- die Quartalssummen der jeweiligen Einnahmeposten anzeigen;
- die Gesamtsumme der Quartalseinnahmen angeben;
- den prozentualen Anteil der unterschiedlichen Einnahmeposten an der Summe der Gesamteinnahmen pro Quartal berechnen.

Die Quartalseinnahmen sollen als Kreisdiagramm dargestellt werden.

Die Ausgangstabelle finden Sie auf der beigefügten Übungsdiskette unter dem Dateinamen VEREIN0.XLS gespeichert, eine Musterlösung dieser Aufgabe unter dem Namen VEREIN1.XLS.

Hilfestellung:

Formate

Spaltenbreite:

- Ziehen der Begrenzungslinien zwischen den Spaltenköpfen mit der Maus oder Doppelklick für optimale Breite.
- *<Format Spaltenbreite>*

Ausrichten von Feldinhalten:

- Ausrichtungssymbole in der Symbolleiste
- *<Format Ausrichtung>*

Zahlen im Dezimalformat:

- Formatvorlage in der Symbolleiste.
- *<Format Zahlenformat>*

Fett- und Kursivschrift:

- F+K-Button in der Symbolleiste
- *<Format Schriftart>*

Tabellenrahmen ohne Gitternetz:

- *<Optionen Bildschirmanzeige>*
- *<Format Rahmenart>*

Formeln

Formel Januarsumme:

- =B8+B9+B10+B11 oder =SUMME(B8:B11)
- Eingabetechnik:

  Eintippen

  Autosum-Funktion in der Symbolleiste (Doppelklick)

  <Formel Funktion einfügen>

Kopie der Januarformel:

- B12 auswählen - *<Bearbeiten Kopieren>* - C12:F12 auswählen - *<Bearbeiten Einfügen>* oder *<Return>*
- B12:F12 auswählen - *<Bearbeiten Rechts ausfüllen>*

Formel 1.Quartal/Spenden:

- =B8+C8+D8 oder =SUMME(B8:D8)
- Autosum-Funktion in der Symbolleiste (Doppelklick)

Kopie der Quartalsformel:

- E8 auswählen - *<Bearbeiten Kopieren>* - E9:E11 auswählen - *<Bearbeiten Einfügen>* oder *<Return>*
- E8:E11 auswählen - *<Bearbeiten Unten ausfüllen>*

Prozentformel:

- =E8*100/$E$12 mit Dezimalformat
- =E8/$E$12 mit Prozentformat (Multiplikation mit 100 ist im Format enthalten !)

  E12 als der Bezug auf 100% muß absolut addressiert werden, weil sich dieser Bezug während des Kopierens nicht verändern soll.

Kopie der Prozentformel:

- F8 auswählen - *<Bearbeiten Kopieren>* - F9:F11 auswählen - *<Bearbeiten Einfügen>* oder *<Return>*
- F8:F11 auswählen - *<Bearbeiten Unten ausfüllen>*

Speichern der Tabelle:

- *<Datei Speichern unter>*

Ausdruck der Tabelle:

- *<Datei Seitenansicht>* für Layoutkontrolle
- *<Datei Drucken>*

Kreisdiagramm

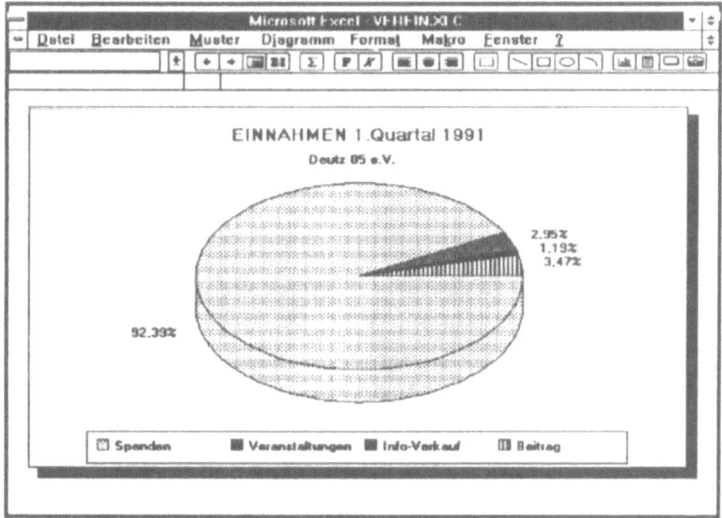

ABB. 10-2: 3D-Kreis als Diagrammtyp

Tabellenauswahl:

- Das Diagramm wurde mit der Technik der Bereichsauswahl erstellt. Markiert wurde der Mehrfachbereich A8:A11;E8:E11.
- Mit *<F11>* oder *<Datei Neu>* wird die neue Diagramm-Datei eingerichtet. Die erste Spalte (A8:A11) ist in der Dialog-Box als Rubrikenachse anzugeben.

Diagramm-Optionen:

- Als Typ des Diagramms wurde im <*Muster*>-Menü die Vorzugsform Säulen in <*3D-Kreis*> gewechselt.
- Das 6 Format der 3D-Darstellung des Kreises stellt die Quartalssummen in Prozenten dar.

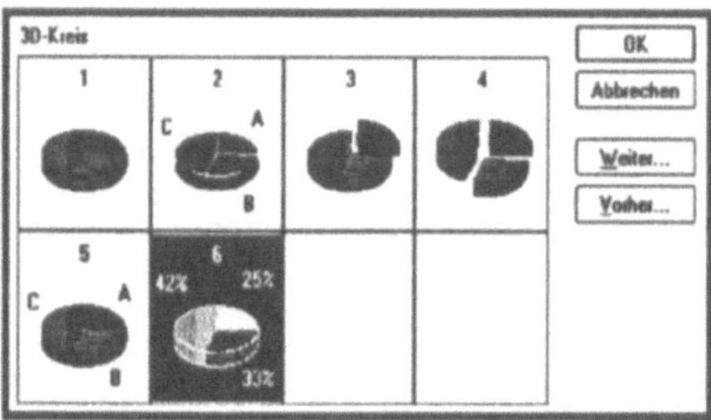

ABB. 10-3: Quartalseinnahmen in Prozenten

- Im <*Diagramm*>-Menü wurde die Legende eingefügt mit <*Legende einfügen*> und das Diagramm über <*Diagramm Text zuordnen*> mit einem Titel überschrieben.
- Der weitere Text wurde als "freier Text" eingetippt und mit der Maus versetzt.
- Im <*Format*>-Menü wurde in der Dialog-Box der <*3D-Ansicht*> die Drehung und Perspektive geändert.

10.2 Bezugskalkulation

Ein Großhandelsunternehmen erhält von seinem Lieferanten eine Rechnung über 5 PC-Festplatten zu einem Stückpreis von 2000,- DM. Die Lieferung erfolgt ab Werk. Es wird ein Mengenrabatt von 4% und 2% Skonto bei Zahlung innerhalb von 14 Tagen eingeräumt. Der Großhändler berücksichtigt Bezugskosten in Höhe von 45,- DM.

Die Kalkulation soll:

- den Bezugspreis (netto) der Ware unter Berücksichtigung

von Rabatt, Skonto und Bezugskosten berechnen.

- den Rabattsatz in Abhängigkeit von der Menge gewähren. Bei einer Abnahme von unter 5 Stück wird kein Rabatt eingeräumt, ab 5 ein Rabatt von 4%.
- Skonto in Abhängigkeit vom Zahlungseingang gewähren. Wenn die Zahlung innerhalb von 14 Tagen eingeht, dann wird Skonto in Höhe von 2% berechnet.
- den Rabattsatz aus einer besonderen Rabattstaffel einlesen.

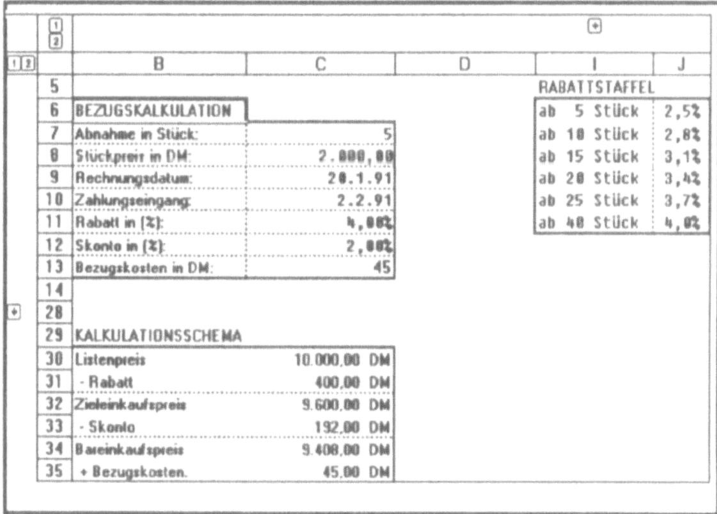

	B	C	D	I	J
5				RABATTSTAFFEL	
6	BEZUGSKALKULATION			ab 5 Stück	2,5%
7	Abnahme in Stück:	5		ab 10 Stück	2,8%
8	Stückpreis in DM:	2.000,00		ab 15 Stück	3,1%
9	Rechnungsdatum:	20.1.91		ab 20 Stück	3,4%
10	Zahlungseingang:	2.2.91		ab 25 Stück	3,7%
11	Rabatt in (%):	4,00%		ab 40 Stück	4,0%
12	Skonto in (%):	2,00%			
13	Bezugskosten in DM:	45			
14					
28					
29	KALKULATIONSSCHEMA				
30	Listenpreis	10.000,00 DM			
31	- Rabatt	400,00 DM			
32	Zieleinkaufspreis	9.600,00 DM			
33	- Skonto	192,00 DM			
34	Bareinkaufspreis	9.408,00 DM			
35	+ Bezugskosten.	45,00 DM			

ABB. 10-4: Schema einer Bezugskalkulation

Die Ausgangstabelle finden Sie auf der beigefügten Übungsdiskette unter dem Dateinamen BEZUG0.XLS gespeichert. Die Schritte der Musterlösung sind gespeichert unter BEZUG1.XLS, BEZUG2.XLS und BEZUG3.XLS.

Formeln und Gliederung

Gliederung:

- Spalten und Zeilen sind mit den Gliederungssymbolen in der Symbolleiste so heruntergestuft, daß alle drei Tabellen auf dem Bildschirm erscheinen.

Formeln:

- Daten und Kalkulationsschema sind so angeordnet und mit Feldbezügen verbunden, daß für jede neue Eingabe der Bezugspreis ohne Formeländerung neu berechnet wird.

	B	C
6	BEZUGSKALKULATION	
7	Abnahme in Stück:	5
8	Stückpreis in DM:	2000
9	Rechnungsdatum:	33258
10	Zahlungseingang:	33271
11	Rabatt in (%):	0,04
12	Skonto in (%):	0,02
13	Bezugskosten in DM:	45
14		
28		
29	KALKULATIONSSCHEMA	
30	Listenpreis	=C7*C8
31	- Rabatt	=C11*C30
32	Zieleinkaufspreis	=C30-C31
33	- Skonto	=C12*C32
34	Bareinkaufspreis	=C32-C33
35	+ Bezugskosten.	=C13
36	Bezugspreis	=C34+C35

ABB. 10-5: Formeln des Kalkulationsschemas

WENN-Funktion

Mengenrabatt in C11:

- [C11:] =WENN(C7<5;0%;4%)
- [C11:] =WENN(C7<5;0%;WENN(C7<10;4%;4,2%))

  Funktionen können geschachtelt werden. Z.B Wenn kein Rabatt bei einer Abnahme von unter 5, zwischen 5 und 10 ein Rabatt von 4%, ab 10 ein Rabatt von 4,2% berechnet wird.

Skonto in C12:

- [C12:] =WENN(C10-C9<14;2%;0%)

  Aufgrund der Datumsarithmetik von EXCEL (Anzahl der Tage ab dem 1.1.1900) können Rechnungdatum und Zahlungseingang verrechnet werden.

VERWEIS-Funktion

Rabattstaffel in I6:J11:

- [C11:] =VERWEIS(C7;I6:J11)

  Die Funktion sucht die Menge in der ersten Spalte der Rabattstaffel und gibt den Wert der rechten Spalte aus. Die Funktion ist auf einen Suchbereich von 2 Spalten begrenzt.

  oder:
- [C11:] =SVERWEIS(C7;I6:J11;2)

  Die Funktion sucht die Menge in der ersten Spalte (S=senkrecht) des Suchbereichs und gibt den Wert der zweiten Spalte aus. Der Suchbereich kann eine beliebige Anzahl von Spalten enthalten.

10.3 Labordatenauswertung

In einem Labor werden Vergleichswerte über den Abbau einer spezifischen Konzentration ermittelt. Getestet wird, in welchem Maße sich die Substanz während eines bestimmten Zeitablaufs abbaut bzw. welche Rückstände zu welchem Zeitpunkt im Teststoff meßbar sind. Die Proben repräsentieren in der Tabelle jeweils einen Level von X[1] bis X[3].

Mittelwert und Standardabweichung der Testserien sollen berechnet und in einem Diagramm dargestellt werden.

	A	B	C	D	E	F
1						
2	Testreihe vom:		6.7.91			
3						
4	Nr.	X[1]	X[2]	X[3]	X[M]	X[+/-]
5	1	0	357	0		
6	2	135	1502	0		
7	3	4227	1304	226		
8	4	3012	3412	1115		
9	5	2316	2267	10000		
10	6	1726	1901	1587		
11	7	1209	1365	1184		
12	8	671	1018	1034		
13	9	584	702	828		
14	10	612	459	398		
15	11	166	336	304		

ABB. 10-6: Testserie der Labordaten

Die Ausgangstabelle finden Sie auf der beigefügten Übungsdiskette unter dem Dateinamen SERIE0.XLS gespeichert. Eine Musterlösung ist gespeichert unter SERIE1.XLS und die Diagramme unter X_WERTE.XLC und X_FUNK.XLC.

Hilfestellung

Aktuelles Datum und Zahlenreihen

Aktuelles Datum:

- Das aktuelle Datum - es stellt sich mit jedem Start der Datei automatisch ein - wird durch die Funktion =JETZT() erzeugt. Angezeigt wird eine Zahl über 33000, die Anzahl der Tage vom 1.1.1900 bis heute. Die Zahl wird formatiert mit *<Format Zahlenformat>*.

Zahlenreihen:

- Die Seriennummern wurden erstellt mit *<Daten Reihe berechnen>*. Der Anfangswert wird eingegeben.

Formeln

	A	B	C	D	E	F
1						
2	Test		=JETZT()			
3						
4	Nr.	X[1]	X[2]	X[3]	X[M]	X[+/-]
5	1	0	357	0	=MITTELWERT(B5:D5)	=STABWN(B5:D5)
6	2	135	1502	0	=MITTELWERT(B6:D6)	=STABWN(B6:D6)
7	3	4227	1304	226	=MITTELWERT(B7:D7)	=STABWN(B7:D7)
8	4	3012	3412	1115	=MITTELWERT(B8:D8)	=STABWN(B8:D8)
9	5	2316	2267	10000	=MITTELWERT(B9:D9)	=STABWN(B9:D9)
10	6	1726	1901	1587	=MITTELWERT(B10:D10)	=STABWN(B10:D10)
11	7	1209	1365	1184	=MITTELWERT(B11:D11)	=STABWN(B11:D11)
12	8	671	1018	1034	=MITTELWERT(B12:D12)	=STABWN(B12:D12)
13	9	584	702	828	=MITTELWERT(B13:D13)	=STABWN(B13:D13)
14	10	612	459	398	=MITTELWERT(B14:D14)	=STABWN(B14:D14)
15	11	166	336	304	=MITTELWERT(B15:D15)	=STABWN(B15:D15)

ABB. 10-7: Formeln für Mittelwert und Standardabweichung

Die Funktionen in E5 und F5 wurden mit Hilfe des Befehls *<Formel Funktion einfügen>* erstellt. Für die Kopie wurde der Bereich E5:F15 markiert und der Befehl *<Bearbeiten Unten ausfüllen>* gewählt.

Diagramme mit Basistechnik

Diagramm der X-Werte:

- Ausgewählt wurde der Bereich A4:D15. Mit *<F11>* oder *<Datei Neu>* wird ein neues Diagramm mit der ersten Spalte als Rubrik erstellt. *<Muster Linie>* setzte das Säulendiagramm in eine Liniengrafik um, mit *<Diagramm Legende einfügen>* wurden die Datenreihennamen eingefügt.

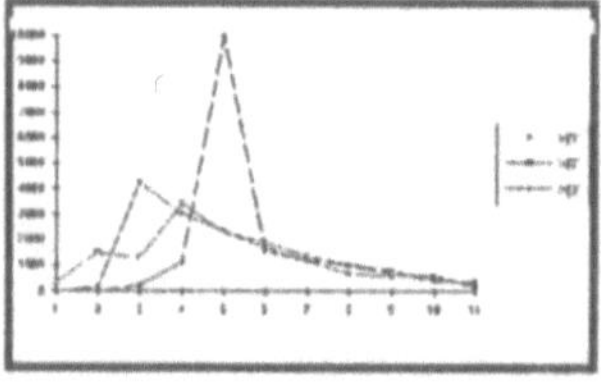

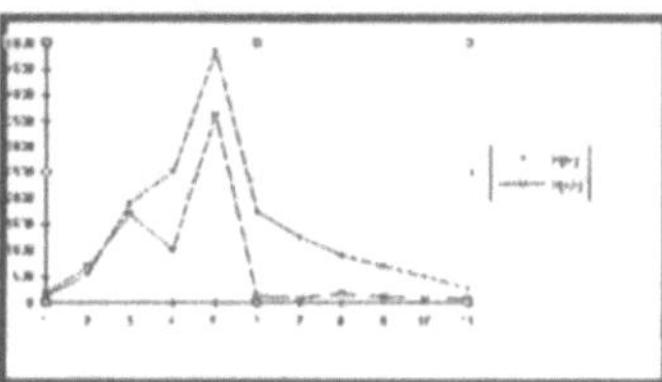

Abb. 10-8: Grafische Darstellung der X-Werte und Funktionen

Diagramm der Funktionen:

- Ausgewählt wurde der Mehrfachbereich A4:A15;E5F15 (*<Strg>*-Taste). Mit *<F11>* oder *<Datei Neu>* wird ein neues Diagramm mit der ersten Spalte als Rubrik erstellt.

Verbunddiagramm mit fortgeschrittener Technik

Standardabweichung in zwei Spalten:

- Als Vorbereitung für die grafische Auswertung wird die Standardabweichung in zwei Spalten als positive und negative Abweichung vom Mittelwert errechnet.
- Als Diagramm-Basis gilt der Mehrfachbereich A5:A15;E4:E15;G4:H15 und die erste Spalte als Rubrik.

	A	B	C	D	E	F	G	H
1								
2	Testreihe vom:		7.7.91					
3								
4	Nr.	X[1]	X[2]	X[3]	X[M]	X[+/-]	X[+]	X[-]
5	1	0	357	0	119	168	287	-49
6	2	135	1502	0	546	678	1224	-133
7	3	4227	1304	226	1919	1690	3609	229
8	4	3012	3412	1115	2513	1002	3515	1511
9	5	2316	2267	10000	4861	3634	8495	1227
10	6	1726	1901	1587	1738	128	1866	1610
11	7	1209	1365	1184	1253	80	1333	1173
12	8	671	1018	1034	908	167	1075	740
13	9	584	702	828	705	100	804	605
14	10	612	459	398	490	90	580	400
15	11	166	336	304	269	74	342	195

Abb. 10-9: Mehrfachauswahl zum Erstellen des Diagramms

Hauptdiagramm und Überlagerung:

- Das erste Format des Verbunddiagramms im <*Muster*>-Menü wurde als Grafiktyp eingestellt. EXCEL teilt die Datenreihen von Verbunddiagrammen auf in Hauptdiagramm und Überlagerung.
- Standard ist, die Datenreihen im Verhältnis 1:1 aufzuteilen. Bei drei Datenreihen werden die beiden ersten dem Hauptdiagramm zugeordnet, die dritte der Überlagerung. Ziel ist, die erste Datenreihe (=Mittelwert) als einzige des Hauptdiagramms zu definieren und die beiden anderen (=Abweichung) als Überlagerung.

Diagrammformate:

- In <*Format Überlagerung*> wurde die zweite Datenreihe als erste Reihe der Überlagerung angegeben und die Spannweitlinien gewählt.
- In <*Format Muster*> wurden die Linien unsichtbar eingestellt und als Punktmarkierung ein Stich aus der Liste genommen.

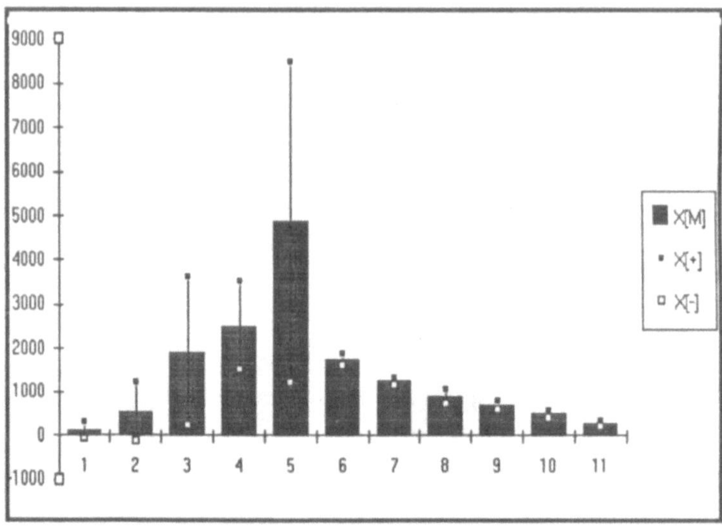

Abb. 10-9: Mittelwert und Standardabweichung der Testserie

Sachwortverzeichnis

E

T

U

V

W

Z

Word für Windows

Dokumenterstellung und Dokumentbearbeitung für Praktiker.
Für Version 1.1

von Michael Schwessinger/Thomas Schürmann/Karin Süßer

1991. XVI, 848 Seiten mit Diskette. Gebunden
ISBN 3-528-05115-9

Als Nachschlagewerk und als Lehrbuch ist dieses Werk gleichermaßen geeignet für den Anfänger und für den Fortgeschrittenen in Word für Windows. Der Leser wird zielsicher mit der graphischen Benutzeroberfläche vertraut gemacht und ist bereits nach kurzer Zeit in der Lage, effizient Texte zu bearbeiten und zu gestalten. Ein essentielles Buch für den ambitionierten Benutzer!

Verlag Vieweg · Postfach 58 29 · D-6200 Wiesbaden